Gregor Schmidt
Business Coaching

GREGOR SCHMIDT

BUSINESS COACHING

MEHR ERFOLG ALS MENSCH UND MACHER

Frankfurter Allgemeine
ZEITUNG FÜR DEUTSCHLAND

GABLER

Die Deutsche Bibliothek – CIP-Einheitsaufnahme

Schmidt, Gregor:
Business coaching : mehr Erfolg als Mensch und Macher /
Gregor Schmidt. Frankfurter Allgemeine, Zeitung für
Deutschland. – Wiesbaden : Gabler, 1995
ISBN 3-409-19187-9

© Frankfurter Allgemeine Zeitung GmbH, Frankfurt am Main 1995
© Betriebswirtschaftlicher Verlag Dr. Th. Gabler GmbH, Wiesbaden 1995

Satz: Satzstudio RESchulz, Dreieich
Druck: Wilhelm & Adam, Heusenstamm
Buchbinderei: Osswald & Co., Neustadt/Weinstraße

Printed in Germany

ISBN 3-409-19187-9

Vorwort

Die traditionellen Orientierungsleitlinien, an denen sich eine Führungskraft bisher orientieren konnte, weichen auf oder haben ihre Gültigkeit weitgehend verloren. Der Führungskraft fällt es immer schwerer, im Dschungel der Informationen, Möglichkeiten und Vernetzungen ihre Individualität und Authentizität zu behaupten.

Die Führungskraft sucht an der Jahrtausendwende verstärkt nach einem Orientierungs-Leitsystem. Ein solches Orientierungs-Leitsystem können nur die eigenen Werte und ihre Konkretisierungen in Ziele, Aufgaben, Konzepte, Instrumente und Maßnahmen sein. Soll es nicht zu Werte-Konflikten kommen, muß das eigene Werte-System mit dem Werte-System der Organisation weitestgehend übereinstimmen.

Heute, zur Zeit der Jahrtausendwende, überzeugt die Führungskraft durch eine kongruente Persönlichkeitskultur. Sie ist Vorbild, Integrator, Coach, Sprecher, Repräsentant, Unternehmer, systemischer Denker, Problembewältiger, Ressourcenzuteiler und Kommunikator. Sie denkt in ver-rückten Perspektiven, mehr komplex statt linear, mehr in Netzen und Bögen statt in Zielgeraden und den Kurven der Statistik. Je stärker die Persönlichkeitskultur einer Führungskraft, desto stärker die Organisationskultur und desto wirtschaftlicher, produktiver und rentabler das Organisationsergebnis.

Coaching ist ein Modewort und hat erst seit wenigen Jahren seinen Einzug in die Beratungs- und Betreuungsszene gehalten. Viele Führungskräfte haben entweder keine konkreten Vorstellungen von Coaching oder halten Coaching für eine besondere Form der Beratung, für einen speziellen Therapieansatz und für eine neue Therapieform für Führungskräfte. Wenn überhaupt Vorstellungen bestehen, greifen sie zu kurz oder gehen in die Irre.

Coaching ist die Antwort auf neue Herausforderungen der Organisationswirklichkeit. Coaching ist ein klientenzentriertes und problemorientiertes Konzept zur Optimierung und Stärkung aller vorhandenen Kräfte und Potentiale von Führungskräften zum Aufbau einer starken Persönlichkeitskultur. Eine starke Persönlichkeitskultur zeichnet sich durch einen hohen Grad an Autonomie aus. Autonomie wiederum bedeutet Fähigkeit zur Selbstorganisation. Coaching zielt auf eine Stärkung der Selbstorganisationsfähigkeit von Führungskräften. Methodisch greift Coaching als ein holistisches Beratungs- und Betreuungskonzept auf ein breites Spektrum psychologischen und therapeutischen Grundlagen- und Alltagswissens sowie Erkenntnissen aus der Management- und Organisationslehre zurück.

„Business Coaching" ist ein ganzheitlicher Coaching-Ansatz. Ganzheitlich meint: einen integrativen Methodenansatz, eine Verknüpfung zwischen personalen und strukturalen Komponenten, ein dreidimensionales Menschenbild (Körper, Psyche und Geist) und einen Fokus, der sowohl intrapersonal als auch inter- und transpersonal ansetzt. Ganzheitlich meint aber auch, daß eine Führungskraft immer zwei – auf den ersten Blick – entgegengesetzte Tendenzen verfolgt: Einerseits strebt sie nach individueller Autonomie und Selbstorganisationsfähigkeit, andererseits muß sie alles unternehmen, um als ein kompatibler Teil eines größeren Ganzen, sei es eine Abteilung, eine Sparte oder die Gesamtorganisation, zu fungieren.

Das Erfolgskonzept zukünftiger Führungsarbeit besteht ganz entscheidend darin, Aufgaben, Pläne und Geschehnisse in einer Atmosphäre von Freiheit und Kreativität gedeihen zu lassen, statt sie durch strenge logische Planung durchsetzen zu wollen. Das Zeitalter des rationalen Befehlsmanagements ist vorbei. Die Führungskraft der Zukunft muß verstärkt in Zusammenhängen denken, Probleme und Konflikte als positive Spannungsverhältnisse anerkennen und Lösungen auf allen Ebenen und in allen Bereichen in dynamischen Prozessen mit den Beteiligten erarbeiten. Individuen, Gruppen und Organisationen sind lebende Systeme und daher offen und äußerst dynamisch. Lebende Systeme sind weit entfernt von statischen Gleichgewichten und ständig in Austauschprozessen mit ihrer Umgebung. Die Führungskraft von heute und noch mehr von morgen muß die Verbundenheit aller Systeme und den ständigen Wandel in und zwischen Systemen anerkennen. Die Schlüsselqualifikation hierzu heißt: Soziale Intelligenz. Die Zeit geschlossener, überschaubarer und in ihren Abläufen weitgehend festgelegter Organisationseinheiten und Gesamtorganisationen ist endgültig vorbei.

Die Führungskraft der Zukunft fungiert selbst immer mehr als Coach gegenüber den Mitarbeitern. Sie wird ihrer Aufgabe als Coach nur dann gerecht werden können, wenn sie selbst einen hohen Fähigkeitsgrad an Selbstorganisation und Autonomie hat. Der Weg dorthin führt in vielen Fällen über ein Fremd-Coaching mit der Zielsetzung, alle Potentiale zu einer starken Persönlichkeitskultur zu entfalten.

Ratingen, im Dezember 1994   *Gregor Schmidt*

Inhalt

3. Kapitel
So hilft Ihnen Coaching

1. Kapitel

Coaching – Der Weg zu einer starken Persönlichkeitskultur

Günther Bosch, Ion Tiriac, Nick Bollettieri – Die Coaches der großen Tennisstars sind oft fast so berühmt wie diese selbst. In Deutschland werden sie aber häufig noch mit herkömmlichen Trainern gleichgesetzt, die nur die körperliche Fitneß und die taktische Finesse der Champions zu verbessern helfen. Dieses Verständnis greift zu kurz! Coaching ist mehr, viel mehr: Es ist ein Konzept, das die ganze Persönlichkeit des Betreuten umfaßt. Der moderne Coach begleitet und berät seinen Klienten als Leistungsträger ebenso wie als soziales Wesen und geistiges Individuum – und zwar nicht mehr nur den Sportler, sondern immer öfter auch den Manager, der seine Führungs- und Lebensqualität verbessern will.

Was ist Coaching? Was kann es für die Führungskraft in unserer Zeit leisten? Sind Sie ein potentieller Coaching-Klient? Antworten hierauf finden Sie in diesem Kapitel.

Selbstorganisation und Entwicklung aller Potentiale

Coaching zielt primär auf die Stärkung aller vorhandenen Potentiale zum Aufbau einer starken Persönlichkeitskultur. Eine starke Persönlichkeitskultur ist vor allem Ausdruck eines hohen Grades der Fähigkeit zur Selbstorganisation. Die chilenischen Biologen Humberto Maturana und Francesco Varela prägten 1973 den Begriff Selbstorganisation (Autopoiese). Damit bezeichnen sie die Eigenschaft lebender Systeme, sich ständig zu erneuern – und dabei die Integrität ihrer Gesamtstruktur zu bewahren –, und die Fähigkeit, zum Beispiel durch Lernprozesse, zu entwickeln, über die eigenen Grenzen hinauszugreifen.

Coaching geht davon aus, daß jeder Mensch eine Persönlichkeitskultur hat, die jedoch oft nur unzureichend, diffus und halbherzig genutzt wird. In jedem Menschen schlummern Kreativitäts- und Produktivitätspotentiale, die mit Hilfe bestimmter Methoden und Verfahren aktiviert werden können. Die Führungskraft erzielt in erster Linie durch ihr Modellverhalten und ihre Ausstrahlung eine positive Wirkung auf die Mitarbeiter. Sie führt letztendlich kraft ihrer Persönlichkeit. Starke Persönlichkeiten nutzen alle ihre vorhandenen Potentiale, verfügen über ein breites Verhaltensspektrum und handeln authentisch. Der Führungstyp der Zukunft wird die Organisation nur dann voranbringen, wenn er seine privaten Lebensziele nicht aufgeben muß und wenn diese weitestgehend mit seinen beruflichen Lebenszielen kompatibel und mit den Organisationszielen verträglich sind.

Coaching im Sport

Im Leistungssport ist der Begriff Coaching seit Ende der sechziger Jahre bekannt. Während der Trainer sich vorwiegend damit befaßt, dem Sportler ausgewählte Qualifikationsmerkmale – vor allem Techniken, Strategien und Verhaltensweisen – systematisch beizubringen, bietet der Coach ein umfangreiches und weitreichendes

Beratungs- und Betreuungskonzept. Der Coach begleitet den Sportler
vor, während und nach dem Wettkampf in fachlicher und psychologischer Hinsicht. Coaching im Sport ist ein umfassendes Bera-
tungs- und Betreuungskonzept mit der Zielsetzung: Selbständigkeit
und Selbstverantwortung des Sportlers im Umgang mit Problemen,
Blockaden, Konflikten, Zielen, Erfolgen, Mißerfolgen und Erwartungen. Hans Eberspächer, Professor am Institut für Sport und
Sportwissenschaft der Universität Heidelberg, definiert Coaching in
seinem Buch „Sportpsychologie" sehr anschaulich und umfassend:

„Coaching ist Betreuung im Sinne teilnehmender Hilfestellung beim
Lösen von Problemen im leistungsorientierten Sport vor, während
und nach Beanspruchungen und Belastungen in Training und
Wettkampf. Basis ist psychologisches Grundlagen- und Alltags-
wissen. Coaching impliziert Diagnostik, Beratung, Modifikation
suboptimalen Erlebens, Verhaltens und Handelns. Effizienzkriteri-
um ist die realisierte sportliche Leistung."

Der Coach im Sport kennt das gesamte Lebensumfeld des Sportlers.
Seine Betreuung reicht weit in die „private" Lebenssphäre des
Sportlers hinein. Von daher ist ein unbedingtes Vertrauensverhältnis
zwischen Coach und Sportler Voraussetzung für ein erfolgreiches
Sport-Coaching. Die „Chemie" zwischen Coach und Sportler muß
stimmen.

Die Ansprüche und Erwartungen an sportliche Leistungen sind in
den letzten Jahrzehnten immer mehr gestiegen. Seit die Sportpsychologie ab den sechziger Jahren immer mehr ins Rampenlicht
gerückt ist, steht fest, daß sportliche Höchstleistungen nur mit
psychologischer Unterstützung erbracht werden können. Die kom-
plizierten psychischen Faktoren müssen bei der Handlungs- und
Leistungsmotivation des Sportlers miteinbezogen werden. Der
Coach will keineswegs den Trainer ersetzen oder gar verdrängen,
sondern seine sportliche Effizienz durch eine breite psychologische
Beratung und Betreuung vergrößern.

Coaching im Sport bedient sich eines breiten Instrumentariums:
Selbstmotivations-Techniken, Visualisierungs-Techniken, Fokus-
sierungs-Techniken, Umpolung negativer Selbstgespräche, Streß-

bewältigungs- und Streßvorbeugungstechniken und Entspannungs-
und Mobilisationstechniken. Der Coach erstellt, gemeinsam mit dem
Sportler, ein individuelles Coaching-Konzept. Seitdem das Leitbild
des „mündigen Athleten" auch im Sport vorherrscht, werden Lö-
sungsversuche und Lösungsansätze für persönliche Probleme,
Konflikte und Maßnahmen zur Potentialverstärkung nicht mehr
vorgegeben und vorgeschrieben, sondern gemeinsam, in dialogi-
schen Prozessen zwischen Coach und Sportler, erarbeitet und vereinbart. Modernes Sport-Coaching basiert ganz zentral auf der
Selbstverantwortlichkeit des Sportlers für seine sportlichen Erfolge
und für seine private Lebensbewältigung.

Eine der Hauptaufgaben des Coachs im Sport besteht darin, Lei-
stungsbedingungen zu schaffen, die es dem Sportler ermöglichen,
bis zu den Grenzen seiner eigenen Leistungsmöglichkeiten vorzu-
stoßen. Der psychologische Leistungsbegriff hat nichts mit fremdgesetzten Standards oder Zielen zu tun. Er meint, ganz im Gegenteil,
immer den Wettbewerb mit sich selbst, also mit selbstgesetzten
Normen und selbstgesteckten Zielen. Das Primärziel des Sportlers
besteht nicht darin, seinen Gegner niederzuringen, sondern vielmehr
darin, sich selbst zu besiegen, vor allem die eigenen Schwächen und
Unzulänglichkeiten. Leistung muß erbracht werden, und was Leistung ist, weiß nur der Sportler selbst. Der Coach setzt daher dem
Sportler keine Normen und Ziele, sondern schafft lediglich Bedingungen und Herausforderungen, die optimale sportliche Leistungen
ermöglichen und gewährleisten. Der Erfolg, das ist die Anerkennung
von außen, erfolgt oft automatisch, wenn es dem Sportler gelingt, sein
Leistungspotential optimal zu realisieren.

Coaching für Führungskräfte

Coaching schwappte Mitte der achtziger Jahre als ein neues Bera-
tungs- und Betreuungskonzept aus dem angelsächsischen Raum auf
die Bundesrepublik über. Neuere Studien und Befragungen zeigen,
daß das allgemeine Verständnis über Coaching, selbst unter Experten, recht uneinheitlich ist.

Coaching hat seine sprachlichen Wurzeln aus dem englischen Begriff „coachman" gezogen. „Coachman" bedeutet Kutscher. Der Zusammenhang zwischen der ursprünglichen sprachlichen Bedeutung und dem heutigen Verständnis für Coaching wird erst nach genaueren Überlegungen deutlich. Ein Kutscher hat die verantwortliche Aufgabe, seine Pferde zu lenken und zwar so, daß sie Fehltritte vermeiden und sicher auf dem Weg bleiben. Voraussetzungen für die Erfüllung seiner Aufgaben sind vor allem:

- eine klare Weg-Ziel-Vorstellung,
- Einfühlungsvermögen in die Eigenarten und in die Psyche seiner Pferde,
- zielstrebiges Anstreben des Zielpunktes – gegebenenfalls durch Inkaufnahme von Umwegen und auch neuen Wegen,
- liebevolle Betreuung seiner Pferde.

Auch der Coach benötigt für ein erfolgversprechendes Coaching klare Weg-Ziel-Vorstellungen, die jedoch nicht vorgegeben werden, sondern gemeinsam zwischen Coach und Führungskraft erarbeitet und vereinbart werden. Der Coach muß „Von-dem-anderen-her denken", das heißt Problemlösungen suchen, die im Interesse des anderen liegen oder Entwicklungen initiieren, die der Potentialentfaltung des anderen dienen. Ein „Von-dem-anderen-her Denken" setzt Einfühlungsvermögen in die Persönlichkeitsstruktur des anderen voraus, gekoppelt mit Wertschätzung und Sympathie. Gemeinsam streben Coach und Führungskraft einen vereinbarten Zielpunkt oder Zielraum an, gegebenenfalls durch Inkaufnahme von Umwegen und auch neuen Wegen. Der Coach betreut seinen Klienten liebevoll, das heißt er öffnet sich seiner Person und sieht dessen Einmaligkeit und Einzigartigkeit, ohne ihn jedoch aus seiner Selbstverantwortlichkeit zu entlassen.

Die meisten Führungskräfte ordnen dem Begriff Coaching die Begriffe Beratung und Training zu. Beide Begriffe greifen aber zu kurz, um die Kompliziertheit von Coaching zu erfassen.

Beratung unterscheidet sich in der Praxis von Coaching vor allem dadurch, daß es zwischen Berater und Ratsuchenden zumeist ein vertikales Gefälle gibt. Der Professionalität des Beraters steht oft die

– angebliche – Hilflosigkeit des Ratsuchenden gegenüber. Die Fähigkeiten und Kenntnisse des Beraters werden als höherwertig eingeschätzt, die Kompetenzen des Ratsuchenden dagegen als niedrig. Überspitzt formuliert lautet die Sichtweise eines so eingestellten Beraters: „Ich kenne Ihr Problem und sage Ihnen, wie Sie es lösen sollten." Coaching dagegen geht von einer horizontalen beziehungsweise kooperativen Beziehungsebene aus. Beratung zielt mehr auf die Beantwortung einer Frage oder auf die Klärung beziehungsweise Lösung eines Problems. Coaching dagegen zielt nicht nur (aber auch!) auf Problemlösungen ab, sondern in erster Linie auf die Förderung einer starken Persönlichkeitskultur durch die Entwicklung von Potentialen.

Trainings definieren sich dadurch, daß der Trainierende, der Ratsuchende durch sie ausgewählte Qualifikationsmerkmale zielgerichtet über praktisches Tun und Handeln erlernen kann. Die ausgewählten Qualifikationsmerkmale sollen in das bestehende Verhaltensrepertoire des Trainierenden integriert werden. Die Frage des Transfers von der Trainingssituation in das praktische Arbeitsfeld muß während des Trainings einen hohen Stellenwert einnehmen. Coaching dagegen ist mehr als eine Verhaltensrepertoireerweiterung, weil Coaching immer die ganze Bandbreite der Persönlichkeit mit ihrem Lebensumfeld im Blickfeld hat.

Coaching umfaßt Aspekte von Beratung und Training, ist aber breiter, umfassender und ganzheitlicher angelegt. Coaching ist ein klientenzentriertes und individuelles Betreuungskonzept zur Optimierung aller vorhandenen Kräfte und Potentiale von Führungskräften auf kooperativer Basis mit Hilfe eines integrativen Methodenansatzes in Richtung gewollter Entwicklung.

Klientenzentriert meint, daß die Führungskraft als Person, eingebettet in ein ganz spezifisches Umfeld, im Mittelpunkt des Coaching-Prozesses steht. Im Mittelpunkt steht der Mensch in seiner Lebenswelt beziehungsweise in seinen konkreten Lebensbezügen. Coaching hat immer individuellen Konzeptcharakter und ist niemals eine Rezeptur von der Art „man nehme." Coaching ist individuelle Betreuungsarbeit und keine „Konfektionsware von der Stange." Das

Coaching-Konzept setzt vorrangig an den vorhandenen Stärken an und nicht an den Schwächen und Unzulänglichkeiten. Insofern ist Coaching primär ein „positives" Beratungs- und Behandlungskonzept. Coaching ist keine spezielle Therapieform für Führungskräfte, weil Therapie in der Praxis überwiegend eine Behandlung seelischer oder seelisch bedingter Leiden mit psychologischen beziehungsweise psychotherapeutischen Mitteln ist.

Kooperative Basis meint ein gleichwertiges Verhältnis zwischen Coach und Führungskraft. Die Kenntnisse und Sichtweisen der Führungskraft über sich selbst und ihre Lebenswelt – vor allem Berufswelt – werden als bedeutsam angesehen. Coaching geht in den meisten Fällen symmetrisch und horizontal vor und unterliegt nicht der ungleichen Rollenverteilung „Ratschläge erteilen" beziehungsweise „Ratschläge empfangen und aktiv befolgen", sondern will gemeinsame Wege der Klärung, der Lösung von Problemen, der Verstärkung von Potentialen, der Forcierung gewollter Entwicklungen und der Umsetzung erarbeiteter Handlungswege gehen.

Coaching – Diagnose – Check

Der folgende persönliche Diagnose-Check kann Führungskräften eine erste Orientierung bieten, wann Coaching für sie angesagt ist. Ja-Antworten bedeuten, daß ein individuelles Coaching hilfreich ist.

- Ich wünsche eine kritische Begleitung durch einen kompetenten und vertrauensvollen Partner bei der Planung und Durchführung anstehender Organisationsentwicklungsmaßnahmen.

- Ich möchte mein individuelles Wertesystem im Hinblick auf seine Übereinstimmung mit dem Wertesystem der Organisationskultur mit einem kompetenten und vertrauensvollen Partner hinterfragen.

- Ich würde gerne den anstehenden Aufbau und die Implementierung eines veränderten Wertesystems im Rahmen der Organisationskultur mit einem kompetenten und vertrauensvollen Partner besprechen.

- Ich wünsche die Unterstützung durch einen vertrauensvollen und kompetenten Partner bei der Einführung von kooperativem Führungsstil.

- Ich möchte gerne mit einem kompetenten und vertrauensvollen Partner Grundsätze für eine veränderte Dialogkultur, die vor allem auf sozialer und sittlicher Kompetenz als Basissäulen von Teamfähigkeit beruht, erarbeiten.

- Ich wünsche einen kompetenten und vertrauensvollen Partner als kritischen und anregenden Feedbackgeber bei der Planung und Durchführung von Assessment-Centern, besonders weil ich glaube, daß in der Vergangenheit viele Potentialanalysen von Bewerbern zu sehr auf den aktuellen Bedarf, aber zu wenig auf den zukünftigen Bedarf abgestellt waren.

- Ich wünsche einen kompetenten und vertrauensvollen Partner als Koordinator beim Aufbau oder bei der Intensivierung von Arbeits- und Projektgruppen.

- Ich wünsche Unterstützung durch einen kompetenten und vertrauensvollen Partner bei den anstehenden Auseinandersetzungen im Rahmen der neu zu ordnenden Kompetenzen.

- Ich möchte Trennungskonflikte vermeiden und wünsche eine objektive und neutrale Outplacement-Beratung durch einen kompetenten und vertrauensvollen Partner.

- Ich möchte die Chancen und Möglichkeiten anstehender Trennungen von Mitarbeitern, insbesondere von Führungskräften, vorab gerne mit einem Partner abwägen, um die notwendigen Maßnahmen für die Trennung firmenintern entsprechend vorzubereiten.

- Ich möchte die bestehende Trennungskultur unserer Organisation einmal gerne mit einem außenstehenden kompetenten und vertrauensvollen Partner besprechen, um eventuell verstärkt Outplacement als einen sozialverantwortlichen Trennungsprozeß einzuführen.

- Ich wünsche mir als Vorbereitung auf neue Aufgaben und Kompetenzen den nichtfachlichen Rat eines kompetenten und vertrauensvollen Partners.

- Ich möchte, in Zusammenarbeit mit einem kompetenten und vertrauensvollen Partner, mehr über meine ungenutzten Potentiale und Stärken erfahren.

- Ich möchte lernen, unterstützt durch einen kompetenten und vertrauensvollen Partner, meine Schwächen anzuerkennen, um besser mit ihnen umgehen zu können.

- Ich möchte, unterstützt durch einen kompetenten und vertrauensvollen Partner, mein persönliches Selbstmanagement verbessern.

- Ich möchte bestehende Leistungs- und Motivationsblockaden erkennen und gemeinsam mit einem kompetenten und vertrauensvollen Partner Handlungskonzepte zur Blockadenüberwindung erarbeiten.

- Ich wünsche mir einen kompetenten und vertrauensvollen Ratgeber für meine persönlichen Probleme, Schwierigkeiten, Herausforderungen und Krisen.

- Ich würde gerne meine persönliche und/oder berufliche Situation mit einem unabhängigen, kompetenten und vertrauensvollen Partner besprechen.

- Ich wünsche mir einen ehrlichen, offenen, kompetenten und vertrauensvollen Partner bei der Lösung meiner aktuell anstehenden Konflikte.

- Ich möchte offen von einem kompetenten und vertrauensvollen Partner erfahren, wie ich auf andere Menschen wirke.

- Ich würde gerne mit einem kompetenten und vertrauensvollen Partner ein Szenario wahrscheinlicher und möglicher Zukünfte entwickeln, um eine verantwortliche Entscheidung über meinen künftigen Lebensweg beziehungsweise Berufsweg treffen zu können.

- Ich stecke in einer Sinnkrise und würde gerne einmal mit einem kompetenten und vertrauensvollen Partner neue Sinnhorizonte abstecken und besprechen.

- Ich möchte für langandauernden starken Streß (Disstreß) neue Verhaltensweisen kennenlernen, die meine bisherigen unzulänglichen Reaktionsweisen ersetzen und ergänzen.

- Ich möchte meinen momentanen Karrierestand einmal kritisch mit einem neutralen, kompetenten und vertrauensvollen Partner reflektieren.

- Ich möchte mit einem kompetenten und vertrauensvollen Partner meine bestehenden Handlungs-, Einstellungs- und Reaktionsmuster kritisch beleuchten, um – gegebenenfalls – Musterveränderungen zu erarbeiten.

- Ich würde gerne einmal mit einem kompetenten und vertrauensvollen Partner, möglichst mit umfangreichen psychologisch-therapeutischen Know-how, über Grundstrukturen meiner Persönlichkeit sprechen.

2. Kapitel

Wobei hilft Ihnen Coaching?

Im zwanzigsten Jahrhundert rückte der einzelne und seine Fähigkeit zur Selbstbestimmung in den Mittelpunkt der Geistesgeschichte. Wir schätzen heute das Potential von Menschen und Organisationen, sich dynamisch zu entwickeln, höher ein als je zuvor: Jeder ist seines Glückes Schmied! – Wozu also noch Coaching?

Ganz klar: Wir müssen lernen, mit unserer Freiheit umzugehen. Hierbei fördert uns ein kompetenter Partner – der Coach. Er zeigt uns, wie wir unsere persönlichen Überzeugungen gewichten sollten, wie wir neuen Herausforderungen gerecht werden und wie wir private Krisen meistern können.

Menschenbild und Weltbild

Die handlungsleitende Ausgangsbasis für „Business Coaching" ist ein humanistisches Menschen- und Weltbild. Die Grundannahmen über den Menschen und seine Welt fließen in jedes individuelle Coaching-Konzept mit ein. Die wichtigsten Grundannahmen lauten:

- Der Mensch ist ein entscheidendes Wesen mit einem Höchstmaß an Entscheidungsfreiheit und der Fähigkeit, Selbstverantwortung und Fremdverantwortung zu übernehmen.

- Der Mensch ist grundsätzlich „unbedingt" und nicht bedingungslos seinen Anlagen, Trieben und Bedürfnissen unterworfen. Menschliches Handeln und Verhalten wird ganz entscheidend durch selbstverantwortliche Entscheidungen bestimmt oder zumindest mitbestimmt.

- Der Mensch ist kein ausschließlich homöostatisches System, mit dem Bestreben, einen permanenten Gleichgewichtszustand zu erreichen und aufrechtzuerhalten, sondern ein überwiegend dynamisch-fluktuierendes System und daher auch ständig um den Aufbau produktiver Spannungen bemüht.

- Der Mensch hat als ein selbstorganisierendes System einen relativ hohen Grad an Autonomie. Er hat die potentiellen Fähigkeiten zur Selbsterneuerung, Selbstdistanzierung und Selbsttranszendenz. Selbsttranszendenz meint die Fähigkeit, durch Vorgänge des Lernens und der Entwicklung über die eigenen Grenzen hinauszugreifen.

- Die menschliche Autonomie ist immer relativ. Der Mensch steht in Wechselwirkungen mit anderen Menschen und den unterschiedlichsten Systemen. Immer ist der Mensch auch geprägt durch Anlagen, Umwelteinflüsse und Zeitabläufe, niemals aber dadurch pandeterminiert.

- Der Mensch hat, neben Körper und Psyche (Seele), auch einen selbstreflektierenden Geist. Als selbstreflektierendes geistiges Wesen ist der Mensch weltoffen. Er ist fähig, über sich selbst hinaus nach etwas zu streben, das nicht wieder „nur" er selbst ist.

- Die menschliche Freiheit ist nicht in erster Linie eine „Freiheit wovon", sondern eine „Freiheit wozu". Der Mensch ist herausgefordert, sich den Aufgaben des Lebens zu stellen.
- Der Mensch konstruiert die Welt entsprechend seinen Möglichkeiten und Erfahrungen. Der Mensch lebt daher immer in „seiner" Wirklichkeit, und „seine" Wirklichkeit ist nicht „die" Wirklichkeit schlechthin. Als Konstrukteur „seiner" Wirklichkeit ist der Mensch für seine Konstruktionen verantwortlich.
- Der Mensch ist außerstande, die „wirkliche" Welt zu erkennen und zu erfassen. Jeder Mensch lebt in „seiner" Welt und sieht immer nur einen perspektivischen Ausschnitt der „einen" Wirklichkeit. Aus der Sichtweise von Menschen gibt es so viele Welten, wie es Menschen gibt.
- Eine Kategorisierung der Welt in zweigeteilte „richtig-falsch"-Weltbilder entspricht nicht annähernd der Wirklichkeit. „Sowohl als auch-Weltbilder" treffen eher zu und vergrößern die menschlichen Freiheitsgrade und Handlungsalternativen.
- Die neue Sicht der Wirklichkeit beruht auf der Erkenntnis, daß alle Phänomene und Erscheinungen – ökonomische, ökologische, biologische, physikalische, psychische, gesellschaftliche und kulturelle – grundsätzlich miteinander verbunden und voneinander abhängig sind. Der Mensch ist keine isolierte Monade.
- Persönlichkeit meint den im Werden befindlichen Menschen. Der Mensch ist niemals abgeschlossen oder fertig; immer kann er auch noch ein anderer werden, als er zum gegenwärtigen Zeitpunkt ist.
- Die menschliche Primärmotivation resultiert im letzten aus der menschlichen Suche nach Sinn. Der Mensch erfüllt seinen Sinn, wenn er seine individuellen Möglichkeiten, unter verantwortlicher Berücksichtigung seiner Einbindungen in unterschiedliche Systeme, in den verschiedenen Situationen seines Lebens verwirklicht.

Die beiden Grundaxiome eines humanistischen Menschen- und Weltbildes sind Freiheit und Verantwortlichkeit. Freiheit meint die grundsätzliche Fähigkeit des Menschen, der Welt gegenüberzutreten und Stellung zu beziehen und sich auf Herausforderungen, seien es

Herausforderungen durch Aufgaben oder durch Personen, einzulassen. Der Schwerpunkt dieses Freiheitsbegriffs betont stark den Wozu-Aspekt von Freiheit und weniger den Wovon-Aspekt. Verantwortung gehört unabdingbar zur Freiheit und meint zum einen das Bestreben des Menschen, sich zu einer reifen und authentischen Persönlichkeit zu entwickeln, indem er seine Potentiale und Stärken voll entfaltet, und zum anderen die menschliche Verbundenheit und Verpflichtung gegenüber anderen Menschen, der Natur und Systemen überhaupt. Der Mensch ist ein unlösbarer Teil eines Ganzen und trägt daher immer auch Verantwortung für das Ganze.

Die Grundannahmen eines humanistischen Menschen- und Weltbildes wirken handlungsleitend für den gesamten Coaching-Prozeß. Im einzelnen bedeutet das:

- Der Coach geht von der Verantwortlichkeit (Selbstverantwortlichkeit und Fremdverantwortlichkeit) der Führungskraft aus. Im Coaching-Prozeß wird der Führungskraft ein Höchstmaß an Entscheidungsfähigkeit und Entscheidungsfreiheit zuerkannt.
- Der Coach geht davon aus, daß die Führungskraft herausgefordert ist, sich selbst zu organisieren. Er unterstützt Prozesse, die die Selbstorganisationsfähigkeit stärken. Ein hoher Grad an Selbstorganisationsfähigkeit anerkennt, daß Wechselbeziehungen mit anderen Menschen und unterschiedlichen Systemen bestehen.
- Der Coach gibt Impulse, um die Kategorien fragmentarischen Denkens zu überwinden. Ein holistisches Coaching anerkennt die Vernetzung aller Ereignisse, Phänomene und Dinge.
- Der Coach initiiert und fördert produktive Spannungszustände. Die Führungskraft benötigt produktive Spannungszustände, um einen hohen Grad an Kreativität, Intuition und Produktivität zu erreichen.
- Der Coach fördert Potentiale und Stärken. Persönlichkeitsentwicklung heißt immer Potentialentfaltung und Aktivierung der Stärken in Richtung auf eine starke Persönlichkeitskultur. Coach und Führungskraft erarbeiten gemeinsam ein Konzept zum Umgang mit Schwächen und Unzulänglichkeiten.
- Der Coach fördert ein Denken-von-dem-anderen-her. Nur die Führungskraft, die vom-anderen-her denkt, führt, indem sie

Herausforderungen schafft, die es Mitarbeitern ermöglichen, ihre individuellen Bedürfnisse, Bestrebungen und Sinnerwartungen zu realisieren.

Anlässe für Coaching-Maßnahmen

Anlässe für Coaching-Maßnahmen sind vor allem Veränderungsabsichten und laufende Veränderungen in Organisationen, Teilbereichen von Organisationen und bei Führungskräften.

Planung und Durchführung von Organisations-Entwicklungsmaßnahmen

Organisationen verändern und entwickeln sich permanent. Erfahrungsgemäß ist eine Vielzahl von Wandlungsprozessen – vielleicht sogar die Mehrzahl – nicht intendiert und zufällig. Sie läuft in vielen Fällen sogar unbemerkt ab. In den letzten Jahren ist, im Zusammenhang mit tiefgreifenden Instabilitäten und Turbulenzen der Umwelt und den daraus resultierenden sozialen und organisatorischen Veränderungen in den Organisationen, zunehmend von geplanten Wandlungsprozessen die Rede. Hinter der Zielsetzung, organisatorischen Wandel planmäßig einzuleiten, steht die Absicht, die Funktionsweise einer Gesamtorganisation oder wesentlicher Teile davon, beispielsweise Arbeits- und Projektgruppen, in Richtung Effizienz- und Produktivitätsverbesserung zu ändern. Organisationsentwicklung beschäftigt sich mit geplanten organisatorischen Wandlungsprozessen in eine vorgegebene Richtung. Eine sehr breit gefaßte Definition von Organisationsentwicklung gibt die Gesellschaft für Organisationsentwicklung (GOE) e.V., die 1980 gegründet wurde und die einen Zusammenschluß namhafter Berater, Anwender und Wissenschaftler aus Deutschland, Österreich und der Schweiz bildet. Die GOE versteht Organisationsentwicklung „als einen längerfristig angelegten, organisationsumfassenden Entwicklungs- und Veränderungsprozeß von Organisationen und der in ihr tätigen

Anlässe Für Coaching-Maßnahmen

I. Veränderungen der Organisationskultur, des Führungsstils und der Organisationsstruktur

Vorbereitung und Unterstützung der einzelnen Führungskräfte bei:

- Planung und Durchführung von Organisationsentwicklungsmaßnahmen
- Aufbau und Implementierung eines veränderten Wertesystems
- Einführung von kooperativem Führungsstil
- Einführung und Forcierung von Teamarbeit
- Planung und Durchführung von Assessment-Centern
- Aufbau von Arbeits- und Projektgruppen
- Auseinandersetzung mit neu geordneten Kompetenzen
- Trennung von langjährigen Führungskräften

II. Veränderungen bezüglich der einzelnen Führungskraft

Vorbereitung und Unterstützung der einzelnen Führungskräfte bei:

- Vorbereitung auf neue Aufgaben, Kompetenzen und Positionen
- Entwicklung vorhandener Potentiale
- Aufhebung oder Verringerung von Verhaltensdefiziten
- Beseitigung von Leistungs- und Motivationsblockaden
- Lösung persönlicher Probleme und Krisen
- Beseitigung von Sinnfindungsbarrieren
- Erarbeitung einer individuellen Konfliktumgangskultur und Streitkultur
- Lösung ethischer Probleme

Menschen. Der Prozeß beruht auf Lernen aller Betroffenen durch direkte Mitwirkung und praktische Erfahrung. Sein Ziel besteht in einer gleichzeitigen Verbesserung der Leistungsfähigkeit der Organisation (Effektivität) und der Qualität des Arbeitslebens (Humanität)."

Der Impuls für Organisationsentwicklung resultiert vor allem aus der Tatsache, daß der gegenwärtige Istzustand in einer Organisation als unbefriedigend empfunden und erlebt wird. Am Beginn der neunziger Jahre ist der Druck der Umwelt auf die Organisationen so stark, daß der Vollzug und Nichtvollzug von Veränderungen und Entwicklungen zur Existenz- und Überlebensfrage wird. Der häufig anzutreffende Versuch, durch übertriebene Präzision und Exaktheit – beispielsweise durch die Implementierung eines rechnungswesenorientierten Controlling – zu einem statischen Gleichgewicht zu gelangen, kann sich in einer turbulenten und instabilen Umwelt katastrophal und existenzgefährdend auswirken. Organisationsentwicklung basiert nicht auf der Leitidee der Herbeiführung statischer Gleichgewichte, sondern bemüht sich, durch permanente Entwicklungs- und Veränderungsprozesse zur Aufrechterhaltung, Herstellung und Wiederherstellung dynamischer Gleichgewichte und Selbsterneuerungsprozesse die Überlebensfähigkeit von Organisationen in einer turbulenten Umwelt zu sichern.

Organisationsentwicklung geht von der Annahme aus, daß bestehende Schwierigkeiten Chancen und Herausforderungen bergen, die es zu nützen und zu bewältigen gilt. Probleme bergen, aus der Sichtweise von Organisationsentwicklung, immer Chancen und Möglichkeiten und induzieren häufig Fortschritt.

Eine ganzheitliche Organisationsentwicklung setzt sowohl auf der personalen wie auch auf der strukturalen Ebene an. So kann beispielsweise im Rahmen eines personalen Ansatzes mehr Teamfähigkeit durch eine Veränderung der „inneren Situation" über gruppendynamische Prozesse angestrebt werden. Diese Zielsetzung kann durch eine Veränderung der „äußeren Situation" über Dezentralisierungsprozesse im Rahmen eines strukturalen Ansatzes ergänzt werden. Organisationsentwicklung initiiert Entwicklungen und löst Probleme, die die Organisation als Ganzes, Teilbereiche (zum Beispiel Sparten und Abteilungen) der Organisation, die sozialen Beziehungen der Organisationsmitglieder und/oder das Individuum betreffen. Das angewandte Methodenspektrum ist sehr umfangreich und umfaßt beispielsweise Kräftefeldanalysen, Konfrontationstreffen, Prognoseverfahren, Zielfindungsmethoden,

Kommunikationstechniken, Organisationstechniken und Teamentwicklung.

Ein ganzheitlicher Coachingansatz bietet den Führungskräften eine Prozeßbegleitung bei der Planung und Durchführung von Organisationsentwicklung an. Im Gegensatz zum „klassischen" Unternehmensberater fungiert der Coach weniger als Fachberater und Experte, sondern mehr als Impulsgeber und kritischer Begleiter. Er vermittelt keine fertigen Rezepte, sondern gibt Such- und Entscheidungshilfen bei der Erarbeitung von Konzepten. Er wirkt wie ein Katalysator. Natürlich ist der Coach in gewisser Weise auch Fachmann, nämlich Fachmann für Fragen der Kommunikation und der Kooperation, für zwischenmenschliche Interaktionen und Probleme und vor allem für das Arrangieren von Situationen, die der Potentialentfaltung und der Lösung von Problemen förderlich sind. Der Coach bietet der Führungskraft die Möglichkeiten, ein ehrliches und offenes Feedback einzuholen, Vorhaben, Entwicklungen und Probleme mit einem „neutralen" Außenstehenden zu diskutieren und „außergewöhnliche" Denkprozesse zu beschreiten. Für eine Prozeßbegleitung im Rahmen von Organisationsentwicklung durch einen Coach sprechen vor allem seine unbefangene Problemsicht, sein breiter Erfahrungsschatz und seine Bereitschaft und Fähigkeit, laterale Denkprozesse zu initiieren. Der Coach bemüht sich um Potentialentwicklung und Potentialentfaltung der Organisation, der Teilbereiche der Organisation und der Führungskräfte.

Aufbau und Implementierung eines veränderten Wertesystems

Die Werthaltungen der Menschen haben sich in den letzten Jahren verändert. Traditionelle Orientierungsleitlinien sind brüchig geworden. Die Werte Anpassung, Unterordnung und Leistung haben eine starke Bedeutungsabnahme erfahren, während die Werte Kommunikation, Selbstbestimmung und Lebensgenuß immer mehr an Bedeutung zunehmen. Veränderte Werthaltungen wirken sich oftmals nicht unmittelbar auf das konkrete Tun und Verhalten der Menschen aus.

Menschliches Verhalten und Tun ist vielfach beeinflußt und hängt vor allem vom persönlichen Wollen, vom individuellen Können, vom sozialen Dürfen und von der situativen Ermöglichung ab. Gewandelte Werthaltungen berühren in starkem Maße zunächst das persönliche Wollen. Persönliches Wollen wird sich aber nur schwer durchsetzen, wenn die situativen Bedingungen unverändert geblieben sind.

Werte sind allgemeine Orientierungsstandards. Sie ermöglichen eine grundlegende und richtungsweisende Einstellungs-, Verhaltens- und Handlungsorientierung. Sie müssen operationalisiert, konkretisiert und spezifiziert werden und differenziert auf konkrete Situationen und Gegebenheiten der Lebens- und Berufswelt ausgerichtet werden. Ansonsten bleiben Werte abstrakt, unverbindlich und oft „Leerformeln". Der in den letzten Jahren vielfach proklamierte Wertewandel der Menschen ist in Wirklichkeit ein Wandel der Werthaltungen der Menschen. Werte haben eine universale Gültigkeit; ihre Operationalisierung, Konkretisierung und Spezifizierung dagegen unterliegt zeitlichem Wandel.

Die Organisationskultur ist Ausdruck der sie bestimmenden Werte und Werthaltungen. Organisationskulturen können danach differenziert werden, ob sie eher an der Macht, an Personen, an Rollen oder an Aufgaben orientiert sind. Im Rahmen einer werteorientierten Organisationsentwicklung bilden die Werte die Ausgangsbasis für Ziele, Strategien, Instrumente und Maßnahmen. So kann beispielsweise der Wert „Selbständigkeit und Individualität" in die Ziele „Schaffung persönlicher Freiräume und Wahlmöglichkeiten" und „Förderung der Selbständigkeit" konkretisiert werden. Das Ziel „Förderung der Selbständigkeit" kann wiederum weitergehend in die Strategien „Förderung der Übernahme persönlicher bzw. gemeinsamer Verantwortung," „Beteiligung der Betroffenen an Entscheidungen" und „gemeinsame Zielvereinbarung im Rahmen von Management by objectives" operationalisiert werden. Der Operationalisierungsprozeß wird in der Praxis fortgesetzt bis hin zu Detailmaßnahmen wie „Einführung von Gleitzeit" und „Bildung von Qualitätszirkeln".

Die Werthaltungen der Mitarbeiter – vor allem der Führungskräfte – müssen zu den Werthaltungen der Organisation passen. Der Übereinstimmung in den Werthaltungen der Mitarbeiter und der Organisation wird in den nächsten Jahren im Rahmen von Personaleinstellungen und Personalförderungen verstärkte Aufmerksamkeit gewidmet werden. Die Mitarbeiter der Zukunft streben immer mehr nach sinnvoller Arbeit, das heißt, nach einer Arbeit beziehungsweise Herausforderung, die es ihnen ermöglicht, Werte zu verwirklichen. Klaffen die Werthaltungen zwischen den Mitarbeitern und der Organisation zu weit auseinander, kommt es unweigerlich zu Spannungen, Frustrationen und im Extremfall zu heftigen Konflikten und ungelösten Problemen. Am Ende stehen oft Trennungsprozesse, sei es nun in Form der „inneren Kündigung" oder der „formalen Kündigung."

Der Coach gibt Unterstützung beim Aufbau und bei der Implementierung von neuen oder modifizierten Wertesystemen und ihrer Operationalisierung, Konkretisierung und Spezifizierung in Ziele, Aufgaben, Instrumente und Maßnahmen. Er verdeutlicht, daß Stärken und Schwächen immer nur in bezug auf die vorherrschenden Werte und Werthaltungen als solche definiert werden können. In einer Organisation, deren Werthaltungen auf dem Leitwert „Innovationsfähigkeit" basieren, ist die Fähigkeit, kreativ und lateral zu denken, eindeutig eine Stärke. Ganz anders dagegen in einer Organisation, die sich dem Leitwert „Detail-Organisation" verpflichtet fühlt. In einer solchen Organisation wird die Fähigkeit, kreativ und lateral zu denken, sehr schnell als unerwünscht deklariert und schließlich als Schwäche abgestempelt.

Die Führungskraft der Zukunft droht im Dschungel der Informationen und Möglichkeiten zu ersticken und ihre Individualität und Authentizität zu verlieren. Sie ist deshalb herausgefordert, von ihrer Freiheit und Verantwortung Gebrauch zu machen, indem sie auf die ihren Handlungen und Urteilen zugrunde liegenden Werte zurückgreift, sie persönlich gewichtet und als verbindliche Orientierungsleitlinien setzt. Die Werte haben langfristig eine verhaltenssteuernde Kraft und für das menschliche Handeln einen konstitutiven Sinn. Der Coach hilft der Führungskraft bei der Entdeckung und Implementierung eines individuellen Wertesystems und bei der Konkretisierung in individuelle Lebens- und Berufsziele. Starke Persönlichkeiten haben eine klare Werteausprägung, die vor allem darauf abzielt, alle vorhandenen Stärken und Potentiale zu nutzen und zu entwickeln. Die individuellen Lebens- und Berufsziele müssen mit den Organisationszielen kompatibel sein.

Einführung von kooperativem Führungsstil

Aus Gründen der Leistungsmotivation ist es zweckmäßig, zwischen Führung und Leitung zu unterscheiden. Führung meint die Steuerung von sozialem Handeln und fragt nach dem Subjekt (Wer soll handeln?), nach dem psychologisch-motivationalen Aspekt (Wie wird die Motivation mobilisiert?) und nach dem Sinn (Welche individuelle Bedeutung haben die Aufgaben und das Handeln für den einzelnen Beteiligten?). Leitung dagegen bezieht sich auf die Steuerung von Sachaufgaben und fragt nach dem Objekt (Was soll geschehen?), nach dem methodisch-technischen Aspekt (Wie wird der Ablauf strukturiert?), nach dem Aufbau (Wie sieht die strukturale Aufbauorganisation aus?) und nach dem Zweck (Welcher allgemeine Nutzen wird erwartet?).

Führung beruht immer auf unmittelbaren zwischenmenschlichen Beziehungen und verfolgt das vorrangige Ziel, optimale Motivationsbedingungen zu schaffen, die es Mitarbeitern ermöglichen, ihre Werthaltungen, Bestrebungen und Bedürfnisse in der Arbeit zu realisieren. Führung hat nichts mit Verführung zu tun. Es ist die Akzeptanz der Ziele durch die Mitarbeiter, die vor allem darüber entscheidet, ob man es mit Führung oder Verführung zu tun hat.

Der Führungsstil beschreibt ein situationsbeständiges Führungsverhalten der Führungskräfte, das durch eine ganz spezifische persönliche Grundeinstellung gegenüber den Mitarbeitern geprägt wird. Der autoritäre Führungsstil ist das eine Extrem von Führungsstilen; die Führungskraft trifft Entscheidungen ohne Mitwirkung – vor allem ohne Mitbestimmung – der Mitarbeiter. Das andere Extrem ist der kooperative Führungsstil; die Führungskraft trifft Entscheidungen unter Mitwirkung und Mitbeteiligung der Gruppe beziehungsweise des Teams. Die Führungsstile bewegen sich in der Praxis zwischen den beiden Extremformen und sind eher Mischformen.

Ein Führungsstil in Richtung Kooperation bedeutet keineswegs eine einseitige Präferenz der Beziehungsseite. Ganz im Gegenteil, die Beziehungen und die Aufgaben müssen integriert werden. Die Führungskraft, die sich einem integrativen Führungsstil verpflichtet fühlt, strebt nach einer gleichgewichtigen Beachtung von Mensch und Aufgabe beziehungsweise von Sachorientierung und Beziehungsorientierung. Sie führt kooperativ nach innen und nach außen, motiviert und fördert die Mitarbeiter, indem sie Herausforderungen schafft, die es Mitarbeitern ermöglichen, ihren Sinn, ihre Bedürfnisse und ihre Bestrebungen in der Arbeit zu verwirklichen.

Ein ganzheitlicher Coaching-Ansatz fühlt sich dem humanistischen Menschenbild verpflichtet und präferiert daher eindeutig einen Führungsstil in Richtung Kooperation. Führung bedeutet in erster Linie, optimale Motivationsbedingungen zu schaffen. Dies setzt voraus, daß die Führungskraft vom-anderen-her denkt. Sie muß die Entfaltungswünsche, die Sinnstruktur, das Bedürfnisspektrum und die individuellen Leistungswünsche und -fähigkeiten ihrer Mitarbeiter kennen.

Der Coach unterstützt die Führungskraft bei der Einführung und Durchsetzung eines kooperativen Führungsstils, indem er beispielsweise ein konkretes Handlungsprogramm zur Förderung guter zwischenmenschlicher Beziehungen erarbeitet oder als sozialer Spiegel für konkrete Führungsverhaltensweisen der Führungskräfte dient.

Die Einführung eines kooperativen Führungsstils fordert viel Zeit und die konsequente Durchsetzung und Durchführung einer Reihe von Voraussetzungen beziehungsweise Maßnahmen:

- Erarbeitung und Implementierung eines partizipativen beziehungsweise demokratischen Führungsleitbildes.
- Aufbau eines kollegialen Entscheidungssystems.
- Entwicklung der Fähigkeit und Bereitschaft von Mitarbeitern, Selbstverantwortung und Fremdverantwortung zu übernehmen.
- Entwicklung der Fähigkeit und Bereitschaft von Führungskräften, sowohl beziehungsorientiert als auch aufgabenorientiert zu denken, zu urteilen und zu handeln.

Der Coach hilft bei der Durchsetzung und Verwirklichung dieser Voraussetzungen beziehungsweise Maßnahmen. Er unterstützt die Führungskraft aber auch, Führungssituationen „richtig" einzuschätzen, um Führungsentscheidungen gezielt und situationsgerecht zu treffen.

Einführung und Forcierung von Teamarbeit

Gruppen erfüllen in Organisationen unterschiedliche Funktionen: Fest etablierte Gruppen kommen bestimmten Daueraufgaben, befristete Gruppen Sonderaufgaben (zum Beispiel als Ausschüsse) oder Projektaufgaben (zum Beispiel als Projektgruppen) nach.

Eine gut eingespielte Gruppe bezeichnet man als Team. Ein Team ist durch einen hohen Grad an Kooperation und Zusammenarbeit gekennzeichnet. In vielen Fällen erhöht Teamarbeit die Qualität der Willensbildung, die Effizienz der Willensdurchsetzung und das Leistungsergebnis. Die hohe Effizienz von Teamarbeit stellt sich jedoch nicht automatisch ein, sondern will erarbeitet und erlernt sein. Konkurrenzgefühle, mangelnde Kooperationsbereitschaft und Kooperationsgefühle einzelner Teammitglieder sowie äußere ungünstige Bedingungen wie räumliche und zeitliche Unzulänglichkeiten können sich dysfunktional auf das Leistungsniveau eines Teams auswirken. Das Team droht dann, seinen kreativen und produktiven dynamischen Gleichgewichtszustand zu verlassen und auf einen chaotischen Ungleichgewichtszustand zuzusteuern. Produktive Spannungszustände innerhalb eines Teams sind durchaus erwünscht, weil sie anregend und herausfordernd wirken, Kreativitätspotentiale forcieren und letztendlich die gewünschten Synergieeffekte erzielen. Ein leistungsfähiges Team zeichnet sich vor allem durch folgende Charakteristika aus:

- Alle Aktionen und Handlungen werden in den Dienst einer gemeinsamen Sache gestellt.
- Interne Störungen werden sowohl sachlich als auch beziehungsmäßig geklärt.

- Konflikte werden als positive Spannungsverhältnisse aufgefaßt und fair gelöst.
- Allen Störungen wird Vorrang eingeräumt. Es herrscht ein Klima der Offenheit, Freiheit und Verantwortlichkeit.

Der Coach unterstützt die Organisation beziehungsweise Führungskraft bei der Einführung und Forcierung von Teamarbeit. Die Entwicklung einer Gruppe hin zu einem reifen und leistungsfähigen Team bedarf oft sehr viel Geduld, Zeit und Vertrauen und einer Reihe unterstützender Maßnahmen wie beispielsweise Seminaren, Trainings, Workshops, Konfrontationstreffen und Problemlösungstreffen. Es bedarf einer kontinuierlichen Entwicklung auf zwei Ebenen: im Bereich der Arbeit an der zu lösenden Aufgabe beziehungsweise Herausforderung und im Bereich der sozialen Beziehungen untereinander und zwischen Teams. Im Rahmen eines ganzheitlichen Coaching verfügt der Coach über ein breites Analyse- und Interventionsinstrumentarium, um wirksame Anstöße zur Teamentwicklung und zur Verbesserung der Teameffizienz zu geben. Exemplarisch seien genannt:

- Problem-Inventur, Stimmungsbarometer, Interaktionsspiele und gruppendynamische Übungen für die Beziehungen der Teammitglieder untereinander und
- Konfrontationstreffen, Intergruppen-Entwicklung und Drittparteien-Schlichtung für die Beziehungen der Teams untereinander.

Ein ganzheitlicher Coaching-Ansatz sieht die Vorteile funktionierender Teamarbeit, ohne Teamarbeit an sich zu glorifizieren. Unbestritten ist sicherlich die hohe integrative Kraft von Teams. Im Rahmen funktionierender Teams können Mitarbeiter soziale Erlebniswerte realisieren, wie beispielsweise Solidarität, Zusammengehörigkeit und Kollegialität. Das Erleben dieser Werte ruft bei vielen Teammitgliedern ein Gefühl der Sinn-Haftigkeit hervor. Sinnverwirklichung wirkt motivierend, und Motivation fördert die Leistungsbereitschaft.

Die potentiell negativen Auswirkungen von Teamarbeit dürfen jedoch nicht übersehen werden. Teamarbeit kann immer, trotz aller

Bemühungen und Bestrebungen, negative Auswirkungen haben. Immer wieder kommt es vor, daß Teams sich zu starr auf Ziele, bestimmte Methoden oder bestimmte Lösungsvorschläge fixieren und dadurch blind für veränderte Situationsbedingungen und neue Herausforderungen oder leichtsinnig gegenüber bestimmten Risiken werden. Eine zu enge Gruppensolidarität und Gruppenkohäsion, oft getragen vom „group-thinking-Zwang," können bewirken, daß die Belange der Gesamtorganisation verschwimmen und oft ganz aus dem Blickfeld verschwinden. Das Team führt dann ein Eigenleben, losgelöst von den Zielen der Gesamtorganisation. Immer besteht die Gefahr, daß gut funktionierende Gruppen und Teams ihre eigenen Werte und Werthaltungen verabsolutieren und dadurch in eine Werte-Ziel-Interessenkollision mit anderen Gruppen, Teams oder gar der Gesamtorganisation geraten. Der Coach sieht diese potentielle Problematik und ist bestrebt, den Systemcharakter von Gruppen und Teams herauszustellen. Jede Gruppe oder jedes Team ist ein System und als System immer mit untergeordneten und übergeordneten Systemen verbunden. Ihr Werte- und Zielsystem muß mit den Werte- und Zielsystemen anderer Gruppen und vor allem mit der Gesamtorganisation – zumindest längerfristig – kompatibel sein.

Planung und Durchführung von Assessment-Centern

Assessment-Center simulieren die künftige Führungssituation von Führungskräften. Die Bewerber absolvieren Aufgaben, die den künftigen Führungsaufgaben ähneln. Die erzielten Einstellungs- und Verhaltensweisen und Leistungsergebnisse bilden einen zusammenfassenden Beurteilungswert, mit dem der zukünftige Führungserfolg prognostiziert wird. Kennzeichnend für Assessment-Center ist, daß mehrere Bewerber mehrere Tage lang mit unterschiedlichen Verfahren untersucht und von mehreren Beurteilern hinsichtlich ihrer Eignung für bestimmte Führungspositionen beurteilt werden.

In der Praxis ist es so, daß die Urteile über die Bewerber in den meisten Fällen von Vorgesetzten stammen, die innerhalb der Organisation tätig sind. Man kann getrost annehmen, daß überwiegend solche Bewerber bevorzugt werden, die nahtlos in die bestehenden Strukturen der Organisation passen. Der Coach macht auf die mit einer solchen Sichtweise verbundenen Schwächen aufmerksam, die vor allem darin bestehen, neue Perspektiven, Lösungen und Handlungsweisen von vornherein zu verhindern.

Eine wichtige Zielrichtung von Assessment-Centern besteht darin, Bewerber für die Anforderungen von morgen auszuwählen. Viel zu häufig wird lediglich auf die Anforderungen von heute abgestellt. Der Coach gibt Hilfestellungen, abzuschätzen, was morgen von einer Führungskraft erwartet und verlangt wird.

Die Beurteiler richten im Rahmen von Assessment-Center-Prozessen ihre Aufmerksamkeit lediglich auf die Merkmale, Fähigkeiten und Eigenschaften, von denen sie annehmen, daß sie im Rahmen der tradierten Beförderungspraxis besonders berücksichtigt werden. Eine solche Sichtweise kann einengend wirken und möglicherweise von vornherein bewirken, daß das gesamte Fähigkeiten- und Fertigkeitenspektrum und vor allem die Potentiale des Bewerbers nicht ausreichend berücksichtigt werden. Der Coach wird daher bestrebt sein, das Augenmerk aller Beurteiler auf das gesamte Persönlichkeitsspektrum des Bewerbers zu richten. Sein Interesse richtet sich vor allem auch auf die unausgeschöpften Potentiale und brachliegenden Stärken. Der Coach sieht den Bewerber immer in seiner Potentialität. Der Bewerber ist immer „mehr" als seine momentane Befindlichkeit und Präsentationsweise. In ihm stecken viele Möglichkeiten, die er bisher nicht verwirklicht hat, die sich aber bei hinreichender Förderung, beispielsweise durch die Schaffung adäquater Voraussetzungen, durchaus verwirklichen lassen. Dies kann gewinnbringend für die Organisation und den Bewerber sein.

Aufbau von Arbeits- und Projektgruppen

Während Arbeitsgruppen zumeist über einen längeren Zeitraum begrenzte Aufgaben beziehungsweise Herausforderungen bearbeiten und lösen, sind Projektgruppen temporäre Arbeitsgruppen, deren Mitglieder, nach Erfüllung der Aufgaben, in ihre ursprüngliche Posi tion oder in eine veränderte Position in der Organisation zurückkehren. Der Coach unterstützt die Führungskraft bei der Formulierung des konkreten Arbeits- und Aufgabengebietes, bei der Zusammensetzung der Gruppen beziehungsweise Teams und bei der Förderung der Leistungsbereitschaft und Leistungsfähigkeit der einzelnen Mitglieder.

Auseinandersetzung mit neu zu ordnenden und/oder neu geordneten Kompetenzen

Wachstumsprozesse in Organisationen sind die häufigsten Auslöser zur Neuordnung der Kompetenzen. Im Rahmen der Neuordnung der Kompetenzen wird oft die Aufbauorganisation umstrukturiert, indem vor allem neue Abteilungen, Unterabteilungen, Gruppen und Stellen gebildet werden. Oft gehen mit den Veränderungen im Rahmen der Aufbauorganisation auch Veränderungen im Rahmen der funktionalen, raumorientierten und zeitorientierten Ablauforganisation einher. Die Folge davon ist eine Veränderung und Neufestlegung des bestehenden Leitungssystems. Das Leitungssystem einer Organisation enthält Regelungen darüber, wer welchem Mitarbeiter Anweisungen erteilen kann. Dies drückt sich im Instanzenweg aus. Die Umstellung von einem Stab-Linien-System auf eine Teamorganisation nach dem Konzept der sich überlappenden Teams beziehungsweise Gruppen bringt beispielsweise eine völlige Umgestaltung und Neugestaltung bisheriger Kompetenzen mit sich. Im Konzept der sich überlappenden Teams beziehungsweise Gruppen werden auf jeder Organisationshierarchieebene Teams beziehungsweise Gruppen gebildet. Die Verbindung eines Teams beziehungsweise einer Gruppe zur nächsthöheren Stufe der Organisationshierarchie stellt der Leiter jedes Teams beziehungsweise jeder Gruppe dar, der immer auch gleichzeitig Mitglied des Teams beziehungsweise der Gruppe auf der höheren Stufe ist. Die Teams entscheiden aufgrund gemeinsamer Teamziele, die der Teamleiter auf der nächsthöheren Stufe der Hierarchie zu vertreten hat.

Der Coach unterstützt die Führungskraft in der Auseinandersetzung mit den neu zu ordnenden Kompetenzen beziehungsweise mit den neu geordneten Kompetenzen, indem er Klärungsgespräche mit Führungskräften und Mitarbeitern führt, auf potentielle Kompetenzkonflikte aufmerksam macht, informale Strukturen bei der Neuordnung berücksichtigt und der Führungskraft als offener, kritischer und ehrlicher Feedbackgeber zur Verfügung steht.

Trennung von langjährigen Führungskräften

Bei unfreiwilligen Trennungsprozessen sind Konflikte oft vorprogrammiert, weil die Interessengegensätze beider Parteien unmittelbar aufeinandertreffen. Jede unfreiwillige Kündigung ist für den betroffenen Mitarbeiter ein reales Konflikterlebnis, das in der Regel nicht problemlos zu bewältigen ist und notwendige Aktivitäten blockiert oder gar fehlleitet und zu Frustrationen führt, die sich entschieden negativ auf das Betriebsklima auswirken können. Jede ausgesprochene Kündigung ist für die betroffene Organisation ein Unruheherd, der möglicherweise zu Störungen des sozialen Klimas und des Images bei den Mitarbeitern und in der Öffentlichkeit führen kann. Der Coach leitet für beide Seiten einen vertretbaren Trennungsprozeß ein, der nicht unausweichlich mit negativen Begleiterscheinungen verbunden sein muß. Er fungiert als Outplacement-Berater mit den Zielen,

- der Organisation und der betroffenen Führungskraft eine einvernehmliche Trennung ohne Scherben zu ermöglichen,
- die kündigende Organisation in die Lage zu versetzen, einen sozial verantwortbaren Positionswechsel zu vollziehen
- und dem ausscheidenden Mitarbeiter zu helfen, durch eine gezielte Bewerbungsmarketing-Strategie eine adäquate anderweitige Position zu finden.

Der Coach unterstützt den betroffenen Mitarbeiter und die Organisation durch eine intensive persönliche Betreuung und professionelle Beratung. Im Rahmen eines Outplacement-Prozesses erhält die Führungskraft das Angebot, aus einer ungekündigten Position heraus mit Hilfe eines Outplacement-Beraters (Coach), auf Kosten der Organisation, eine neue Position zu suchen, die seinen Fähigkeiten, Sinnerwartungen und Wünschen optimal entspricht. Der Coach hilft dem Betreffenden vor allem, den initialen Schock zu überwinden, eine positive – vor allem zuversichtliche – Grundeinstellung aufzubauen, sich seiner Potentiale, Werte und Zielsetzungen bewußt zu werden, eine individuelle Bewerbungs-Marketingstrategie aufzubauen, Bewerbungsaktionen zu planen, vorzubereiten und durchzuführen, eingehende Angebote zu prüfen und zu selektieren, Vorstellungsgespräche vorzubereiten und erfolgreich zu bestehen. Letztendlich zielen seine Anstrengungen darauf, daß der betroffene Mitarbeiter in einer angemessenen Suchzeit eine neue, maßgeschneiderte Position findet.

Ein Outplacement-Beratungsprozeß hilft der Organisation, unnötige, oft langwierige und teure Rechtsstreitigkeiten zu vermeiden, das – hoffentlich vorhandene – positive Image in der Öffentlichkeit als soziale Organisation zu wahren, Negativpropaganda durch den beziehungsweise die Mitarbeiter bei Kunden, Banken, Behörden und bei der Presse zu minimieren, Scheinlösungen, wie beispielsweise Aufgabenreduzierung, Versetzung und Übertragung von Sonderaufgaben zu umgehen und negative Signalwirkungen auf andere Mitarbeiter weitgehend auszuschalten.

Eine Outplacement-Beratung setzt die einvernehmliche Trennung zwischen der betroffenen Führungskraft und der Organisation voraus. Zwischen Coach, Führungskraft und Organisation muß ein intensives Vertrauensverhältnis auf der Basis gegenseitiger Akzeptanz und Wertschätzung bestehen. Der Coach hilft der Organisation bei der Outplacement-Vorbereitung und Trennungsdurchführung und betreut und begleitet den Mitarbeiter bis zum Newplacement.

Outplacement und Newplacement werden sich in den nächsten Jahren verstärkt im deutschsprachigen Raum durchsetzen. Ein ganzheitlicher Coaching-Ansatz beinhaltet eine umfassende Outplacement und Newplacement-Beratung als eine optimale Lösung in einer beruflichen Situation, die keinen anderen Weg zuläßt als die Trennung.

Ziele des Outplacement und Newplacement

I. Unternehmensbezogene Ziele

- Verringerung der monetären und nicht-monetären Kosten für die Organisation
- Positive Beeinflussung der Arbeitnehmer in der Organisation und der Organisation-Umwelt-Beziehung durch Sichtbarmachung der Bemühungen um ausscheidende Arbeitnehmer (positives Image)
- Nutzung der Trennung als Möglichkeit zur Schwachstellenanalyse
- Gestaltung der Beziehung zwischen Organisation und Betroffenen in einer positiven Weise, die spätere Austauschverhältnisse ermöglicht.

II. Mitarbeiterbezogene Ziele

- Unterstützung des Betroffenen durch psychologische Beratung und Betreuung auf der psycho-emotionalen und geistigen Ebene
- Einbeziehung der sozialen Umwelt des Betroffenen in die Betreuung, um die individuelle Verarbeitung zu fördern
- Unterstützung des Betroffenen im kognitiven und verhaltensbezogenen Bereich – gegebenenfalls durch Seminare und Trainings, um die erforderliche Jobsuche zu unterstützen
- Absicherung der materiellen Lebensbedingungen durch eine individuelle finanzielle Regelung

---

Vorbereitung auf neue Aufgaben, Kompetenzen und Positionen

Die Führungskraft der Gegenwart – sicherlich noch mehr die Führungskraft der Zukunft – muß lernen, sich immer schneller neuen Situationen anzupassen. Die Fähigkeit, sich einer ständig wandelnden und turbulenten Welt anzupassen, ist eine Schlüsselqualifikation für Erhaltung und Überleben schlechthin. Dies gilt sowohl für Organisationen als auch für Individuen. Die Lerngeschwindigkeit von Führungskräften muß gleich oder größer als die Veränderungsgeschwindigkeit ihrer Umwelt sein. Für die nächsten Jahre ist ein „Management of Change" angesagt, global und im Kleinen.

Die enorme Veränderungsgeschwindigkeit hat zur Folge, daß Führungskräfte ständig mit neuen Aufgaben und Herausforderungen, veränderten Kompetenzen oder neuen Positionen konfrontiert werden. Der Coach fungiert als Prozeßbegleiter für anstehende Veränderungen. Strebt die Führungskraft einen Stellenwechsel an, kann sie, gemeinsam mit dem Coach, einen umfassenden ganzheitlichen Lösungsansatz erarbeiten, der aus folgenden Einzelschritten bestehen kann:

*   Bewertung und „Beurteilung" der vermarktbaren beruflichen Qualifikationen,
*   Erstellung einer Berufslaufbahnbilanz,
*   Definition der beruflichen Zielsetzung beziehungsweise der beruflichen Zielsetzungen,
*   Entwicklung einer effizienten Bewerbungs-Marketing-Strategie,
*   Erstellung aussagefähiger Bewerbungsunterlagen,
*   Vorbereitung auf Kontaktgespräche und Interviews,
*   Individual-Training zur Optimierung der Präsentationsfähigkeit.

Der Coach berät die Führungskraft in allen Phasen der Positionssuche, unterstützt sie administrativ und betreut sie motivational.

Stehen neue Aufgaben beziehungsweise Herausforderungen an oder werden erweiterte Kompetenzen verlangt, erarbeiten Coach und Führungskraft ausgehend von den betreffenden Stärken und Schwächen der Führungskraft ein Anforderungsprofil. In einem nächsten Schritt erarbeiten beide Fähigkeiten, Fertigkeiten und Wissensprofile, die das Anforderungsprofil erfüllen. Die Führungskraft eignet sich die geforderten Anforderungen durch Trainings, Workshops, Seminare etc. an.

Die systematische Unterstützung durch einen erfahrenen Coach vermittelt der Führungskraft ein Gefühl der Sicherheit, mit turbulenten Veränderungen besser umgehen zu können und alle Chancen, Herausforderungen und Möglichkeiten optimal zu nutzen.

Ein ganzheitlicher Coaching-Ansatz bietet immer auch die Möglichkeit zu einer kritischen Karrierereflexion. Mit Hilfe der Existenzanalyse Viktor E. Frankls beantwortet die Führungskraft die Fragen:

- Wo stehe ich zur Zeit?
- Wohin will ich?
- Was muß ich tun, um dorthin zu kommen?

Berufliche Existenzanalyse meint nicht „Analyse" des bisherigen beruflichen Werdegangs, sondern vielmehr Analyse auf eine sinnvolle berufliche Tätigkeit, auf noch zu verwirklichende berufliche Ziele und auf Verwirklichung noch schlummernder Potentiale hin.

Entwicklung latent und manifest vorhandener Potentiale

Eine reife Persönlichkeit ist ein Mensch, der einen sehr guten Zugang zu seinen gesamten Fähigkeiten, Stärken und inneren Kraftquellen besitzt. Ein solcher Mensch wirkt kongruent und überzeugt durch eine starke Persönlichkeitskultur. Die Entwicklung aller Persönlichkeitspotentiale verlangt eine Stärkenanalyse in den Bereichen fachliche Kompetenz, soziale Kompetenz und sittliche Kompetenz. Ein konstruktiver Umgang mit den eigenen Leistungsblockaden, die Aktivierung von Eigenmotivation und Kreativität und ein ungehinderter Zugang zu allen inneren Kraftquellen sind Voraussetzungen, um alle latent und manifest vorhandenen Potentiale zu entwickeln. Der Coach bietet der Führungskraft Hilfestellungen an, um zu ihren latenten und manifesten Potentialen und Stärken vorzudringen und um sie zur Entfaltung zu bringen. Potential- und Stärkenentdeckung und -entwicklung ist immer Persönlichkeitsentwicklung. Der Coach leistet entscheidende Hilfen auf dem Weg zur reifen Persönlichkeit mit einer starken Persönlichkeitskultur.

Aufhebung oder Verringerung von Verhaltensdefiziten

Verhalten ist die Gesamtheit aller Aktionen und Interaktionen eines Organismus mit seinem Umfeld. Die Grundbedingung menschlicher Existenz, wie die Existenz jeglicher Organismen überhaupt, ist der Austausch mit der sie umgebenden Welt. Die Verhaltenstherapie geht, im Einklang mit der wissenschaftlichen Psychologie, davon aus, daß beim Menschen immer drei Systeme in konkreten Lebenssituationen am Werk sind: das körperlich-emotionale System, das Gedanken- oder kognitive System und das motorische System. Alle drei Systeme sind miteinander verwoben und immer gleichzeitig aktiv.

Verhalten ist aber auch die Gesamtheit aller Aktionen und Interaktionen auf der intrapsychischen Ebene des Menschen.

Roberto Assagiolis Psychosynthese, einer umfassenden modernen Psychologie und Psychotherapie, liegt die Annahme zugrunde, daß sich die menschliche Persönlichkeit aus vielen verschiedenen Teilen zusammensetzt. Die einzelnen Persönlichkeitsteile agieren und kommunizieren miteinander, blockieren oder verstärken sich, unterstützen oder bekämpfen sich und verhalten sich nur allzuoft inkongruent und dysfunktional zueinander.

Verhaltensdefizite sind Störungen und Unzulänglichkeiten des Menschen im Austausch mit der Umwelt und im Austausch der einzelnen Persönlichkeitsteile untereinander. Typische Verhaltensdefizite bei Führungskräften sind u.a.:

- mangelndes Selbstvertrauen,
- Kommunikationsschwierigkeiten mit Mitarbeitern oder in spezifischen Situationen,
- Rollenkonflikte,
- Statusunsicherheiten und Statusängste,
- Loyalitätskonflikte,
- Versagensängste,
- Identitätszweifel,
- Interessenantinomien,
- Selbstentfremdung und Entfremdung von Mitmenschen,

- Schuldgefühle,
- mangelnde Verarbeitung von Enttäuschungen,
- Ohnmachtsgefühle.

Verhaltensdefizite können durch Verhaltensmodifikationen abgeschwächt oder sogar behoben werden. Coach und Führungskraft erstellen gemeinsam ein Verhaltensmodifikationskonzept, das sich auf motorische, kognitive, emotionale, motivationale und soziale Fähigkeiten beziehen kann. Ein therapeutisch ausgebildeter Coach wird im Rahmen von Verhaltensmodifikationskonzepten auch therapeutische Methoden einsetzen, beispielsweise bei leistungsbeeinträchtigenden Ängsten das verhaltenstherapeutische Instrument der systematischen Desensibilisierung, eventuell begleitet von einem Training der muskulären Entspannung (zum Beispiel in Form der Progressiven Muskelentspannung nach dem amerikanischen Arzt Jacobson). In vielen Fällen bedingen Verhaltensmodifikationskonzepte eine Situationsklärung. Eine Situationsklärung besteht in einem ersten Schritt darin, die einzelnen Situationsvariabeln strukturiert und sachlich zu durchdenken. In einem zweiten Schritt werden dann oft konkrete Situationsveränderungen durchgeführt. Schon nach dem ersten Schritt vermindern sich oftmals die belastenden Gefühle, das sorgenvolle Grübeln und die ängstlichen Befürchtungen erheblich, in manchen Fällen sogar vollständig.

Im Rahmen eines ganzheitlichen Coaching-Ansatzes werden vor allem Verhaltensmodifikationen für berufliche Situationen und Tätigkeiten erarbeitet. Alle Schritte eines Verhaltensmodifikationskonzeptes werden von der Führungskraft sofort in den alltäglichen Situationen erprobt, gegebenenfalls variiert und modifiziert. Der Coach steht der Führungskraft in allen Realisations- und Bewährungsphasen als kritischer, ehrlicher und offener Begleiter und Feedback-Geber zur Verfügung. Der Coach achtet darauf, daß Veränderungen nicht nur die Ebene der Einstellungen betreffen, sondern immer auf die Ebene des Tuns, Handelns und Verhaltens durchschlagen.

Beseitigung von Leistungs- und Motivationsblockaden

Motivation entsteht, wenn eine Person Herausforderungen und Anregungen in Situationen wahrnimmt, die geeignet sind, Motive so
zu aktivieren, daß dadurch letztendlich Verhalten ausgelöst wird.
Motivation ergibt sich immer aus einem Zusammenspiel von Person
und Situation.

Die Motive der Menschen sind sehr vielfältig und individuell unterschiedlich. Neben vielen Einzelmotiven gibt es ein Primärmotiv,
das menschliche Streben nach Sinnverwirklichung. Sinn umschreibt
das individuell und situativ Bedeutungsvolle. Führungskräfte brauchen – wie alle Menschen – Herausforderungen, die es ihnen ermöglichen, Sinn am Arbeitsplatz zu realisieren. Dies kann unter
anderem dadurch geschehen, indem sie verantwortliche Projekte
durchführen und planen, eine authentische und kongruente Organisationskultur fördern, eine Teamorganisation einführen, ethische
Werthaltungen und Grundsätze modellhaft vorleben und ökologische Gesichtspunkte und Fakten bei ökonomischen Entscheidungen
und Handlungen angemessen berücksichtigen.

Leistungs- und Motivationsblockaden können grundsätzlich in der
Motivstruktur einer Person, in den situativen Gegebenheiten und in
einer Kombination von Motivstruktur und situativer Gegebenheit
begründet sein.

Die Motivstruktur einer Person ist dann für Leistungs- und Motivationsblockaden verantwortlich, wenn einzelne Motive miteinander
in Widerstreit stehen, sich gegenseitig blockieren oder wenn einzelne
Motive überwertig gelebt werden und dadurch andere Motive unterdrückt werden. Die Folgen sind: Spannungen, Blockaden, Konflikte und dysfunktionale Auseinandersetzungen auf der intrapsychischen Ebene. Ein Beispiel für einen Konflikt auf der intrapsychischen Ebene ist der Widerstreit zwischen dem Motiv nach Status
und Prestige und dem daraus resultierenden Wunsch nach Aufstieg
in der Hierarchie und dem Motiv nach Freizeit und dem daraus
resultierenden Wunsch, in der „freien Zeit" einem zeitintensiven
Hobby nachzugehen. Der Coach eröffnet der Führungskraft in einem

ersten Schritt einen Zugang zu ihrer Motivstruktur. In einem zweiten Schritt gibt er Impulse, daß die Führungskraft die Bedeutung und Wertigkeit der einzelnen Motive erkennt. In einem dritten Schritt erarbeiten beide eine Vorgehensweise, die es der Führungskraft langfristig ermöglicht, ihre Motivstruktur in Ausrichtung auf selbst gesteckte Werte und Ziele zu organisieren und zu steuern.

Situative Gegebenheiten sind für Leistungs- und Motivationsblockaden unter anderem verantwortlich, wenn

- die organisationalen Strukturen zu starr und formalistisch sind,
- die formale Aufbau- und Ablauforganisation im Widerstreit mit der informalen Organisation steht,
- das Organisationsklima durch Befehl und Gehorsam geprägt ist und nicht durch Offenheit, Wertschätzung und Empathie,
- die Ziele vorgegeben und nicht gemeinsam erarbeitet werden,
- die Aufgabengebiete durch Stellenbeschreibungen starr festgeschrieben sind,
- die technische Ausstattung völlig veraltet und ineffizient ist.

Coach und Führungskraft erarbeiten gemeinsam Konzepte, um die situativen Gegebenheiten zu ändern. Die Einführung kooperationsfördernder Strukturen, zum Beispiel durch die Ausweitung der Entscheidungs- und Handlungsspielräume, kann sich schon nach kurzer Zeit motivations- und leistungsfördernd auf die Organisationsmitglieder auswirken. In vielen Fällen werden Coach und Führungskraft bei der Veränderung situativer Gegebenheiten zusätzliche Fachkräfte zu Rate ziehen, beispielsweise Unternehmensberater, Techniker, Organisationsentwickler und Handwerker.

Lösung persönlicher Probleme und Krisen

Coaching hat die Zielsetzung, alle vorhandenen Potentiale und Stärken von Führungskräften zu optimieren. Voraussetzung dazu ist eine hohe Selbstorganisationsfähigkeit der Führungskräfte bei der Lösung persönlicher Probleme und Krisen. Die traditionell übliche Trennung zwischen Privatsphäre und Organisationssphäre, berufli-

chen Problemen und privaten Problemen ist angesichts der Verbundenheit beider Sphären im Rahmen eines ganzheitlichen Coaching-Ansatzes nicht aufrechtzuhalten. Probleme und Krisen im
privaten Bereich – zum Beispiel Trennungsabsichten des Partners,
Schlafprobleme der Kinder, Verlust eines Freundes durch einen
tragischen Unfall – wirken sich immer auch auf die berufliche Sphäre
aus. Genauso wirken Probleme und Krisen in der beruflichen Sphäre
– zum Beispiel Auseinandersetzungen mit dem Vorstand, sinkende
Umsatzzahlen aufgrund einer erhöhten Mitarbeiterfluktuation –
immer in die Privatsphäre hinein und belasten das Zusammenleben
innerhalb von Familie, Partnerschaft und/oder Freundeskreis.

Die Führungskraft ist Mitglied verschiedener sozialer Gruppen und
Organisationen. Sie ist dadurch Träger mehrerer Rollen, die häufig
nur schwer miteinander zu vereinbaren sind. Die Folgen sind: In-
ter-Rollenkonflikte. Ein typischer Inter-Rollenkonflikt besteht bei
einer Führungskraft zwischen Familie und Beruf. Beide Bereiche
werden zumeist als existentiell wichtig empfunden. Widmet sich die
Führungskraft zu sehr dem Beruf, kommt das Familienleben zu kurz,
widmet sie sich zu sehr dem Familienleben, kommt der Beruf zu kurz.
Eine Unterordnung der Familie unter die Arbeit kann eine Reihe
belastender Konsequenzen hervorrufen. Die lange Arbeitszeit, verbunden oft mit erheblichen Streßbelastungen, entzieht der Familie
Energie und Zeit. Ein mit der beruflichen Tätigkeit verbundener
häufiger Wohnsitzwechsel läßt eine Verwurzelung im sozialen
Umfeld kaum zu. Beziehungsprobleme innerhalb der Organisation
werden oft auf die Partnerschaft projiziert und berufliche Ängste
durch ein aggressives Agieren und Reagieren in der Familie kompensiert. Die von der Organisation geforderten Normen überträgt die
Führungskraft häufig unreflektiert auf Bereiche außerhalb der Organisation. Sie benimmt sich dann innerhalb der Familie als „pla-
nerischer Stratege", „autoritärer Draufgänger" „rationaler Organi-
sator" und reduziert Beziehungen auf Zeit-, Geld- und Autoritäts-
fragen. Die Folgen eines solchen Übertragungsprogramms sind:
Spannungen und Konflikte in Partnerbeziehungen, Vernachlässi-
gung der Wünsche und Bedürfnisse der Kinder, mangelnde Wertschätzung und Sympathie gegenüber dem Partner, sachorientierte

Kommunikation, Rückzugsverhalten oder Aggressionsverhalten gegenüber den Familienmitgliedern.

Der Coach bietet der Führungskraft die Möglichkeit, persönliche Probleme und Krisen angstfrei und offen zu diskutieren, zu analysieren und Lösungsmöglichkeiten zu erarbeiten. Aus der Sichtweise eines ganzheitlichen Coaching-Ansatzes sind persönliche Krisen und Probleme immer Herausforderungen zum Wandel und zur Umwandlung. Jede Krise und jedes Problem bieten neben „Gefahren" immer auch „gute Gelegenheiten" – also Chancen. Der Coach leitet Einstellungsveränderungen hin zu einer differenzierten Sichtweise ein, erarbeitet mit der Führungskraft Problem- und Krisenbewältigungsstrategien, fungiert als sozialer Spiegel, Feedback-Geber, Katalysator und Prozeßbegleiter, hört aktiv zu, führt Gespräche mit Konfliktbeteiligten und übt Verhaltensweisen ein, die dazu beitragen, gegenwärtige Probleme und Konflikte zu lösen und zukünftige Konflikte und Probleme zu vermeiden.

Der Coach hilft, persönliche Probleme und Konflikte als sinnhaft zu begreifen. In jedem kleinen und großen Problem und in jedem kleinen und großen Konflikt stecken Entwicklungsmöglichkeiten und Reifungschancen. Im Rahmen eines ganzheitlichen Coaching-Ansatzes bleibt der Coach nicht bei den Problem- und Konfliktauslösern stehen, sondern konzentriert sich immer auch auf die Folgen. Nicht die Warum-Frage bietet letztendlich einen Ausweg, sondern die Wozu-Frage. Eine Trennung vom Lebenspartner muß keineswegs eine Katastrophe sein, sondern kann durchaus ein Neuanfang sein, um endlich die unerledigten Lebensthemen zu erkennen und zu bewältigen.

Sinn im Handeln, Sinn im Leben

Das Leben kann nur gelingen, wenn es sinnerfüllt ist. Da der Beruf ein wesentlicher Teilbereich des Lebens ist, kann auch er nur gelingen, wenn er sinnerfüllt ist. Ein sinnlos empfundenes Leben äußert sich in existentieller Frustration, das heißt vor allem in lähmender Initiativlosigkeit, in Langeweile, in einer betont materia-

listischen Anschauung und in Verzweiflung. Oft resultieren Sinn-
losigkeitsgefühle aus der einseitigen Überbewertung und Überbetonung einer Lebensperspektive, eines Wertes oder eines Zieles. Das
Leben wird nur noch als eine Kümmerform wahrgenommen und
empfunden. Die Führungskraft, die ausschließlich auf produktive
Werte im Berufsleben setzt, kann plötzlich schmerzlich entdecken,
daß sie ihren Wunsch und ihr Bedürfnis nach Erlebniswerten –
beispielsweise soziale Kontakte, Wertschätzung durch Mitarbeiter,
in den letzten Jahren vernachlässigt hat. Eine Umorientierung ist
angesagt: weg von der Überbewertung und Überbetonung produktiver Werte und hin zu einer gleichberechtigten Verwirklichung von
produktiven Werte und Erlebniswerten.

„Sinnprobleme" sind immer individuell. Bei der einen Führungskraft
kann das Sinnproblem in der einseitigen Überbetonung eines Wertes
bestehen, bei einer anderen Führungskraft in einer aktuellen Part-
nerschaftskrise. Der Coach bietet der Führungskraft Sinnent-
deckungshilfen an. Gemeinsam werden bestehende Schwierigkeiten,
Sinn zu finden, ausgeräumt und neue Sinnhorizonte erschlossen.

Die Führungskraft der Zukunft will sinnorientiert handeln. Nur wenn
sie die Sinnhaftigkeit ihres Tuns und Handelns erkennt, ist sie bereit
und fähig, Verantwortung zu übernehmen – für sich selbst und für
andere. Im Grunde ihres Wesens ist die Führungskraft sehr viel mehr
sinnorientiert als machtorientiert.

Erarbeitung einer förderlichen individuellen Konfliktumgangs- und Streitkultur

In den meisten Fällen ist das Wort Konflikt mit negativen Erfahrungen und Vorstellungen besetzt. Konflikte werden als unangenehm
empfunden, bewirken Spannungen und Auseinandersetzungen und
gehen mit Gewinner-Verlierer-Positionen einher. Oft wirken sie sich
ausschließlich schädlich aus.

Konflikte zwischen Menschen sind grundsätzlich unvermeidlich.
Menschen haben unterschiedliche Bedürfnisse, Einstellungen, Hal-

tungen, Strebungen und Verhaltensweisen. Im Miteinander prallen die Unterschiede aufeinander und erzeugen Spannungen, die häufig zu Konflikten eskalieren. Die meisten Menschen haben nicht gelernt, Konflikte als positive Spannungsverhältnisse aufzufassen und konstruktiv zu lösen. Ganz im Gegenteil, die meisten Konflikte werden verdeckt und tabuisiert.

Der Coach hilft der Führungskraft bei der Entschlüsselung des eigenen Konfliktlösungsverhaltens und erarbeitet in einem gemeinsamen Prozeß konstruktive Konfliktbewältigungsverfahren. Er zeigt den Herausforderungscharakter von Konflikten auf. Konflikte können Probleme aufweisen, Interesse und Neugier anregen, Stagnation verhindern, Veränderungsprozesse einleiten und Lösungs- und Entscheidungsfindungsprozesse vorantreiben. Eine produktive Konfliktbewältigungs- und Streitkultur verlangen eine Dialogkultur auf der Basis von Ehrlichkeit, Offenheit, Emotionalität und Sittlichkeit. Der Coach unterstützt die Führungskraft beim Aufbau einer solchen Dialogkultur.

Lösung ethischer Probleme

Ethische Probleme von Führungskräften resultieren oft aus den Diskrepanzen zwischen den Erwartungen der Organisation und den selbstgesetzten und für „richtig" erkannten und empfundenen Einstellungs- und Verhaltensmaximen. Viele Organisationen haben die Erwartungshaltung an Führungskräfte, immer als Machiavellist zu agieren und zu reagieren, das heißt vor allem, ihr Verhalten ausschließlich auf das Interesse und Wohl der Organisation auszurichten. Eine solche Erwartungshaltung führt bei vielen Führungskräften unweigerlich zu Personen-Rollenkonflikten. Das erwartete Rollenverhalten kollidiert mit den Werthaltungen, Bedürfnissen und ethischen Vorstellungen der Führungskraft.

Der Coach unterstützt die Führungskraft vor allem darin, die den ethischen Problemen und Konflikten zugrunde liegenden Werte und Werthaltungen offenzulegen. Er analysiert die Verträglichkeit der Werte und Werthaltungen der Führungskraft mit den Werten und

Werthaltungen der Organisation. Der Coach liefert keine ethischen Rezepte, sondern richtet seine Anstrengungen auf eine Stärkung und Förderung der Verantwortlichkeit und Selbstorganisationsfähigkeit der Führungskraft.

Ziele von Coaching-Maßnahmen

Ein ganzheitlicher Coaching-Ansatz geht davon aus, daß jede Führungskraft noch ungeahnte Möglichkeiten, ungenutzte Potentiale und Stärken und große Chancen hat. Im Gegensatz zu vielen Therapieformen stellt Coaching weniger Fragen nach dem „Warum". Im Mittelpunkt steht keine Ursachenforschung. Coaching fragt in erster Linie nach den Zielen („Wozu?", „Zu welchem Zweck?" „Zu welchem Ziel?"), und Zielfragen sind „Wozu-Fragen". Dahinter verbirgt sich die anthropologische Grunderkenntnis, daß der Mensch ein zielorientiertes Wesen ist. Um glücklich und zufrieden zu sein, bedarf es eines Zieles, auf das er sich ausrichten kann.

Die Gründe und Ursachen für irgendein Verhalten, Tun und Unterlassen liegen immer in der Vergangenheit und können grundsätzlich nicht geändert werden. Ziele liegen immer in der Zukunft, und die Zukunft ist mit-gestaltbar. Die Vergangenheit kann grundsätzlich nicht geändert werden. Lediglich die Einstellungen zur Vergangenheit sind veränderbar. Veränderungen, die Gründe und Ursachen in der Vergangenheit betreffen, sind immer Einstellungsänderungen in der Gegenwart. Einstellungsänderungen in der Gegenwart können sich in Verhaltensänderungen für die Zukunft konkretisieren.

Ein ganzheitlicher Coaching-Ansatz ist ein Beratungs- und Betreuungsansatz, der teleologisch ausgerichtet ist und auf die Selbstorganisationsfähigkeit der Führungskraft abstellt. Ein hoher Grad an Selbstorganisationsfähigkeit drückt sich vor allem in den Fähigkeiten zur Selbstentfaltung, Eigeninitiative, Selbstmotivation, Selbstbeauftragung und Selbstkontrolle aus und anerkennt die Tatsache, daß sich die Führungskraft in permanenter Co-Evolution mit Menschen, Gruppen, der Organisation und der Gesellschaft befindet.

Das Alpha-Ziel von Coaching besteht darin, alle latent und manifest vorhandenen Potentiale einer Führungskraft zu fördern und zu stärken. Coaching ist primär positiv ausgerichtet. Die Führungskraft der Zukunft überzeugt durch eine starke Persönlichkeitskultur und eine starke Persönlichkeitskultur ist immer Ausdruck eines hohen Grades an Selbstorganisationsfähigkeit. Nur eine starke Persönlichkeitskultur ist in der Lage,

- optimale Handlungsentwürfe zu erarbeiten,
- optimale quantitative und qualitative Entscheidungen zu fällen,
- ein erfolgreiches Change-Management zu praktizieren,
- überzeugend qua der eigenen Persönlichkeit und des eigenen Charisma zu führen.

Das Alpha-Ziel wird im Rahmen eines ganzheitlichen Coaching-Konzeptes durch eine Reihe von Beta-Zielen angestrebt:

- Verbesserung der Kommunikation,
- Veränderung individueller Verhaltensweisen und Führungseigenschaften,
- Erweiterung individueller Deutungs- und Wahrnehmungsmuster,
- Erarbeitung von Problem- und Konfliktlösungen,
- Neuorientierung bei Identifikations- und Sinnkrisen,
- Entwicklung eines Werte-Systems als Orientierungsleitlinie,
- Einleitung reflexiver Denkprozesse,
- Lösung von ethischen Konflikten,
- Aufbrechen von Isolationsstrukturen,
- Entwicklung der Fähigkeit zur Selbstdistanzierung,
- Lösung von privaten Problemen (Familie, Partnerschaft, Abhängigkeiten),
- Karrierereflexion und Standortbestimmung,
- Vorbereitung und Prozeßbegleitung bei Bewerbungsphasen,
- Verbesserung des Inner-Management,
- Abbau von Blockaden,
- Entwicklung ganzheitlicher Problemansätze,
- Förderung vernetzter, lateraler und sozialer Denkprozesse,
- Stärkung von Kreativität und Sensitivität,
- Aufbau einer lebendigen Interaktionskultur beziehungsweise Dialogkultur.

Das Coaching-Kontinuum

Im Brennpunkt eines ganzheitlichen Coaching-Ansatzes stehen:

- die Beziehung der Führungskraft zu sich selbst (intrapersonale Dimension),
- die Beziehung der Führungskraft zu anderen (interpersonale Dimension),
- ihre Ausrichtung auf ein Ziel, eine Aufgabe und/oder eine Person – oder allgemein formuliert – auf etwas außerhalb ihrer selbst Liegendes (transpersonale Dimension).

Die einzelnen Dimensionen sind nicht streng voneinander getrennt. Sie bilden keine isolierten selbständigen Schichten, sondern sind miteinander verwoben und verbunden. Ein Konflikt in der intrapersonalen Dimension wird immer auch Auswirkungen in den anderen Dimensionen zeigen. Dies gilt umgekehrt genauso.

Je nach der individuellen Ausgangslage der Führungskraft und seiner eigenen Beurteilung und Einschätzung wird der Coach den Fokus dominant auf eine Dimension richten, ohne allerdings die anderen Dimensionen aus dem Blickfeld zu verlieren. In einem individuellen Erstgespräch zwischen Coach und Führungskraft wird daher zunächst einmal der Sachverhalt beziehungsweise das Anliegen abgeklärt. Im Coaching-Prozeß fungiert der Coach, je nach der Aufgabenstellung, in unterschiedlichen Rollen:

- als Therapeut,
- als Helfer zur Selbsthilfe,
- als Prozeßbegleiter,
- als Katalysator,
- als Feedback-Geber,
- als Verhaltenstrainer,
- als Change-Agent,
- als Sparrings-Partner,
- als Gesprächspartner,
- als Vertrauensperson,
- als Lern-Begleiter.

Tabelle 1: Das Coaching-Kontinuum

Fokus des Coach	Intrapersonal (Beziehung zu mir selbst)	Interpersonal (Beziehung zu anderen)	Transpersonal (Ausrichtung auf ein Ziel, eine Aufgabe, eine Person)
Coaching Anlässe	• Konflikte zwischen Teilpersönlichkeiten • Blockaden • schlechte Selbstorganisation • Ängste, Sorgen und Befürchtungen • eingeschränkte Deutungs- und Wahrnehmungsmuster • ethische Konflikte	• mangelnde Interaktions- und Dialogfähigkeit • Konflikte mit Mitarbeitern und Gruppen • Verhaltensdefizite	• Identifikations- und Sinnkrisen • mangelnde Selbstdistanzierungsfähigkeit
Coaching Ziele	• Integrierung von Schattenanteilen • Einstellungsmodulation zur Vergangenheit • Erkennen von Persönlichkeitsmustern (Einstellungs- und Verhaltensmustern)	• Verstärkung von Synergieeffekten durch die Initiierung von Teamprozessen • Entwicklung einer Streitkultur	• Entwicklung neuer Denkansätze, wie z. B. das Denken-vom-anderen-her • Verstärkung der Selbsttranszendenz • Erkennen neuer Herausforderungen • Verstärkung zielgerechten Handelns
Rollen des Coach	Therapeut – Helfer zur Selbsthilfe – Katalysator – Prozeßbegleiter – Feedback-Geber – Verhaltenstrainer – Change-Agent – Sparrings-Partner – Gesprächspartner – Vertrauensperson – Lern-Begleiter		

Coaching bewegt sich immer innerhalb eines Beratungs- und Betreuungskontinuums und verlangt vom Coach, je nach der individuellen Ausgangslage des Klienten, die Übernahme unterschiedlicher Rollen und einen klientenzentrierten und problemorientierten Fokus.

In all diesen Rollen wirkt der Coach weniger als Macher, sondern eher schon als „Möglich-Macher". „Wahrheiten" allein helfen nicht weiter, Einstellungen werden nicht automatisch durch Tatsachen verändert, und „richtige Ratschläge" lösen noch keine Handlungen und Taten aus. Der Coach bevorzugt Prozesse des erfahrungsorientierten Lernens, weil sie individuell verlaufen und eine große Akzeptanz bewirken. Fremdbestimmtes Lernen birgt immer das Problem, daß die Lernanforderungen von außen kommen und dadurch allzuhäufig abgelehnt werden oder nur halbherzig befolgt werden.

Der Coach ist ein Begleiter gewollter Entwicklung auf Zeit. Sein Bestreben ist es, sich selbst überflüssig zu machen und den Klienten zu befähigen, selbstorganisierend mit den Turbulenzen, Instabilitäten und Herausforderungen des Lebens umzugehen.

3. Kapitel

So hilft Ihnen Coaching

Sie haben das Gefühl, Sie müßten Ihr Selbstmanagement und das Verhältnis zu Ihren Mitmenschen besser in den Griff bekommen und wenden sich an einen Coach. Was geschieht nun? Zunächst müssen Sie und Ihr Coach im Gespräch feststellen, ob Sie zueinander passen. Wenn dies der Fall ist, wird Ihr Coach zusammen mit Ihnen Ihre persönlichen Stärken und Schwächen analysieren, um dann das Instrumentarium zusammenzustellen, mit dem Sie Ihre Ziele, Ihre Konflikte, Ihre Einstellung zu den Dingen oder auch Ihre Kreativität besser managen können. In diesem Kapitel erfahren Sie, wie Sie und Ihr Coach hierbei am effektivsten vorgehen.

Der Coaching-Prozeß

Der Coaching-Prozeß beginnt mit einem Erstgespräch zwischen Klient und Coach. Im Mittelpunkt des Erstgesprächs steht der Aufbau einer Vertrauensbasis zwischen beiden Partnern. Der Verlauf des Erstgesprächs hat eine Schlüsselfunktion für den weiteren Coaching-Prozeß, weil in den ersten Kontakten die Grundlagen aller weiteren Beziehungen gelegt werden.

Erfahrungsgemäß stellt sich Vertrauen nur dann ein, wenn folgende Punkte im Erstgespräch geklärt werden:

- Die Erwartungen des Klienten müssen mit den realen Möglichkeiten des Coach in Übereinstimmung gebracht werden.
- Die Werte und Werthaltungen des Klienten müssen mit den Werten und Werthaltungen des Coach grundsätzlich vereinbar sein.
- Der Coach muß falsche Vorstellungen zurechtrücken, vor allem solche Vorstellungen, die in ihm lediglich einen „Macher" sehen.
- Der Coach muß die Grundzüge seines Menschen- und Weltbildes deutlich machen, insbesondere die Bausteine (Axiome) Verantwortlichkeit und Freiheit.
- Der Coach muß den individuellen und konzeptionellen Charakter von Coaching betonen: Jeder Coaching-Prozeß ist einmalig und anders und muß jedesmal neu konzipiert und gestaltet werden.
- Zwischen Klient und Coach wird ein Dienstleistungsvertrag abgeschlossen, der klar und eindeutig die Rechte und Pflichten, die Treffpunkte, das Honorar und die ersten Termine festlegt.
- Am Ende des Erstgesprächs vereinbaren Klient und Coach den weiteren Verlauf des Coaching-Prozesses. Konnte keine Vertrauensbasis hergestellt werden, endet der Coaching-Prozeß bereits nach dem Erstgespräch.

Die Begegnung und Beziehung zwischen Coach und Klient sollte im ganzen Coaching-Prozeß durch folgende Aspekte gekennzeichnet sein:

Basisvariablen einer Begegnungshaltung zwischen Coach und Klient

1. Positive Wertschätzung und Akzeptanz
2. Selbstkongruenz und Echtheit
3. Empathie
4. Sinnorientierung
5. Zielorientierte Konkretheit
6. Selbstverantwortlichkeit und Mitverantwortlichkeit
7. Selbsteinbringung

---

1. Positive Wertschätzung und Akzeptanz

Der Coach sollte fähig und bereit sein, den Klienten als „ganzen" Menschen – also als einen Mitmenschen – zu erleben. Sieht der Coach nur die Oberflächenstrukturen des Klienten, wie seine Rollen, stereotypen Worte, angelernten Schablonen und Masken, kann kein echtes Vertrauensverhältnis entstehen. Eine gegenseitige positive Wertschätzung, Akzeptanz und Achtung sind unabdingbare Voraussetzungen für eine humane zwischenmenschliche Begegnung und Beziehung im Coaching-Prozeß.

2. Selbstkongruenz und Echtheit

Die Begegnung im Coaching-Prozeß sollte echt, aufrichtig und ohne Fassaden und Masken verlaufen. Eine solche Begegnung setzt auf der Seite des Coach eine reife und entwickelte Persönlichkeit voraus, die sich nicht hinter Fassaden, Floskeln und Rollen versteckt und keine neurotisch-ängstlichen Abwehrhaltungen ihren eigenen Gefühlszuständen, Erfahrungen und Wahrnehmungen gegenüber hat. Selbstkongruenz bedeutet, authentisch zu sein: im Denken, Reden und Handeln. Echtheit bedeutet vor allem, daß die Inhalte einer Äußerung mit dem Tonfall, der Mimik und der Gestik weitestgehend übereinstimmen.

3. Empathie

Empathie meint ein einfühlendes Verstehen in die komplexe Lebenswelt des Klienten. Der Coach muß bemüht sein, den Klienten in seinem Erleben und seinen damit verbundenen Werthaltungen, Wünschen, Strebungen, Motiven, Sorgen und Ängsten zu verstehen. Einfühlendes Verstehen muß den gesamten Coaching-Prozeß begleiten und hat damit prozessualen Charakter.

4. Sinnorientierung

Der Coach orientiert sich an dem, was für den Klienten bedeutungsvoll ist, sei es die Entwicklung und Entfaltung von Potentialen oder der Wunsch nach Problem- und Konfliktlösungen. Da die Sinnstrukturen des einzelnen immer in übergeordnete Sinnstrukturen eingebunden sind, muß der Coach den Klienten auf potentielle Kollisionen aufmerksam machen (zum Beispiel die Kollision des Sinnsystems eines einzelnen mit dem Sinnsystem einer Gruppe).

5. Zielorientierte Konkretheit

Coaching hat einen vektoriellen Charakter und zielt auf vereinbarte Ziele. Am Anfang des Coaching-Prozesses vereinbart der Coach mit dem Klienten eine Zielrichtung oder sogar ein klar umrissenes Ziel und begibt sich dann gemeinsam mit dem Klienten auf den Weg. Alle Maßnahmen werden zielorientiert ausgerichtet und setzen eine aktive Mitarbeit des Klienten voraus.

6. Selbstverantwortlichkeit und Mitverantwortlichkeit

Der Coach entläßt den Klienten für keinen Augenblick aus seiner Selbstverantwortlichkeit. Er läßt keinen Zweifel daran, daß Coaching immer nur Beratung und Begleitung auf Zeit ist und immer den Selbstorganisationsgrad und die Autonomie der Führungskraft erhöhen und stärken will. Der Coach fühlt sich mitverantwortlich in dem Sinne, daß er den Klienten mit seinem gesamten Know-how unterstützt und begleitet und ihm jederzeit mitmenschlich und authentisch begegnet.

7. Selbsteinbringung

Der Coach betrachtet sich im Coaching-Prozeß als Teilnehmer und Dazugehöriger. Er bringt sich jederzeit als „ganze Person" in den

Prozeß ein. Er sieht sich nicht als teilnahmsloser und distanzierter Berater. Der Klient hat einen Anspruch darauf, „seinen" Coach zu kennen, und der Coach sollte sich bewußt sein, daß Anerkennung immer „kennen" voraussetzt.

Alle Begegnungen zwischen Coach und Klient basieren auf diesen zentralen sieben Aspekten einer Begegnungshaltung. Sie bilden gewissermaßen die Basisvariablen für ein erfolgreiches Coaching von der Ist-Persönlichkeit zur Soll-Persönlichkeit und zur gemeinsamen Erarbeitung eines individuellen Coaching-Konzeptes und dessen selbstverantwortlicher Umsetzung mit der Unterstützung und Begleitung des Coach.

Ist die Vertrauensbasis zwischen Klient und Coach hergestellt und eine klare Zielvereinbarung getroffen, mündet das Erstgespräch in die gemeinsame Erarbeitung der Ist-Persönlichkeitskultur der Führungskraft. Die Ist-Persönlichkeitskultur umfaßt die momentanen Ausprägungen der Persönlichkeit: die aktuellen Einstellungs- und Verhaltensmuster, die aktivierten und ungenutzten Kreativitäts- und Produktivitätspotentiale, die typischen Vermeidungstendenzen und Blockaden, die tragenden Werte und Lebensziele und die Stärken und Schwächen. Die aktuellen Ausprägungen der Persönlichkeit vermittelten einen Eindruck vom Grad der Selbstorganisationsfähigkeit.

Die gemeinsame Erarbeitung der Ist-Persönlichkeitskultur des Klienten erfolgt im Modus eines klientenzentrierten Gesprächs. In der Regel werden dafür drei bis sechs Stunden veranschlagt. Wir führen das klientenzentrierte Gespräch unter Einbezug der Dynamischen Persönlichkeitsanalyse von Gregor Schmidt, der Existenzanalyse von Viktor E. Frankl und der Biographischen Analyse von Gregor Schmidt. Die Instrumente werden später ausführlich beschrieben und erläutert.

Die Ist-Persönlichkeitskultur bildet den Ausgangspunkt für die Erarbeitung einer Soll-Persönlichkeitskultur. Die Soll-Persönlichkeitskultur ist ein auf die Zukunft entworfenes Bild der Führungskraft. Sie entwirft ein potentielles Persönlichkeitsbild. Dahinter verbirgt sich die anthropologische Grundannahme, nach der der

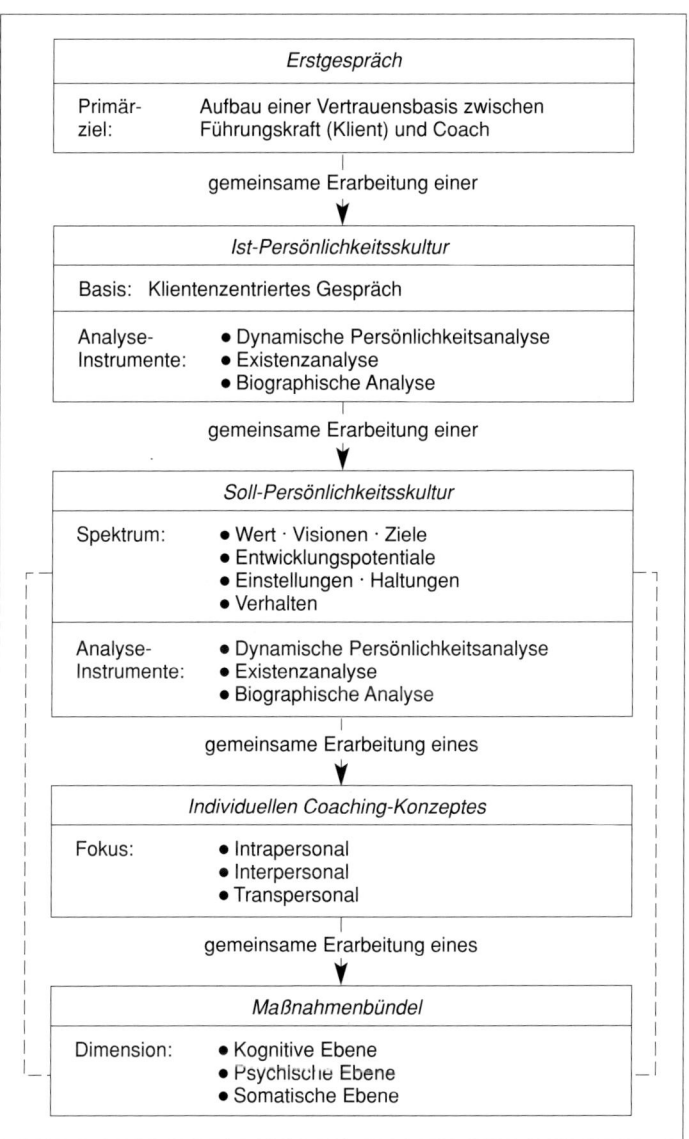

Abbildung 1: Der Coaching-Prozeß

Mensch immer „mehr" ist als seine Faktizität. In jedem Menschen stecken unerkannte und ungenutzte Potentiale und Ressourcen, die es zu entdecken und zu entfalten gilt.

Coach und Führungskraft erarbeiten gemeinsam ein realistisches Bild der Soll-Persönlichkeitskultur. Der Akzent liegt wieder auf „gemeinsame Erarbeitung", denn die Führungskraft muß sich mit der anzustrebenden Soll-Persönlichkeitskultur voll identifizieren und die einzelnen Schritte dorthin selbstverantwortlich realisieren. Die Dynamische Persönlichkeitsanalyse ist ein geeignetes Instrumentarium, um persönlichkeitscharakteristische Entwicklungslinien und Lebenstendenzen sichtbar zu machen, die es erleichtern, einen konkreten individuellen Entwicklungspfad, hin zu einer starken Persönlichkeitskultur, festzulegen. Die Existenzanalyse hilft, die bestehenden Orientierungsleitlinien (Werte) kritisch zu hinterfragen, eventuell zu modifizieren und neue Orientierungsleitlinien zu setzen. Die Führungskraft ist herausgefordert, von ihrer Freiheit und Verantwortung Gebrauch zu machen, indem sie ihre persönlichen Entwicklungspotentiale erkennt, Werte als Orientierungsleitlinien beziehungsweise Orientierungsstandards setzt und einen konkreten individuellen Entwicklungspfad hin zu einer starken Persönlichkeitskultur entwickelt. Das Setzen von Werten ist ein bewußter Akt, das heißt ein Akt der verantwortlichen Entscheidung. Der Entscheidungsakt kann auf Prozesse des „Fühlens", auf Prozesse des „Denkens" oder einer Kombination von beiden Beurteilungsfunktionen bezogen sein.

In der Regel bestehen zwischen der Ist-Persönlichkeitskultur und der Soll-Persönlichkeitskultur Diskrepanzen. Aus den Diskrepanzen resultiert die Herausforderung an den Klienten, gemeinsam mit dem Coach ein individuelles Coaching-Konzept zu erarbeiten. Der Coach wird, je nach der individuellen Ausgangslage des Klienten, den Fokus eher auf die intrapersonale Ebene, die interpersonale Ebene oder die transpersonale Ebene ausrichten, ohne allerdings die engen Interdependenzen zwischen den Ebenen zu vernachlässigen. Das gemeinsam vereinbarte Maßnahmenbündel hat immer Konzeptcharakter, das heißt es ist maßgeschneidert auf den Klienten bezogen und kann vorrangig die somatische Ebene, die psychische Ebene oder die kognitive Ebene der Führungskraft aktivieren. Auch hier muß die Verwobenheit der Ebenen stets beachtet werden.

Coaching ist nur dann erfolgreich, wenn die Führungskraft die vereinbarten Maßnahmen selbstverantwortlich im praktischen Wirkungsraum umsetzt. Der Coach unterstützt die Umsetzung, indem er mit Rat und Tat als Prozeßbegleiter zur Verfügung steht. Niemals

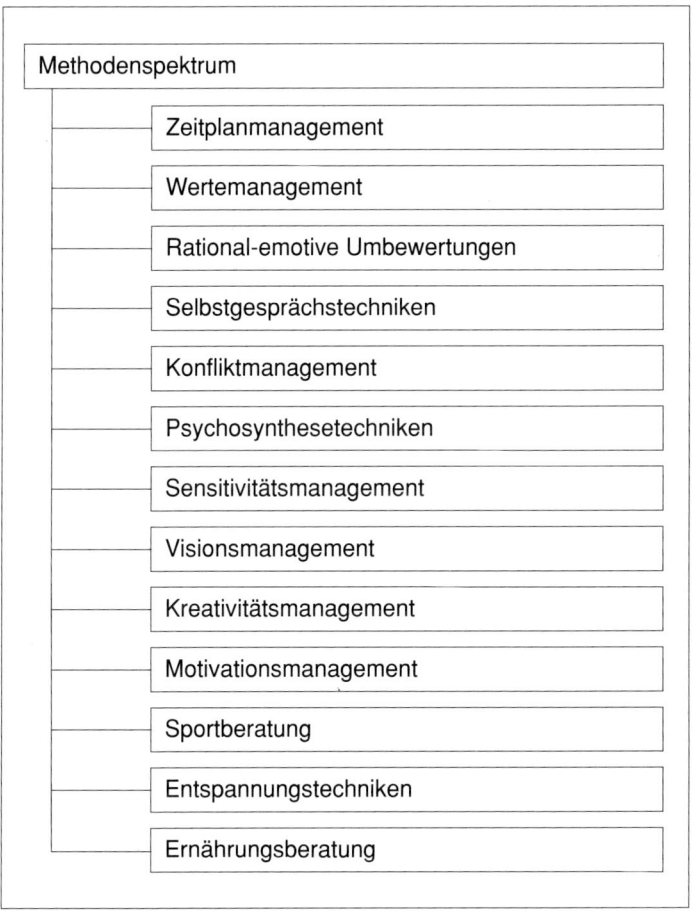

Abbildung 2: Methodenspektrum

jedoch entläßt er die Führungskraft aus ihrer Selbstverantwortung. Er ist immer bestrebt, sich möglichst schnell überflüssig zu machen. Coaching ist immer nur eine Begleitung und Betreuung auf Zeit. Der Coach fördert daher alle Prozesse, die die Unabhängigkeit, Verantwortlichkeit und Selbst-Organisationsfähigkeit des Klienten fördern und aktivieren.

Ein ganzheitlicher Coaching-Ansatz bedient sich mehrerer Methoden, Instrumente und Techniken – unabhängig von deren theoretischem Hintergrund. Die jeweilige Kombination erfolgreicher Methoden, Instrumente und Techniken ist immer klientenzentriert und problemorientiert. Sie wird gemeinsam zwischen Klient und Coach vereinbart und in einem individuellen Coaching-Konzept konkretisiert. Einige wichtige und in der Praxis erprobte Methoden, Instrumente und Techniken werden im folgenden kurz vorgestellt und erläutert (siehe auch Abbildung 2).

Zeitplanmanagement

In unserer modernen Industriegesellschaft ist Zeit ein besonders knapper und wertvoller Rohstoff geworden. Die Industriegesellschaft ist eine Zeitnotstandsgesellschaft und zur Hochgeschwindigkeitskultur umgekippt. Sie hat sich immer mehr von den natürlichen Rhythmen der Natur entfernt.

„Ich habe keine Zeit" ist das Eingeständnis der Unfähigkeit, Zeit sinnvoll vorzuplanen und die Bankrotterklärung, Wichtiges nicht mehr von Unwichtigem unterscheiden zu können. „Ich habe keine Zeit" ist die Absage an einen Dialog mit mir selbst und mit anderen Menschen und ist der Ausstieg aus einem humanen Miteinander und blockiert die Ausrichtung auf ein Gegenüber, sei es nun eine Person, eine Aufgabe oder Herausforderung.

In der Industriegesellschaft ist Zeit in der Regel ein quantitatives Maß. Man fragt, wie lange ein Ereignis gedauert hat, wie lange es her ist, wieviel Zeit verstrichen ist. Der qualitative Aspekt von Zeit ist in unserer Gesellschaft ziemlich unbekannt. Er hat nichts mit

„Dauer" zu tun, sondern besagt, daß jeder Zeitpunkt und Zeitabschnitt eine ganz bestimmte Qualität besitzen. Die einseitige Überbewertung des quantitativen Zeitaspektes in der Industriegesellschaft wird sich in den kommenden Jahren durch die „neue" Computertechnik noch verschärfen. Der Computer arbeitet in einem Zeitrahmen, in dem die Nanosekunde – eine Nanosekunde ist eine Milliardstelsekunde – die dominante Zeiteinheit ist. Die Zeit wird in Einheiten quantifiziert, die sich jedem menschlichen Erleben und jeder bewußten Wahrnehmung entziehen. Der Informatiker Geoff Simons konstatiert in seinem Buch „Silicon Schock" als Ergebnis:

„Die schrittweise Zerstörung des zwischenmenschlichen Kontakts, das Verschwinden des traditionellen sozialen Umgangs, die Projektion eines neuen Modells für menschliches Leben, in dem der einzelne statt mit Menschen mit Computerterminals arbeitet und spielt."

Die Führungskraft leidet oft ganz besonders unter der „Angina temporis." Sie hetzt von Termin zu Termin, von Kontinent zu Kontinent und klagt über Zeitnot und Arbeitsüberlastung (Überstunden-Syndrom). Oft fühlt sie sich gestreßt, weil sie zu viele Aufgaben gleichzeitig erledigen muß, die Arbeitsmenge einfach nicht zu bewältigen ist und die Störmomente während des Tagesablaufs ein konzentriertes Arbeiten an den anstehenden Arbeiten verhindern. Die Führungskraft hat allzuoft das Gefühl nicht zu arbeiten, sondern „gearbeitet zu werden."

Zeit ist ein wertvolles Kapital und muß daher durch ein bewußtes, kontinuierliches und konsequentes Zeitmanagement optimal genutzt werden. Zeitmanagement ist das Kernstück jeden erfolgreichen Selbstmanagements. Zeitmanagement bedeutet, die eigene verfügbare Zeit und anstehende Arbeit optimal zu gestalten und zu steuern. Im Rahmen von Coaching kann ein konsequentes und erfolgreiches Zeitmanagement der Führungskraft helfen:

• Zeitdiebe und Störfaktoren zu erkennen und auszuschalten,
• Prioritäten zu erkennen und zu gewichten,
• durch Planung mehr Freiraum für Kreativität zu gewinnen,
• die Organisation des täglichen Tagesablaufs auf die individuelle Leistungskurve abzustellen,

- Dis-Streß bewußt zu bewältigen, abzubauen und zu vermeiden,
- den Arbeit-Freizeit-Konflikt zu entschärfen,
- zielorientiert zu handeln,
- den qualitativen Zeitaspekt als Energiequelle für Visionen zu erfahren.

Die Zeitdiebe und Störfaktoren, also der gesamte Zeitklau werden mit Hilfe von Fragebögen ermittelt, auf Ursachen und Gründe hinterfragt und durch konkrete Maßnahmen und praktikable Lösungen beseitigt. Im Rahmen einer systematisch und konsequent durchgeführten Zeit-inventur, für einen Zeitraum von mindestens zwei Wochen, bietet es sich an, einmal täglich alle anfallenden Arbeitsvorgänge aufzulisten, auf einer Prioritätenskala zu gewichten und den geschätzten, ge-wünschten und tatsächlichen Zeitverbrauch zu vergleichen. Als Er-gebnis erhalten Sie ein Zeitinventar (Abbildung 3) mit dessen Hilfe Sie vor allem Zeitdiebe und falsche Prioritätensetzungen erkennen können. Prioritätensetzung bedeutet, zu erkennen und zu entscheiden,

Lfd. Nr.	Arbeitsvorgang	Prioritätenskala							Zeit		
		existentiell	sehr wichtig	wichtig	unwichtig	delegierfähig	überdenken	vergessen	ge-schätzt	Soll	Ist

Abbildung 3: Zeitinventar

welche Aufgaben erstrangig, zweitrangig und welche nachrangig zu behandeln sind. Erfolgreiche Führungskräfte zeichnen sich dadurch aus, daß sie nicht der Gefahr unterliegen, zuviel auf einmal zu tun und sich dadurch zu verzetteln. Eine sorgfältige Vorbereitung von Aufgaben, Maßnahmen und Projekten bedeutet Zeitgewinn für die Durchführung. Es gilt allgemein die Regel, daß man mit einem Mehraufwand an Planungszeit weniger Zeit für die Durchführung benötigt und insgesamt ganz erheblich Zeit einspart. Die persönliche Arbeitsproduktivität läßt sich steigern, wenn die Aufgabenerledigung den Schwankungen der persönlichen Leistungsfähigkeit angepaßt wird. Die Führungskraft sollte A-Aufgaben, also wichtige und komplizierte Aufgaben, während ihres Leistungshochs – es liegt bei den meisten Menschen am Vormittag – bewältigen und C-Aufgaben, also Routinetätigkeiten, im berühmten Leistungstief am frühen Nachmittag. In der Praxis hat es sich bewährt, täglich eine „Stille Stunde" oder Sperrzeit einzuplanen, in der die Führungskraft ungestört ist. Sinnvoll ist ein stiller Tag im Monat, möglichst in entspannter Atmosphäre weitab vom täglichen Geschehen, um in Muße zu reflektieren, Ereignisse wirken zu lassen, Kreativitätsprozesse zu initiieren oder Visionen reifen zu lassen. Der Coach kann als Gesprächspartner fungieren und eigene Erfahrungen, Erkenntnisse und Anregungen beisteuern. Eine klare, aber nicht starre Zielsetzung ist eine unabdingbare Voraussetzung für ein erfolgreiches Zeitmanagement. Bewußte Zielsetzungen wirken wie ein Brennpunkt und bündeln die Energien in Richtung Ziel. Ein konsequentes Zeitmanagement lindert die „Angina temporis", der häufigsten Dis-Streßursache unserer Zeit. Es hilft, Dis-Streß zu vermeiden oder wenigstens zu verringern.

Das Zeitplanmanagement liefert dem Coach eine Reihe von Instrumenten, die er bei der maßgeschneiderten Erstellung individueller Coaching-Konzepte nutzen kann. Kritisch ist allerdings anzumerken, daß das „verbreitete" Zeitmanagement sehr stark auf „bloße" Techniken zur optimalen Nutzung von Zeit abstellt. Im Rahmen eines ganzheitlichen Coaching-Ansatzes ist eine solche Sichtweise oft zu eng. Der Coach wird daher zusätzlich auf Erkenntnisse der Zeitpsychologie zurückgreifen. Die Zeitpsychologie ist ein relativ neuer Wissenschaftszweig, der die Zeiterfahrungen des Menschen, seine unterschiedlichen Wahrnehmungsformen von Zeit und seine subjektiven Zeitempfindungen untersucht. Im Coaching kann der Rückgriff auf Erkenntnisse der Zeitpsychologie konkret wie folgt geschehen:

- Der Coach geht mit dem Klienten in dessen frühe Kindheit zurück, um die Zeitprägungen durch Eltern und andere wichtige Bezugspersonen zu ermitteln. Die meisten Menschen neigen dazu, den Zeitumgang eines Elternteils zu übernehmen und ihn im Erwachsenenleben zu reproduzieren. Das Erkennen negativer Zeitprägungen ist der erste Schritt zu ihrer Überwindung.

- Der Coach ermittelt die dominante Zeitorientierung des Klienten – mehr gegenwartsorientiert, mehr vergangenheitsorientiert, mehr zukunftsorientiert – und erarbeitet gemeinsam mit der Führungskraft die Stärken und Schwächen der individuell dominanten Zeitorientierung.

- Coach und Klient besprechen den Zeitdualismus im Alterserleben. Im Alter verkürzt sich das Zeiterleben merklich, weil die Zeitstrecke von der Gegenwart in die Zukunft kürzer geworden ist. Andererseits erlebt der Mensch im Alter die Zeit intensiver, bedeutender und kostbarer. Die erlebte Zeitstrecke ist so groß, daß der ältere Mensch sich oft rückorientiert, Vergangenheitserfahrungen aufschwemmt und dadurch oft die Herausforderungen der Gegenwart nicht deutlich genug sieht und nicht konsequent genug annimmt.

- Coach und Klient besprechen die Entkopplung der künstlichen Zeitorientierung in Organisationen von den natürlichen Rhythmen der Natur. Die künstliche Zeitorientierung moderner Organisationen legt vor allem Wert auf Geschwindigkeit, Berechenbarkeit, Voraussicht und Effizienz. Die Mitarbeiter werden in die Zeitlichkeit gerissen, die ihnen die formale Ablauf- und Aufbauorganisation aufzwingt. Sie müssen sich Sequenzen anpassen, über die sie wenig oder gar keine Kontrolle haben. Eine ökologische Zeitorientierung versucht dagegen, die Zeitempfindungen und Zeitbedürfnisse der Mitarbeiter mit den Zeitvorgaben der Ablauf- und Aufbauorganisation in Einklang zu bringen. Sie orientiert sich an natürlichen Rhythmen und zielt auf Verträglichkeit und Dis-Streßvermeidung.

- Coach und Klient betrachten qualitative Aspekte von Zeit und hinterfragen, ob die Zeit „reif" ist für bestimmte Entwicklungen und Vorhaben. Die Führungskraft der kommenden Jahre muß zeitsensibel sein. Sie muß begreifen, daß sich zu bestimmten Zeitpunkten immer nur solche Ereignisse verwirklichen lassen, deren Inhalte der jeweiligen Zeitqualität entsprechen. Der Faktor Zeit ist polar, und nach dem Polaritätsgesetz muß es zum quantitativen Aspekt von Zeit (griechisch: Chronos) immer als Gegenpol einen qualitativen Aspekt (griechisch: Kairos) geben.

Wertemanagement

Am Beginn des anstehenden neuen Millenniums ist der Wertewandel in aller Munde. Was hat es mit dem viel gepriesenen Wertewandel auf sich? In Wirklichkeit handelt es sich um keinen Wertewandel, sondern um einen Wandel der Werteausprägungen. Werte sind Orientierungsstandards beziehungsweise Orientierungsleitlinien auf einem hohen Abstraktionsniveau. Sie sind ein umfassendes, situationsübergreifendes Konzept und fungieren als genereller Wegweiser für Verhalten, Handlungen, Haltungen und Einstellungen. Werte sind zeitunabhängig und unwandelbar; was sich wandelt, ist die Konkretisierung von Werten in Verhaltens- und Einstellungsweisen und in Haltungen und Handlungen. Während sich die Werteausprägungen in früheren Jahrzehnten kaum oder nur sehr langsam änderten, haben wir es heute mit einer erheblichen Fluktuation und ständigen Verschiebung der Werteausprägungen zu tun. Die Werteausprägungen der Menschen in unserer heutigen Zeit sind sehr heterogen, starken Wandlungen unterworfen, teilweise paradox und entspringen immer stärker „postmateriellen" Werten wie dem Streben nach Sinnverwirklichung, Solidarität und Freiheit. In den letzten Jahren nahm in der Bevölkerung insgesamt der Anteil an Wertausprägungen zu, der sich auf „postmaterielle" Werte bezieht, was der Soziologe Inglehart als „stille Revolution" oder auch als Wandel vom „Materialismus zum Postmaterialismus" bezeichnet.

Die Persönlichkeitskultur der Führungskraft ist immer auch Ausdruck der Werte, die sie sich als Orientierungsleitlinien bezie hungsweise Orientierungsstandards setzt und vor allem der Verwirklichung der gesetzten Werte in konkreten Lebenssituationen. Die Verwirklichung der Werte spiegelt sich im konkreten Verhalten und Handeln und in den Einstellungen und Haltungen wider. Die Organisationskultur ist wiederum Ausdruck der gesetzten und – vor allem – der gelebten Werte innerhalb der Organisation. Die Persönlichkeitskultur der Mitarbeiter einer Organisation bestimmt maßgeblich die Organisationskultur. Dies gilt ganz besonders für die organisationskulturprägende Wirkung der Persönlichkeitskultur der Führungskräfte. Im Zeitalter permanenter Instabilitäten und Turbulenzen sind die traditionellen Orientierungsleitlinien aufgeweicht oder haben ihre Gültigkeit weitgehend verloren. Die Führungskraft droht, im Dschungel der Informationen, Möglichkeiten und Vernetzungen, ihre Individualität und Authentizität zu verlieren. Eine optimale individuelle Chancennutzung und eine klare Strukturierung des Lebensweges verlangen nach verläßlichen Orientierungsleitlinien, nach einer Grammatik des Handelns.

Die Führungskraft ist herausgefordert, von ihrer Freiheit und Verantwortung Gebrauch zu machen, indem sie auf die ihren Haltungen und Handlungen, Verhaltensweisen und Einstellungen zugrundeliegenden Werte zurückgreift, sie persönlich gewichtet und als Orientierungsleitpunkte setzt. Der Coach hilft bei der Findung und Gewichtung der Werte und vor allem bei der Konkretisierung der Werte in den verschiedensten Lebens- und Berufssituationen. Er achtet vor allem darauf, daß sich Werte und Ziele nicht widersprechen. So widerspricht beispielsweise die Zielsetzung „Maximale Chancenausnutzung aller sich bietenden Situationen" dem Wert „Toleranz" und beschwört einen Werte-Ziel-Konflikt hervor. Der Coach hilft, Ziele und Werte kritisch zu überdenken, besonders im Hinblick darauf, ob die Werte und Ziele der Führungskraft selbst gesetzt (Selbststeuerung) oder fremd gesetzt (Fremdsteuerung) sind. Nur den selbstverantwortlich gesetzten Werten und Zielen wohnen intrinsische Motivationspotentiale inne.

Mit Hilfe der „Werte-Ziele-Maßnahmen-Konkretisierung" im praktischen Teil (S. 229 ff.) können Sie Ihre persönliche Wertehierarchie aufstellen und Ziele und Maßnahmen zu Verwirklichung und

Umsetzung der Werte ableiten. Unverträglichkeiten zwischen Werten und Zielen und zwischen Zielen deuten auf Konflikte hin und beinhalten die Herausforderung, die bestehenden Diskrepanzen wenigstens zu mildern oder idealerweise zu beseitigen.

Ihre Werte drücken sich in Ihrem Verhalten, Ihren Einstellungen, Haltungen und Ihren Handlungen aus. Sollten Sie mit Ihren Werteauspägungen unzufrieden sein, ist es sinnvoll, daß Sie Veränderungen für die Zukunft anstreben. Der Vordruck im Anhang des Buches hilft Ihnen, Ihre Ist-Werteausprägungen festzustellen und – gegebenenfalls – Veränderungen in Richtung gewünschter Verhaltens-, Einstellungs-, Haltungs- und Handlungsausprägungen vorzunehmen.

Bestehen zwischen den Werten und Zielen der Führungskräfte – und natürlich auch der Mitarbeiter insgesamt – und den Werten und Zielen der Organisation Diskrepanzen und Abweichungen, sind Spannungen, Konflikte und Auseinandersetzungen vorprogrammiert. Die Spannungs- und Konfliktlinien zwischen den Organisationsmitgliedern und der Organisation können durch eine werteorientierte Organisationsentwicklung abgeschwächt oder sogar abgebaut werden. Eine werteorientierte Organisationsentwicklung zielt auf einen geplanten Wandel – im Gegensatz zum zufälligen Wandel – in Richtung explizit festgelegter Orientierungsleitlinien (Werte). Sie ist langfristig angelegt und kein kurzfristiges Krisenmanagement, betont die Aufrechterhaltung, Herstellung und Wiederherstellung dynamischer Gleichgewichte und die Initiierung von Selbsterneuerungsprozessen. Eine werteorientierte Organisationsentwicklung legt den Schwerpunkt auf den Wandel von Gruppen (zum Beispiel Abteilungen, Projektteams), ohne allerdings zu verkennen, daß dazu immer auch individuelle Wandlungsprozesse erforderlich sind. Im Rahmen einer werteorientierten Organisationsentwicklung versucht die Organisation vor allem, durch eine Synchronisierung individueller Werte und Ziele und organisationaler Werte und Ziele zu einer höheren Effektivität zu gelangen.

Eine weitverbreitete Möglichkeit, zu verbindlichen Orientierungsleitlinien (Werten) für die Organisation zu kommen, ist es, die bestehenden und sich zukünftig herauskristallisierenden Grundwerte

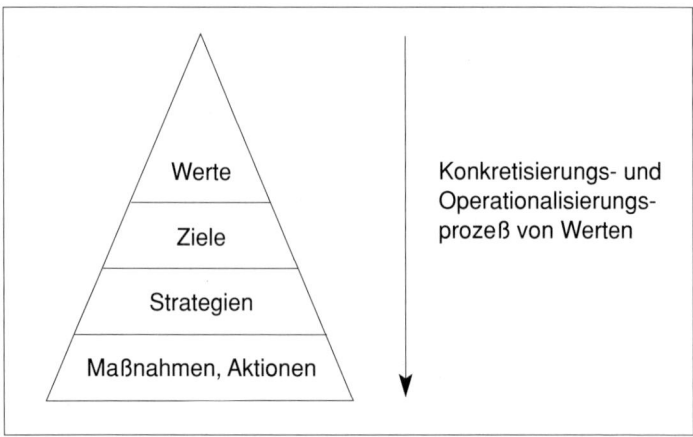

Abbildung 4: Werte-Konkretisierungs- und Operationalisierungsprozeß

der Gesellschaft zu analysieren. Sodann wird überprüft, ob die
Grundwerte innerhalb der Organisation unter- oder überrepräsentiert
sind. Anschließend trifft man innerhalb der Organisation – möglichst
unter verantwortlicher Beteiligung vieler Mitarbeiter – eine Entscheidung darüber, ob man den bestehenden und sich zukünftig
herauskristallisierenden Grundwerten der Gesellschaft folgen will
oder nicht. Die Werte werden explizit festgelegt und in Ziele konkretisiert und operationalisiert. Die Ziele bilden die Basis für praktische Maßnahmen und detaillierte Umsetzungsschritte. So kann zum
Beispiel der Wert „Selbständigkeit und Individualität" in die Ziele
„Schaffung persönlicher Freiräume, Wahlmöglichkeiten und Ent-
scheidungsbereiche" und „Förderung der Selbständigkeit und
Selbst-Verantwortlichkeit" konkretisiert werden. Das Ziel „Förderung der Selbständigkeit und Selbst-Verantwortlichkeit" kann operationalisiert werden in die Strategien „System der Zielvereinbarung", „System der Selbstkontrolle" und „Erweiterung vorhandener
Entscheidungsspielräume auf der Basis von Selbst-Verantwortlichkeit." Die Strategien wiederum können weiter konkretisiert und
operationalisiert werden in Instrumente, Maßnahmen und Aktionen.

Tabelle 2: Werteorientierte Organisationsentwicklung

Grundwerte	Ziele	Strategien	Maßnahmen
• Selbständig-keit und Individualität	• Schaffung persönlicher Freiräume, Wahlmöglichkeiten und Entscheidungsräume • Förderung der Selbständigkeit und Selbst-Verantwortlichkeit	• • • • • System der Zielvereinbarung • System der Selbstkontrolle	• • • • • Beteiligung der Mitarbeiter an Zielvereinbarungen

Eine andere Möglichkeit, zu verbindlichen Orientierungsleitlinien (Werten) zu kommen, besteht darin, die bestehenden und sich herausbildenden Grundwerte der Mitarbeiter als Ausgangsbasis zu nehmen. Des weiteren können Experten, vor allem Futurologen, hinsichtlich zukünftiger Grundwerteentwicklungen befragt werden.

Rational-emotive Umbewertungen

Der Philosoph Epiktet schreibt schon im ersten Jahrhundert in der griechischen Philosophie der Stoa: „Menschen werden nicht durch die Dinge an sich beunruhigt, sondern auch durch die Meinungen, die sie darüber haben."

Epiktets Auffassung hat heute nach wie vor Gültigkeit, allerdings mehr in erkenntnistheoretischer Sicht als in der Psycho-Logik des Alltags. Im Alltag werden oft bestimmte Ereignisse als unmittelbare und auslösende Ursachen für emotionale und verhaltensmäßige Beeinträchtigungen gesehen, beziehungsweise andersherum, die emotionalen und verhaltensmäßigen Beeinträchtigungen als notwendige Reaktionen auf die Ereignisse gesehen.

Nach dem „ABC"-Schema der RET (Rational-Emotiven Therapie) von Albert Ellis erlebt der Mensch nach einer aktivierenden Erfahrung oder einem aktivierenden Geschehen und Ereignis emotionale und verhaltensmäßige Reaktionen und Konsequenzen. Er konstruiert in der Regel eine „A-C"-Verbindung in der falschen Annahme, daß A (activating event) die kausale Ursache von C (consequences) ist. So kann eine verpatzte Aufstiegschance – also ein activating event – bei einer Führungskraft Niedergeschlagenheit, Demotivation und Frustration bewirken, also consequences. Albert Ellis hält diese kausale Ursachen-Wirkungsverknüpfung für falsch und korrigiert die „A-C"-Folge in eine „A-B-C"-Folge, wobei B für „belief system" steht. In Wirklichkeit steckt den Erfahrungen, Geschehnissen und Ereignissen nicht die „Katastrophen-Wirkung" inne, sondern vielmehr den irrationalen Einschätzungen, die sich der Mensch darüber bildet. Ellis leugnet keineswegs, daß es auch unter rationaler Beurteilung viele unangenehme Ereignisse gibt, meint aber, daß die eigentliche Brisanz ihre Ursachen jedoch in den irrationalen Einschätzungen hat. Er spricht von „mußturbatorischen Ideologien", die meist in Form von „muß-Sätzen" formuliert werden. Die „mußturbatorischen Ideologien" entstehen schon in frühester Kindheit durch Indoktrinationen und Bannsprüche der Eltern und wichtiger anderer Personen und werden später dann durch irrationale Ideen der Bezugsgruppen oder der Gesellschaft aufrechterhalten, verstärkt, modifiziert oder ergänzt. Grundlegende „mußturbatorische Ideologien", die auch bei Führungskräften häufig anzutreffen sind und die emotionale Spannungen und Störungen verursachen und aufrechterhalten, sind u.a.:

- Die Idee, daß man klare, sichere und perfekte Kontrolle über Ereignisse, Geschehnisse und alle Dinge haben muß, anstelle der Idee, daß die Welt voll ist von Zufällen, Wahrscheinlichkeiten und Unwägbarkeiten, und daß man trotzdem – vielleicht auch gerade deswegen – das Leben genießen kann.

- Die Idee, daß man in allen Lebensbereichen äußerst perfekt, kompetent, intelligent, leistungsstark und erfolgreich sein sollte – anstelle der Idee, daß es besser wäre, sich als unvollkommenes Wesen, mit Stärken und Schwächen, anzunehmen.

- Die Idee, daß menschliches Glück und menschliche Zufriedenheit vor allem durch Rückzug und Inaktivität erreicht werden können – anstelle der Idee, daß Menschen dann am glücklichsten sind, wenn sie sich hingeben und ausrichten auf eine sinnerfüllte Aufgabe, Herausforderung oder Person.

- Die Idee, daß Probleme und Konflikte von außen verursacht werden und durch Menschen und Ereignisse aufgezwungen werden – anstelle der Idee, daß Probleme und Konflikte und damit verbundene emotionale Störungen durch die individuelle Sicht der Dinge verursacht oder erheblich beeinflußt werden.

Die „mußturbatorischen Ideologien" engen die Wahrnehmungsfähigkeit, das Verhaltensspektrum und die Handlungsvielfalt des Menschen oft ganz erheblich ein. Ihnen haftet etwas Starres, Unbewegliches und Verhaftendes an. Die „mußturbatorischen Ideologien" werden ständig aktiviert, indem sich der Mensch selbst reindoktriniert. Er bewertet Erfahrungen, Geschehnisse und Ereignisse, reagiert dann auf seine eigenen Bewertungen so, als wären sie Eigenschaften der Erfahrungen, Geschehnisse und Ereignisse und nimmt die eigenen Reaktionen als Beweis für die Richtigkeit der Bewertungen, das heißt, der irrationalen Ideen. Die irrationalen Ideen werden durch sorgenvolles Grübeln und durch negative Selbstgespräche kräftig am Leben gehalten.

Der entscheidende Schritt besteht mittels Therapie-, Beratungs- und Betreuungsprozessen darin, die zerstörerischen Wirkungen der zentralen irrationalen Ideen auf die Reaktionen und Konsequenzen, also auf C, aufzudecken. Dies geschieht vor allem im Modus des „sokratischen Dialoges." Im positiven Fall folgt eine Neuorientierung des Bewertungssystems mit grundlegenden kognitiven Umstrukturierungen. Die A-B-C-Kette wird fortgeführt um D (für „disputation, debating") und, im positiven Fall, um ein E (für kognitive und verhaltensmäßige „effects").

Das A-B-C(-D-E)-Schema kann in Coaching-Prozessen wirksame Dienste leisten, weil es nicht auf ein „feeling better" zielt, sondern immer auf ein „getting better" der Führungskraft. Der Coach klärt zunächst die Situationen, in denen Probleme, Spannungen und

Konflikte auftreten, gemeinsam mit dem Klienten ab. In vielen Fällen
nimmt die Führungskraft schon die Situationen (A) unrealistisch und
verzerrt wahr. Eine Führungskraft, die berichtet, daß die Filialleiter
sehr ablehnend auf seine Verbesserungsvorschläge bei der letzten
Filialleitersitzung reagierten, läßt immer schon eigene Bewertungen
in die Situationsbeschreibung einfließen. Die gemeinsame Situa-
tionsanalyse zwischen Coach und Führungskraft verdeutlicht die
ersten typischen irrationalen Denk- und Bewertungsmuster wie
beispielsweise Generalisierungen, Übertreibungen und Personali-
sierungen. Nach der Situationsabklärung erfolgt eine gemeinsame
Analyse der Konsequenzen (C). Etwa hängen Ängste vor gewissen
Ereignissen mit ganz bestimmten Zukunftserwartungen hinsichtlich
des Ablaufs und Ausgangs dieser Ereignisse zusammen. Sind die
wichtigsten A-C-Zusammenhänge aufgedeckt und abgeklärt, folgt
eine Analyse der zentralen kognitiven Irrationalitäten. Der wichtigste
und umfangreichste Schritt besteht für die Führungskraft darin, ihre
mußturbatorischen Ideologien in Frage zu stellen. Der Coach unterstützt die Führungskraft mit Hilfe des „sokratischen Dialogs" und
fragt immer wieder hartnäckig nach dem Warum:

A-B-C-Schema der Rational-Emotiven Therapie

1. A: Führungskraft muß einen Vortrag halten.
   B: „Ich muß ihn toll halten, sonst bin ich eine Niete."
      „Ich tue mich immer schwer mit der Einleitung.
      Er muß einfach perfekt sein, schon wegen der Vorstands-
      mitglieder."
   C: Unruhe, Konzentrationsmangel, Arbeitsvermeidung.

2. A: Führungskraft bemerkt C als Symptome.
   B: „Ich muß mich konzentrieren."
      „Es ist schrecklich, wie ich die Herausforderung vor mir her
      schiebe."
      „Ich muß mindestens eine Woche vor dem Vortragstermin
      mit der Arbeit beginnen."
   C: Frustration, Arbeitslähmung, Verzweiflung,
      Depression, Dis-Streß, Autoaggression.

- „Warum müssen Sie eine sichere und perfekte Kontrolle über die Situation haben?"
- „Warum können Turbulenzfelder nicht produktiv sein?"
- „Warum ist Sicherheit für Sie so wichtig?"

Am Ende des „sokratischen Dialogs" soll eine Neubearbeitung der Situation und der Konsequenzen stehen, die eine effektive, realistische und weniger belastende Problem- und Konfliktbewältigung ermöglicht.

Der Coach setzt bewußt Verstärker ein, um erwünschte Verhaltensweisen zu fördern beziehungsweise unerwünschte Verhaltensweisen zu löschen. Die Führungskraft ist aufgefordert, neue Erfahrungen zu machen, Risiken einzugehen und alte Muster, Fahrbahnen und Gewohnheiten zu verlassen. Für die Führungskraft ist es förderlich, viele Dinge im Alltags- und Berufsleben einmal „anders" anzupacken, um neue Erfahrungen zu gewinnen. Manchmal dient der Alltag als Übungsfeld. Eine Führungskraft, die große Ängste vor der jährlichen Rede und anschließenden Diskussionsrunde auf der Betriebsversammlung hat, kann aufgefordert werden, einen öffentlichen Vortrag – und sei es bei der Volkshochschule – über ihr Interessengebiet zu halten, um dadurch Sicherheit und Selbstvertrauen zu erlangen.

Der Rückgriff eines ganzheitlichen Coaching-Ansatzes auf die Rational-Emotive Therapie von Ellis hat sich in der Praxis bewährt, vor allem deshalb, weil sie praktikabel ist und der pragmatischen Denkweise und effektiven Anspruchshaltung der Führungskräfte in hohem Maße gerecht wird. Die Wirksamkeit der RET wurde in einer größeren Anzahl von Untersuchungen bestätigt, zum Beispiel bei Test- und Prüfungsängsten, sozialen Ängsten und Fehleinschätzungen.

Selbstgesprächstechniken

Führungskräfte werden immer wieder mit Ereignissen und Situationen konfrontiert, die sie als schwierig und bedrohlich bewerten. Oft reagieren sie auf solche Ereignisse und Situationen mit grübelnden und sorgenvollen Selbstgesprächen. Sie antizipieren dann Nachteile, befürchten, Ziele nicht zu erreichen, einen Status- und Prestigeverlust zu erleiden, und verstricken sich in Ängste, Befürchtungen und Sorgen. Nach belastenden Situationen und Ereignissen setzen häufig Hyperreflexionsprozesse ein, die die erlebten Situationen und Ereignisse verzerren, überbewerten und eine angemessene und ausgewogene Bewertung und Beurteilung verhindern.

Grübelnde und sorgenvolle Selbstgespräche sind ein intensives längeres Nachdenken und stilles Sprechen über sich selbst sowie über schwierige, bedrohliche Situationen und Ereignisse. Sie basieren auf überwertigen Reflexionsprozessen, mit denen immer übersteigerte gedankliche Verhaftungen und Umklammerungen an ein Ereignis, eine Situation oder an einen Persönlichkeitsaspekt einhergehen. Die Gedanken drehen sich gleichsam im Kreis. Sie sind gefangen in einem circulus vitiosus. Die Aufmerksamkeit zentriert sich auf die eigenen Ängste, Fehler, Schwächen und Sorgen.

Die Auswirkungen grübelnder und sorgenvoller Selbstgespräche sind sehr schädigend für das seelische und körperliche Wohlbefinden und letztendlich leistungshemmend und -mindernd. Die intensive gedankliche Beschäftigung und das bildhafte Vorstellen bedrohlicher Ereignisse und Situationen sowie der eigenen Schwächen und Fehler implizieren Reaktionen, wie sie in realen Situationen hervorgerufen werden und erfolgen. Die körperliche Alarmierung führt zu Muskelspannungen, zu einer Beschleunigung von Atmung und Puls und zu einer verstärkten Hormonausschüttung in den Blutkreislauf. Da die Alarmierung des Körpers zumeist nicht in Aktivitäten zur Lösung und Umgestaltung der Probleme und Schwierigkeiten umgesetzt wird, treten Muskelverspannungen im Rücken- und Halsbereich, Kopfschmerzen und insgesamt eine körperliche Anspannung auf. Parallel zur körperlichen Anspannung und Verspannung nimmt die psychische Anspannung und Belastung zu und bewirkt vor allem eine Einschränkung der Wahrnehmung und eine Zunahme von Ängsten und Befürchtungen. In diesem Zustand körperlich-seelischer Anspannung und Verspannung werden Ereignisse und Situationen, die eigentlich normal und alltäglich sind, unrealistisch überbewertet und gleichsam mit Scheuklappen betrachtet. Die Realität wird verzerrt, und eine Lösung der Schwierig-keiten rückt in weite Ferne. Die Gedanken galoppieren, die Projek-tionen nehmen überhand, die Selbstzweifel lähmen Aktivitäten, und unpassende Einfälle verhindern adäquate Problemlösungen.

Selbstgespräche sind grundsätzlich etwas Natürliches und führen nur dann zu ungünstigen Folgen, wenn sie negativ sind und mit sor-genvollem Grübeln einhergehen. Grübelnde und sorgenvolle Selbstgespräche bewirken eine Verhaftung mit den negativen und belastenden Gefühlszuständen, die eine Situation oder ein Ereignis in uns auslösen. Aufgaben – oder sachbezogene Gedanken und Selbstgespräche – sind dagegen förderlich, weil sie uns auf eine Situation oder ein Ereignis vorbereiten oder uns während einer Aufgaben- oder Problembewältigung begleiten. Der entscheidende Unterschied zwischen grübelnden und sorgenvollen Selbstgesprä-chen und aufgaben- oder sachbezogenen Selbstgesprächen besteht darin, daß wir bei letzteren nach außen gerichtet sind auf Menschen, Aufgaben, Probleme und Herausforderungen. Wer nach außen ge-richtet ist, kreist nicht um sich selbst, sondern fühlt sich einer Herausforderung verpflichtet.

Zu einem bewußten Selbstmanagement gehört der Umgang mit sorgenvollem Grübeln und negativen Selbstgesprächen. In einem ersten Schritt erarbeiten Coach und Klient gemeinsam die negativen Auswirkungen sorgenvoller Grübeleien und negativer Selbstge-spräche.

Die inneren Dialoge und Hyperreflexionsprozesse werden analysiert und bewußt gemacht. In einem weiteren Schritt wird ein Grübel-Stop festgelegt und ein individuelles Programm zur Umzentrierung un-serer Aufmerksamkeit erarbeitet. Ein wirksames Programm zur Umzentrierung der Aufmerksamkeit kann darin bestehen, daß die Führungskraft lernt, Aufgaben und Tätigkeiten mit mehr Achtsam-keit und Bewußtheit auszuführen, die Aufmerksamkeit auf den Atemrhythmus zu lenken und positive Gedanken und Vorstellungen zu aktivieren. Viele Untersuchungen bestätigen, daß eine zeitweilige Ablenkung und Weglenkung der Aufmerksamkeit von belastenden Situationen und Ereignissen   und den damit einhergehenden ne-

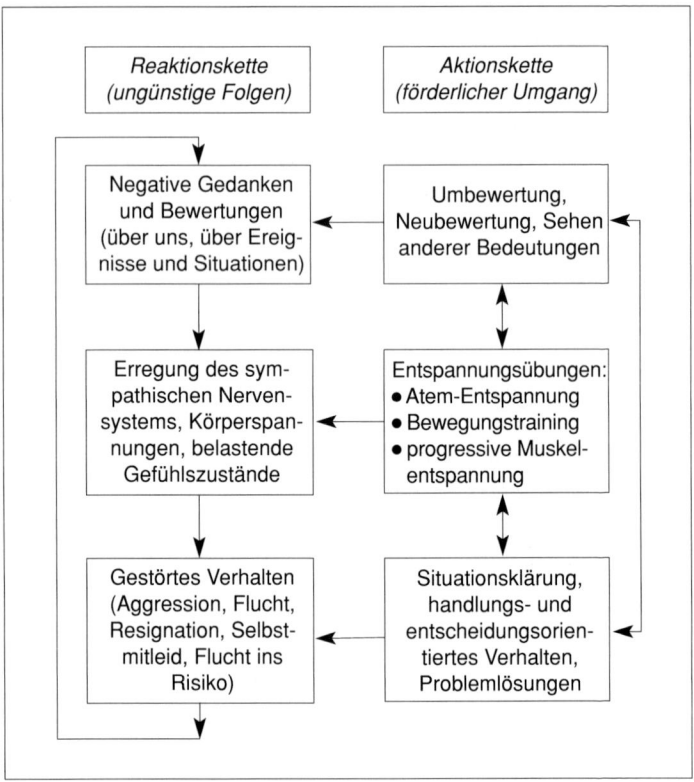

Abbildung 5: Reaktions- und Aktionskette bei seelischen Belastungen mit Dis-Streß

gativen Gefühlszuständen – kurzfristig sehr hilfreich und förderlich sein kann. Die Ablenkung und Weglenkung kann ein echter Schutzprozeß vor einer schädigenden Selbstbeeinträchtigung sein. Langfristig ist jedoch immer eine Klärung und Neubewertung der belastenden Situation oder des belastenden Ereignisses erforderlich. Coach und Klient nehmen daher in einem dritten Schritt immer auch eine Klärung und Neubewertung vor und erarbeiten ein praktikables Neubewertungs- und Klärungsprogramm für zukünftige belastend wirkende Situationen und Ereignisse.

Klärung und Neubewertung

1. Was belastet mich?

- Die Situation
- Das Ereignis
- Die Herausforderung
- Die Schwierigkeiten
- Das Problem

_____

_____

_____

2. Welche Möglichkeiten des Änderns gibt es?

- Mein Denken zu ändern
- Mein Werten zu ändern
- Mein Fühlen zu ändern
- Meine Einstellung zu ändern
- Mein Verhalten zu ändern
- Meine Haltung zu ändern

- Die Situation zu ändern
- Das Ereignis zu ändern
- Die Bedingungen zu ändern

_____

_____

_____

3. Wann werde ich was konkret tun?

_____

_____

_____

_____

_____

_____

Techniken und Instrumente zur Verhinderung sorgenvollen Grübelns und negativer Selbstgespräche

- Erlangung von Kenntnissen über sorgenvolle Grübeleien und negative Selbstgespräche
- Bewußtmachung innerer Dialog- und Hyperreflexionsprozesse
- Grübelstopp und Unterbrechen der Grübelsituation (z.B. durch eine anregende Tätigkeit oder ein ablenkendes Gespräch)
- Verstärkung positiver Denkprozesse
- Stimulierende Herausforderungen (z.B. Aufgaben oder Ziele)
- regelmäßige Übungen: Atem-Entspannung, Bewegungstraining, progressive Muskelentspannung ...
- Klärung und Neubewertung von Situationen und Ereignissen
- Förderung der Dis-Identifikationsfähigkeit bzw. Selbstdistanzierungsfähigkeit
- Gespräche mit verständnisvollen Menschen

Konfliktmanagement

Eine Reihe von Studien belegen, daß Führungskräfte etwa 20 Prozent ihrer Arbeitszeit mit der Handhabung von Konflikten zubringen. Ein wirksames Konfliktmanagement umfaßt nicht nur eine Konfliktprophylaxe und Konfliktlösung, sondern auch eine bewußte Konfliktstimulierung, das heißt, eine bewußte Anhebung des Konfliktniveaus einer Person, einer Gruppe oder Organisation.

Der Begriff des Konflikts wird in der Psychologie zur Kennzeichnung intra- und interindividueller Tatbestände verwendet. Ein intraindividueller Konflikt liegt vor, wenn bei einer Person verschiedene unvereinbare Handlungs- und Aktivierungstendenzen bestehen, die sich vor allem in Spannungen, Auseinandersetzungen, Widersprüchen und Blockaden zwischen Persönlichkeitsteilen ausdrücken. Ein interindividueller Konflikt liegt vor, wenn zwischen Konfliktparteien – dies können Personen, Gruppen und Organisationen sein – unvereinbare Ziele und Handlungstendenzen bestehen.

Zwischen intraindividuellen und interindividuellen Konflikten bestehen oft enge wechselseitige Abhängigkeiten. So kann beispielsweise eine Führungskraft, die starke intrapsychische Spannungen hat, diese Spannungen – quasi kompensatorisch – mit anderen Personen oder Gruppen ausleben. Die intraindividuellen Konflikte werden ausführlich im nächsten Unterkapitel „Psychosynthesetechniken" besprochen. Die Ausführungen in diesem Kapitel beschränken sich daher auf die interindividuellen Konflikte, ohne allerdings die enge wechselseitige Verwobenheit zu ignorieren.

Interindividuelle Konflikte können manifest oder latent sein. Manifeste Konflikte sind offen ausgebrochen. Latente Konflikte schlummern noch im Verborgenen, drohen aber – vielleicht aufgrund der vorhandenen Strukturen – irgendwann unvermeidlich offen auszubrechen.

Positive Folgen von Konflikten

- Konflikte fördern neue Energien und Aktivitäten
- Konflikte stimulieren neue Ideen und fördern Kreativität und Innovation
- Konflikte erhöhen die Gruppenkohäsion positiv
- Konflikte fördern die kritische Selbstreflexion
- Konflikte schaffen klare Verhältnisse und führen zum Abbau von Spannungen
- Konflikte fördern Entwicklungsmaßnahmen (Persönlichkeits-, Gruppen- und Organisationsentwicklung) und sind oft Voraussetzungen für Wandlungsprozesse
- Konflikte sind ein Medium für den Aufweis von Problemen
- Konflikte aktivieren unkonventionelle Lösungsprozesse
- Konflikte modifizieren und erweitern eingefahrene Wahrnehmungsprozesse
- Konflikte fördern Identitätsfindungsprozesse von Personen und Organisationen
- Konflikte fördern eine laterale Denkweise

Konflikte haben immer einen polaren Charakter. Bis in die siebziger Jahre wurde überwiegend der negative Pol gesehen: Konflikte wurden als dysfunktional und störend angesehen und infolgedessen wurde alles unternommen um sie zu vermeiden, zu beheben oder zu unterdrücken. Dahinter verbarg sich oft die irrige Annahme, Konflikte seien grundsätzlich vermeidbar. Erst nach und nach rückte auch der andere Pol ins Bewußtsein: Konflikte haben immer auch einen positiven Aspekt – sei es für Personen, Gruppen oder Organisationen. Heute gilt es als unbestritten, daß Personen, Gruppen und Organisationen für ihre produktive Entwicklung sowohl Phasen der Harmonie als auch Phasen des Konflikts benötigen und immer auch durchlaufen.

Negative Folgen von Konflikten

- Konflikte führen zu Dis-Streß und zu Unzufriedenheit
- Konflikte bewirken eine Verringerung rationaler Handlungsweisen und eine Zunahme dysfunktionaler Gefühlszustände
- Konflikte führen zu Wahrnehmungsverzerrungen und Stereotypenbildungen
- Konflikte stören formale und informale Kommunikationsabläufe
- Konflikte beeinträchtigen die Corporate Identity (CI) – sowohl nach innen wie auch nach außen
- Konflikte fördern Instabilitäten und Turbulenzen
- Konflikte fördern Hyperintentions- und Hyperreflexionsprozesse und bewirken dadurch eine zunehmende Egozentrierung
- Konflikte wirken demotivierend und leistungshemmend

Konflikte zwischen Personen, Gruppen und Organisationen sind unvermeidlich. Dies resultiert vor allem aus den unterschiedlichen Haltungen, Einstellungen, Interessen, Zielen und Verhaltensweisen. Obwohl das Leben also grundsätzlich konflikthaft und konfliktträchtig ist, ist es eine weitverbreitete Angewohnheit, Auseinandersetzungen zu vermeiden. Oft werden Konflikte auch verdeckt oder tabuisiert. Konfliktvermeidung, -verdeckung und -tabuisierung lösen allerdings keine Probleme und reduzieren keine Spannungen.

Im Rahmen eines ganzheitlichen Coaching-Ansatzes erarbeiten Coach und Klient gemeinsam eine individuelle und situationsbezogene Konflikthandhabungsform, die auf Konfliktlösung zielt. Der Konflikt soll gelöst und nicht verleugnet oder umgeleitet werden. In vielen Fällen bringt der Coach die Konfliktparteien an einen Tisch, um die Probleme gemeinsam herauszuarbeiten und um gemeinsame Wege zur Problemlösung zu suchen und verbindlich festzulegen. Der Coach fungiert in erster Linie als Moderator und als Feedback-Geber und ist bestrebt, Gewinner-Verlierer-Situationen zu vermeiden. Dahinter verbirgt sich die Erkenntnis, daß der potentielle Verlierer oft nur wenig motiviert ist, Lösungsvorschläge anzunehmen und durchzuführen. Häufig sinnt der Unterlegene nur auf Vergeltung und zeigt Unmut, Ärger, Feindseligkeit, Haß und Frustration.

Maßnahmen zur Konfliktprophylaxe

- Partizipation der Betroffenen an Entscheidungsprozessen bei gemeinsamer vorheriger Festlegung von Entscheidungsregeln
- Gewährung von Handlungsspielräumen durch Umstrukturierung von Aufgaben
- Aufbau einer Kooperationshaltung durch entsprechende Trainings- und Seminarprogramme
- Aufbau partnerschaftlicher Konfliktlösungsformen auf der Basis von Sieger-Sieger-Positionen
- Modifizierung persönlicher Rollenvorstellungen und Wahrnehmungsstrukturen
- Aufhebung von Koordinationszwängen, wo sie sachlich nicht geboten sind
- Eindeutige und klare Kompetenzverteilung
- Anpassung formaler Informations- und Kommunikationsstrukturen an bewährte informale Informations- und Kommunikationsstrukturen
- Verbesserung der Kommunikation in Gruppen und zwischen Gruppen
- Bewußtmachung persönlicher Hyperreflexionsprozesse
- Förderung des „Denken-vom-anderen-her"
- Training methodischen Vorgehens zur Problemlösung (Diagnose, Planung, Aktion, Auswertung bzw. Evaluation)

Die potentiell möglichen negativen Folgen von Konflikten lassen es ratsam erscheinen, Wege zu Konfliktprophylaxe zu erarbeiten. Die dabei einzuschlagenden Wege lassen sich aus den Persönlichkeitsstrukturen der Führungskraft und den jeweiligen Bedingungen ableiten, die sich in der Vergangenheit und Gegenwart als konfliktförderlich herausgestellt haben.

Coach und Klient können auch Maßnahmen erarbeiten, die der bewußten Konfliktstimulierung – also der Anhebung des Konfliktniveaus einer Person, einer Gruppe oder der Organisation dienen. Künstlich produzierte Turbulenzen und Instabilitäten können durchaus Kreativitätspotentiale aktivieren, Visionsprozesse auslösen, laterale Denkprozesse einleiten und eine Person, Gruppe oder Organisation zum „Transformationsgalopp" zwingen.

Maßnahmen zur Konfliktstimulierung

- Förderung und Aktivierung von Wettbewerbssituationen
- Förderung eines offenen und angstfreien Klimas, das zu Meinungsäußerungen herausfordert
- Förderung von Wandlungs- und Veränderungsprozessen (Change Management)
- Einebnung von Hierarchien
- Aufbau von Netzwerken (Heterachien)
- Gewährung von Freiräumen auf der Basis von Selbstorganisationsfähigkeit und Selbstorganisationsbereitschaft zur Lösung schwieriger Problem- und Aufgabenstellungen
- Differenzierung von Rollen, Status und Macht
- Sammlung und Verarbeitung widersprüchlicher Informationen
- Initiierung von Konfrontationstreffen zwischen Personen, zwischen Gruppen und zwischen Personen und Gruppen

---

Der Coach wird immer wieder auf die Vernetzung von Sach- und Beziehungskonflikten hinweisen. Die „rational ausgerichtete Führungskraft" sieht oft nur die Sachprobleme. Sachprobleme sind aber häufig nur Symptome oder vorgeschobene Erscheinungsweisen für versteckte Beziehungsprobleme. Bei jeder Probleminventur ist es daher erforderlich, immer beide Aspekte von Konflikten zu beachten.

Sachprobleme lassen sich nur dann zufriedenstellend lösen, wenn auch die Beziehungsprobleme mitgelöst werden.

Psychosynthesetechniken

Die menschliche Psyche kann man sich als aus verschiedenen Teilen aufgebaut vorstellen: Empfindungen, Wünsche, Haltungen, Ideen, Intuitionen, Impulse, Einstellungen usw. Einige dieser Teile sind harmonisch miteinander verbunden, zwischen anderen Teilen bestehen Spannungen, Widersprüche und Konflikte, und wiederum andere Teile liegen in der Psyche verborgen und fristen ein Schattendasein. Der italienische Psychiater Roberto Assagioli erkannte schon vor mehreren Jahrzehnten, daß im Menschen ungeahnte Potentiale und Kräfte freiwerden, ein dauerndes Gefühl der Lebensfreude erfahren wird und die Sinnhaftigkeit des Lebens erkennbar wird, wenn es ihm gelingt, die verschiedenen Teile seines psychischen Mikrokosmos in einer Synthese zu vereinigen. Stehen die verschiedenen Persönlichkeitsteile dagegen verbindungslos und isoliert nebeneinander oder gar konfliktgeladen gegenüber, bleibt der Mensch unter seinen Möglichkeiten, verstrickt sich in Kämpfen auf der intrapsychischen Ebene und erreicht nur schwer – oder nicht – sein inneres Gleichgewicht.

Die Psychosynthese ist ein offenes und handlungsorientiertes psychologisch-pädagogisch-therapeutisches System mit der Zielsetzung, die Möglichkeitenvielfalt beziehungsweise Ganzheit des menschlichen Wesens zu wecken. Sie zielt auf Synergie, wendet sich strikt gegen die einseitige Entwicklung einzelner Persönlichkeitsteile auf Kosten anderer Persönlichkeitsteile und berücksichtigt die Einmaligkeit und Vielschichtigkeit jedes Menschen. Im Rahmen der Psychosynthese haben Assagioli und seine Schüler ein umfangreiches Methodenspektrum entwickelt. Eine Vielfalt von Methoden lassen sich hilfreich und effektiv für den Beratungs- und Betreuungsprozeß von Führungskräften einsetzen.

Die menschliche Persönlichkeit setzt sich aus verschiedenen Persönlichkeitsteilen zusammen. Jeder Persönlichkeitsteil besitzt seinen eigenen Charakter und Stil und seine eigene Motivation. Er unterscheidet sich von anderen Persönlichkeitsteilen. Da gibt es beispielsweise den „konservativen Teil", der vor vorschnellen Veränderungen schützt und Bewährtes und Erprobtes bewahren will, den „progressiven Teil", der stets auf der Suche nach Neuheiten, interessanten und bereichernden Herausforderungen und Innovationen ist. Viele Konflikte und Erfolgsblockaden beruhen auf Spannungen und Kämpfen zwischen Teilpersönlichkeiten, beispielsweise zwischen den Bewahrungsbestrebungen des „konservativen Teils" und den Veränderungsbestrebungen des „progressiven Teils".

Für Führungskräfte kann es wichtig und förderlich sein, ihr inneres Universum von Teilpersönlichkeiten kennenzulernen. Die Entdeckung der vielfältigen Teilpersönlichkeiten verschafft der Führungskraft in relativ kurzer Zeit ein recht klares Bild ihres Innenlebens, ihrer intrapsychischen Strebungen, Bedürfnisse, Spannungen, Blockaden und Konflikte. In der Arbeit mit der Psychosynthese erkennen Führungskräfte häufig, daß sie dazu neigen, sich überwertig mit lediglich einer Teilpersönlichkeit oder wenigen Teilpersönlichkeiten zu identifizieren. Sie haben die Vorstellung entwickelt, lediglich diese eine Teilpersönlichkeit – oder diese wenigen Teilpersönlichkeiten – zu sein.

Das Selbst-Bewußt-Werden der Teilpersönlichkeits-Identifikationen und Nicht-Identifikationen reicht jedoch nicht aus. Die Selbststeuerung und Selbstregulation der Teilpersönlichkeiten muß hinzutreten. Die Führungskraft muß lernen, sich selbst ans Steuer zu setzen, um nicht mechanisch in diese oder jene Teilpersönlichkeit zurückzufallen und ihr Leben überwertig aus einer oder wenigen Teilpersönlichkeiten heraus zu gestalten.

Die Psychosynthese liefert wichtige Erkenntnisse und Methoden, wie Führungskräfte ihre Potentiale entfalten und ihre Fähigkeit zur Selbst-Organisation stärken und verbessern können:

- Die Führungskraft besteht aus verschiedenen Teilpersönlichkeiten oder psychischen Satelliten, die sich teilweise gegenseitig unterstützen, verbindungslos nebeneinanderstehen, im Unbewußten unerkannt und unentdeckt schlummern und sich immer wieder bekämpfen, behindern und blockieren.

- Die einzelnen Teilpersönlichkeiten sind weder negativ noch positiv, sondern Ausdruck lebenswichtiger Bereiche des menschlichen Seins. Sie richten erst dann Schaden an, wenn eine oder einzelne Teilpersönlichkeiten überwertig gelebt werden, so daß die Führungskraft in ihren Haltungen, Einstellungen, Handlungen und Verhaltensweisen eingegrenzt und gefangen ist.

- Die Führungskraft kann sich nur dann zu einer authentischen Persönlichkeit entwickeln, wenn sie ihre wichtigsten Teilpersönlichkeiten kennt, sich ihre vorrangigen Identifikationen bewußt gemacht und schließlich die Fähigkeit entwickelt hat, die einzelnen Teilpersönlichkeiten zu regulieren, zu harmonisieren und zu koordinieren.

- Die verschiedenen Psychosynthesetechniken geben der Führungskraft Hilfestellungen, die Position des „gelassenen Beobachters" einzunehmen. Aus dieser Position heraus ist die Führungskraft in der Lage, sich von jedem psychischen Inhalt, seien es Sorgen, Ängste, Ansichten, Wünsche und Gefühle, zu desidentifizieren und dadurch zur persönlichen Autonomie und Authentizität vorzudringen.

- Die Autonomie der Führungskraft drückt sich in ihrem Willen aus, das heißt, in ihrer Fähigkeit, frei nach der eigenen inneren Natur zu handeln und nicht unter den Zwängen psychischer Gefühlszustände und äußerer Umweltfaktoren. Durch die Anwendung des Willens, so Assagioli, kommen sieben Qualitäten zum Vorschein:

- Energie,
- meisterliches Beherrschen,
- Konzentration,
- Entschlossenheit,
- Durchhaltevermögen,
- Mut und Organisationsfähigkeiten,

Qualitäten, die besonders von Führungskräften im Zeitalter der Instabilitäten und Turbulenzen gefordert sind.

Im folgenden werden einige Psychosynthesetechniken erläutert, die sich im Rahmen eines ganzheitlichen Coaching-Prozesses bewährt haben.

1. Erkennen der Teilpersönlichkeiten

Mit Hilfe der folgenden Übung können in relativ kurzer Zeit verschiedene Teilpersönlichkeiten entdeckt und beschrieben werden. Schon der Vorgang der Identifizierung schafft eine gewisse Distanz.

Übung 1: Identifizierung der Persönlichkeiten

• Wählen Sie eine Ihnen wichtige Einstellung, Haltung, Eigenschaft oder Verhaltensweise.

• Atmen Sie einige Male kräftig aus und ein, schließen Sie die Augen und werden Sie sich dieses Persönlichkeitsteils in Ihnen voll bewußt. Lassen Sie ein Bild in Ihrem Innern entstehen. Versuchen Sie nicht, das Bild absichtlich zu konstruieren.

• Lassen Sie dem Bild, sei es eine Person, ein Gegenstand, ein Wesen oder eine Gestalt, genügend Zeit, sich zu entfalten und seine vielfältigen Aspekte zu zeigen. Treten Sie in Kontakt mit der Atmosphäre und Spannung, die von dem Bild ausgeht.

• Lassen Sie das Bild sprechen und sich selbst ausdrücken. Treten Sie in Dialog mit dem Bild. Das Bild verkörpert eine Teilpersönlichkeit mit einem eigenen Stil, einer eigenen Motivation und einem eigenen Charakter.

• Geben Sie der Teilpersönlichkeit einen passenden Namen, der Ihnen helfen wird, sie schnell und sicher zu identifizieren (zum Beispiel der „Beschützer", der „Progressive", der „Skeptiker"). Schreiben Sie alles auf, was Ihnen zu der Teilpersönlichkeit einfällt: ihre Eigenschaften, ihre Besonderheiten, ihre Bedürfnisse, ihre Gewohnheiten ...

• Nachdem Sie eine Teilpersönlichkeit beschrieben und charakterisiert haben, können Sie andere Teilpersönlichkeiten nach dem gleichen Schema entdecken.

2. Liste der Teilpersönlichkeiten

Die Entdeckung der Teilpersönlichkeiten ist sehr aufschlußreich und manchmal auch überraschend und verwirrend. Jede Teilpersönlichkeit spiegelt eine Facette unserer Persönlichkeit und ist Ausdruck einer Rolle, die wir in bestimmten Lebenssituationen und -bereichen spielen. Die Teilpersönlichkeiten sind niemals ausschließlich negativ oder positiv, sondern verdeutlichen den inneren Reichtum der menschlichen Psyche.

Übung 2: Teilpersönlichkeiten und ihre Absichten

Listen Sie Ihre wichtigsten Teilpersönlichkeiten auf und beschreiben Sie, was jede Teilpersönlichkeit zum Ausdruck bringen will bzw. wofür sie steht!

Name der Teil-persönlichkeit	Ist Ausdruck bzw. steht für
Der Motivator	Energiefreisetzung zum Erreichen von Zielen, Aufrechterhaltung eines hohen Energiepegels
Der Unsichere	Sensibilisierung vor schwierigen Situationen und Ereignissen, Schutzfunktion vor Risiken und problematischen Herausforderungen
↓	↓

---

3. Vernetzung der Teilpersönlichkeiten

An den einzelnen psychischen Befindlichkeiten und Gefühlszuständen sind zumeist mehrere Teilpersönlichkeiten beteiligt. Tabelle 3 zeigt exemplarisch die vielfältigen Vernetzungen der Teilpersönlichkeiten am Beispiel „Unpünktlichkeit".

Tabelle 3: Beteiligung verschiedener Teilpersönlichkeiten am Beispiel „Unpünktlichkeit"

Name der beteiligten Teilpersönlichkeit	Intentionen der beteiligten Teilpersönlichkeit
Der Kontakter	Alle von der Unpünktlichkeit betroffenen Mitmenschen nehmen den Zuspätkommenden wahr, schenken ihm zumeist Aufmerksamkeit und Beachtung und sprechen ihn an
Der Autonome	Unpünktlichkeit als Zeichen der Ablehnung äußerer Normen und Zwänge
Der Narziß	Unpünktlichkeit als ein Image, das Individualität betont
Der Energieregulierer	Reguliert die Energie, indem er bei Erschöpfung und Übermüdung für ein paar Minuten für Ruhe und Entspannung sorgt
Der Extravagante	Unpünktlichkeit als ein Zeichen des Besonderem, häufig verbunden mit auffallendem und sich vom Üblichen und Normalen abhebendem Erscheinungsbild

4. *Identifikation mit dem Beobachter*

Im Konzept der Psychosynthese ist das Selbst des Menschen der Beobachter, der alle Körperempfindungen, Gefühlszustände und Gedankenprozesse wahrnimmt und gegebenenfalls willentlich steuern kann. Aus der Beobachterrolle heraus hat der Mensch eine freie und umfassende Sicht auf die verschiedenen Teile seiner Persönlichkeit und kann sich willentlich mit ihnen identifizieren, aber auch desidentifizieren.

Übung 3: Identifikation mit dem Beobachter

- *Nehmen Sie Ihren Körper wahr.*

  Nehmen Sie beispielsweise Ihren Atemrhythmus, die Berührung Ihrer Füße mit dem Boden, Ihre Kleider auf Ihrer Haut oder die Berührung eines Gegenstandes bewußt wahr. Lassen Sie alle physischen Empfindungen einfach zu und versuchen Sie nicht, diese Empfindungen zu kanalisieren und zu verändern.

- *Nehmen Sie Ihre Gefühle wahr.*

  Beobachten Sie Ihre gegenwärtigen Gefühle, Gefühle, die regelmäßig immer wieder in ihrem Leben auftreten und scheinbar positive und negative Gefühle sind wie: Eifersucht und Zärtlichkeit, Zorn und Liebe, Trauer und Freude ... Betrachten Sie Ihre Gefühle wertfrei. Lassen Sie Ihre Gefühle kommen und gehen.

- *Nehmen Sie Ihre Wünsche und Bedürfnisse wahr.*

  Betrachten Sie Ihre wichtigsten Wünsche und Bedürfnisse, besonders jene, die Ihr Leben motivieren und mit denen Sie sich stark identifizieren. Nehmen Sie sie einfach nur wahr – so wie sie sind.

- *Nehmen Sie Ihre Gedanken und Gedankenprozesse wahr.*

  Beobachten Sie alle Gedanken, die auftauchen. Denken Sie, es käme Ihnen kein Gedanke. Machen Sie sich bewußt, daß auch dies ein Gedanke ist.

- *Beobachten Sie Ihre inneren Dialoge,* Ihre positiven und negativen Selbstgespräche, Ihre Vorstellungen und Träumereien, Ihre Meinungen und Erinnerungen.

- *Stellen Sie sich die Frage: Wer hat alle diese Ebenen beobachtet?*

  Machen Sie sich bewußt, daß dieser Beobachter Ihr Selbst ist, die Essenz Ihrer Person, derjenige Teil Ihrer Person, der sich willentlich identifizieren und desidentifizieren kann. Der Beobachter ist diejenige Essenz, die alle Empfindungen, Gefühle, Wünsche und Gedanken zwar beobachtet, sich aber dennoch deutlich von ihnen unterscheidet. Machen Sie sich bewußt, daß die Identifikation mit dem Beobachter Freiheitsspielräume eröffnet und die gesamte Oberflächenstruktur einer Persönlichkeit dem Selbst zugänglich macht.

- *Versuchen Sie, diese Wirklichkeit während einiger Minuten wahrzunehmen.*

- *Wiederholen Sie die Übung regelmäßig.*

5. *Stärkung des Willens*

Der menschliche Wille ist Ausdruck der Autonomie, das heißt, der Fähigkeit des Menschen, selbststeuernd und selbstregulierend nach einer inneren Wesensbestimmung zu entscheiden und zu handeln und nicht unter dem Zwang äußerer Umstände, seien es nun fremdgesetzte Normen, geltende Traditionen, biologische Dispositionen oder erzieherische Prägungsmuster. Der Wille setzt den Menschen in die Lage, frei zu wählen, trotz aller Bedingtheiten des Lebens, und die volle Selbst-Verantwortung seines Lebensvollzugs zu übernehmen. Fehlt der Wille oder ist er nur schwach ausgeprägt, besetzen die unterschiedlichsten Gefühlszustände – wie beispielsweise Angst, Zorn, Wut, Neid und Leere – jenen Bereich der Psyche, der für den Willen bestimmt ist.

Übung 4: Aktivierung und Stärkung des Willens

- Tun Sie etwas, das Sie vorher noch nie getan haben und das für Sie außergewöhnlich und besonders ist.
- Setzen Sie eine Tätigkeit noch fünf bis sechs Minuten weiter fort, auch wenn Sie bereits müde, gelangweilt und desinteressiert sind.
- Entscheiden Sie, entgegen Ihrer eigentlichen Gewohnheit, bei einer kleinen Entscheidungssituation einmal schnell und ohne zu zögern.
- Erledigen Sie eine Herausforderung mit vollkommener Aufmerksamkeit und Intensität – so, als wenn es das letzte Mal wäre.
- Brechen Sie mit einer Gewohnheit und handeln Sie entgegen jeder Erwartung.
- Führen Sie eine Aufgabe konsequent zu Ende, die Sie bisher immer wieder vor sich hergeschoben haben.

Sensitivitätsmanagement

Sensitivität ist die Fähigkeit, sich in andere Menschen hineinzuversetzen. Dahinter verbirgt sich das alte Sprichwort: „Beurteile einen Menschen nicht, bevor du nicht eine Meile in seinen Schuhen gelaufen bist." Sensitivität ist aber auch die Fähigkeit, sich nach den Wünschen, Bedürfnissen und Sinnerwartungen anderer Menschen zu richten.

In den letzten Jahren wurde die zentrale Bedeutung von Sensitivität als Managementqualifikation entdeckt. Es gibt keine starken Organisationskulturen ohne eine hohe Sensitivität der Führungskräfte gegenüber den Mitarbeitern auf allen Ebenen. Sensitivitätsmanagement zielt auf eine Verbesserung und Stärkung der Fähigkeit der Führungskräfte, sich in die Mitarbeiter hineinzuversetzen und Herausforderungen im Berufs- und Arbeitsleben zu schaffen, die es den Mitarbeitern ermöglichen, ihre Wünsche, Bedürfnisse und Sinnerwartungen möglichst weitgehend zu befriedigen oder zu verwirklichen. Die zentralen Bausteine eines erfolgreichen Sensitivitätsmanagements lauten:

1. Den Mitarbeiter als ganzen Menschen beachten

Der Mitarbeiter verrichtet seine Arbeit in Organisationen als „ganzer" Mensch. Die Organisation, vertreten durch die Führungskräfte aller Ebenen, muß daher auch den „ganzen" Menschen beachten. Dazu gehören immer auch seine privaten Lebensbezüge.

2. Mitarbeiterführung ist immer individuell

Die Führungskraft muß Herausforderungen schaffen, die es Mitarbeitern ermöglichen, ihre Wünsche, Bedürfnisse und Sinnerwartungen optimal zu befriedigen und zu verwirklichen. Ein solcher sensitiver, individueller Führungsansatz setzt voraus, daß die Führungskraft die Wünsche, Bedürfnisse und Sinnerwartungen ihrer Mitarbeiter genau kennt. Die sensitive Führungskraft verbringt viel Zeit damit, den Mitarbeitern zuzuhören, um wirklich individuell zu führen.

3. Mitarbeiterführung setzt auf Selbstorganisation

Die sensitive Führungskraft setzt eindeutig auf Selbstorganisation statt auf Befehlsorganisation. Ein hohes Maß an Selbstorganisation verlangt Freiheitsspielräume bei der Aufgabenbewältigung, mehr Freiräume von schädlicher formaler Ordnung, verstärkte Organisation von Lernprozessen und die Schaffung einer kreativen Atmosphäre, in der sich die Mitarbeiter individuell entfalten können.

4. *Aktivierung sensitiver Potentiale*

Eine sensitive Führungskraft ist fähig, ihre alten Einstellungen, Haltungen und Verhaltensweisen in Frage zu stellen, Veränderungen vorzunehmen und neue Einstellungen, Haltungen und Verhaltensweisen zu verankern. Dazu gehören ein hohes Maß an Ich- und Selbsterkenntnis, Verständnis für die zwischenmenschlichen Beziehungen in Gruppen und Kenntnisse über Bedingungen, die einer produktiven Teamarbeit förderlich sind.

Der Sensitivitätstest im Anhang (S. 232 f.) gibt erste Hinweise, ob bei Führungskräften ein Handlungsbedarf zur Optimierung des Sensitivitätsmanagements vorliegt.

Im Rahmen eines ganzheitlichen Coaching-Ansatzes wird die Sensitivität einer Führungskraft vor allem dadurch verbessert, daß ein Von-den-anderen-her-Denken trainiert wird. Ein-von-den-anderen-her-Denken zielt auf Problemlösungen, die immer auch im Interesse der Mitarbeiter liegen. Dies ist eine zentrale Voraussetzung, um als Führungskraft Herausforderungen zu schaffen, die es Mitarbeitern ermöglichen, ihre Wünsche, Bedürfnisse und Sinnvorstellungen im Berufs- und Arbeitsleben adäquat zu verwirklichen. Dazu gehört auch ein verständnisvoller Umgang mit Gefühlen. Gefühle sind nicht lediglich Störgrößen, die es auszuschalten gilt, sondern Energiepotentiale, die sich positiv nutzen lassen.

Die sensitive Führungskraft sieht sich weniger als Macher und Anordner, sondern eher als Entwickler und Kultivierer menschlicher Potentiale. Sie verfügt vor allem über soziale und ethische Kompetenzen und reagiert und agiert glaubwürdig und authentisch. Ihre Kommunikationskultur basiert auf Wertschätzung und Sympathie.

Sensitive Dialogkultur für Führungskräfte

- Die Führungskraft verfügt über die innere Bereitschaft, mit ihren Mitarbeitern und Kollegen partnerschaftlich sprechen zu wollen.
- Die Führungskraft zeigt durch ihre verbale und non-verbale Kommunikation deutliches Interesse an ihren Kommunikationspartnern, indem sie sie wahrnimmt, ernstnimmt und annimmt.
- Die Führungskraft schafft eine emotional positive Gesprächsatmosphäre, indem sie den Gesprächspartnern mit Toleranz begegnet, ihre Meinungsbeiträge würdigt und aufmerksam zuhört.
- Die Führungskraft vermeidet es, vorwiegend in Behauptungen zu sprechen, da Behauptungen Meinungsfronten schaffen und eine konstruktive Gesprächskultur verhindern.
- Die Führungskraft vermeidet Suggestiv-Aussagen, weil sie den persönlichen Entscheidungs- und Verhaltensspielraum des Partners einengen oder erst gar nicht gestatten.
- Die Führungskraft sucht die menschliche Nähe und baut keine Distanz- und Dominanzpositionen auf.
- Die Führungskraft bewältigt Konflikte partnerschaftlich und hinterläßt keine Verlierer. Dies setzt voraus, daß die Führungskraft Konfliktbeziehungen unverstellt und ungetrübt wahrnimmt und sich der Konfliktbewältigung offen stellt.

Visionsmanagement

Visionsmanagement setzt auf zwei Ebenen an: einmal als Kraftquelle und Autosuggestion für die Selbstmotivation der Führungskraft und zum anderen als Erfolgsfaktor für kohärentes Verhalten der Organisationsmitglieder. Die Führungskraft der neunziger Jahre führt durch überzeugende Visionen, spricht über ihre Organisationsphilosophie und zukünftigen Ziele und kontaktiert Mitarbeiter auf allen organisationalen Ebenen. Der Psychologe Warren Bennis untersuchte 50 herausragende Top-Führungskräfte und fand folgende gemeinsame Erfolgsmerkmale heraus: Danach entwickelt die erfolgreiche Führungskraft

- überzeugende Visionen für die Zukunft der Organisation,
- überträgt die Visionen in die Realität,
- fördert Aktionen und Herausforderungen, die der Verwirklichung der Visionen dienen,
- motiviert Mitarbeiter, sich eigene Visionen zu bilden,
- spricht häufig über ihre eigenen Visionen.

Die visionäre Führungspersönlichkeit

- sucht nach Ideen, Konzepten und Denkmöglichkeiten, bis sich eine klare Vorstellung von der Zukunft herauskristallisiert;
- verbindet diese Zukunftsvisionen mit einer leichtverständlichen Philosophie, in die strategische Richtung und kulturelle Werte integriert sind;
- motiviert ihre Mitarbeiter durch starke Überzeugungskraft und beispielhaften Arbeitseinsatz zur bereitwilligen Übernahme ihrer Vision;
- hat Kontakt zu Mitarbeitern aller Ebenen, zeigt Verständnis für ihre Sorgen und für die die Mitarbeiter betreffenden Auswirkungen ihrer Vision;
- gibt sich sympathisch, unterstützend und vermittelt immer das Gefühl, daß alle zu einer Familie gehören;
- benutzt ihre Vision, um sich für jeden Mitarbeiter einzusetzen und sich um dessen Sorgen und Aufgaben zu kümmern;
- nutzt die Stärken der Organisation, die den Erfolg ihrer Visionen garantieren;
- bleibt im Zentrum aller Aktionen als zentraler Gestalter der Vision;
- sucht stets nach Möglichkeiten, ihre Vision zu verbessern und weiterzuentwickeln; sie beobachtet Veränderungen innerhalb und außerhalb der Organisation sehr sorgfältig;
- mißt den endgültigen Erfolg des Unternehmens an ihrer Fähigkeit, die Visionen zu realisieren.

(Entnommen aus Heckmann/Silva, 1986)

Im Rahmen von Coaching greift der Coach auf das Visionsmanagement zurück, indem er

- gemeinsam mit dem Klienten dessen innere Begrenzungen und Erfolgsblockaden aufdeckt;

- Übungen und Anregungen zur Stärkung der Wahrnehmungs-funktion Intuition als Wahrnehmung durch das Unbewußte oder Wahrnehmen unbewußter Inhalte anbietet;
- gemeinsam mit dem Klienten Fragen zur Organisationsintrospektion erarbeitet und den Klienten anleitet, die Fragen in meditativen Ruhezuständen wirken zu lassen, um intuitive Prozesse einzuleiten;
- gemeinsam mit den Klienten lebendige Visualisierungen zur Vorwegnahme und Vorweggestaltung von Prozessen, Ereignissen und Situationen erarbeitet und deren Praktizierung unterstützend begleitet;
- gemeinsam mit dem Klienten Visionen beschreibt, einschließlich ihrer Philosophie, der strategischen Richtung und der kulturellen Werte;
- gemeinsam mit dem Klienten Chancen und Gefahren auf dem Wege zur Visionsrealisierung eruiert und einen konkreten Visions-Realisierungszeitplan aufstellt;
- hilft, aus potentiellen Gefahren Chancen entstehen zu lassen;
- gemeinsam mit dem Klienten ein Mentaltraining erarbeitet, daß den Klienten permanent in eine Visions- bzw. Zielphysiologie versetzt;
- gemeinsam mit dem Klienten die Vision in konkrete und sinnesspezifische Zieldefinitionen konkretisiert und operationalisiert.

Kreativitätsmanagement

Kreativität ist die Fähigkeit von Menschen und Organisationen, Ideen, Kompositionen, Produkte und Problemlösungen, gleich welcher Art, hervorzubringen, die in wesentlichen Merkmalen neu sind. Die Führungskraft der kommenden Jahre bedarf einer hoch entwickelten Kreativität, um den Imponderabilien und Instabilitäten der Umwelt wirkungsvoll begegnen zu können. In jeder Organisation gibt es vielfältige Probleme, die nicht ausschließlich mit Routine und Logik oder Intelligenz und Rationalität zu lösen sind. Zu dieser Kategorie von Problemen gehören vor allem Innovationsprobleme. Eine Organisation wird um so erfolgreicher Innovationsprozesse initiieren und realisieren können, je besser es ihr gelingt, die Kreativitätspotentiale der Mitarbeiter zu wecken, zu aktivieren und zu nutzen.

Das Kreativitätsmanagement befaßt sich vor allem mit typischen Charakteristika und Eigenschaften kreativer Personen und Organisationen, mit Kreativitätsblockaden bei Führungskräften und in Organisationen, aber auch mit der Förderung kreativer Prozesse und Fähigkeiten bei Führungskräften und in Organisationen.

Charakteristika einer kreativen Führungskraft

Die kreative Führungskraft

- hat eine offene und kritische Einstellung gegenüber der Umwelt,
- verläßt traditionelle Methoden des Denkens und Analysierens,
- hat eine Vorliebe für Neues und Unvorhergesehenes,
- bearbeitet schwierige und komplizierte Probleme konsequent und ausdauernd,
- reagiert sensibel und differenziert auf die Herausforderungen der Umwelt,
- stellt auch „dumme" Fragen, da gerade solche Fragen oft den Kern des Problems berühren und neue Denkmuster eröffnen,
- hält sich nicht an strikte kausal-logische Schritt-für-Schritt-Methoden,
- anerkennt die Einzigartigkeit jedes Problems,
- lehnt unkonventionelle Lösungen nicht sofort ab,
- arbeitet sich intensiv und mit Enthusiasmus vor,
- lehnt starre Hierarchien ab,
- bevorzugt Mitarbeiter mit Phantasie und Einfallsreichtum,
- denkt oft divergent,
- hat gleichermaßen ein Bedürfnis nach Ordnung wie nach Unordnung,
- beschreibt Situationen und Herausforderungen mit großer Phantasie,
- und bedient sich diverser Ideenfindungsmethoden wie beispielsweise Brainstorming (Verfahren, um durch Sammeln von spontanen Einfällen die beste Lösung eines Problems zu finden), sequentielle Morphologie (eine Methode des systematischen und geordneten Denkens), Synektik (Methode, die durch Verfremdung des gestellten Problems Lösungsmöglichkeiten sucht) und Meditation.

Die verschiedenen Charakteristika beziehungsweise Merkmale einer kreativen Führungskraft kann man nicht wie eine Checkliste auf sich anwenden und versuchen, aus dem Verhältnis von „trifft zu" und „trifft nicht zu" verläßlich den eigenen Kreativitätsgrad und das eigene Kreativitätspotential zu bestimmen. Eine kreative Führungskraft muß auch keineswegs notwendigerweise alle diese Charakteristika und Eigenschaften auf sich vereinen. Die Betrachtung und Kenntnis dieser Merkmale gibt jedoch wichtige Hinweise über die potentiellen Ausprägungen einer Führungskraft und ist eine wichtige Anregung für die Schaffung von Arbeitsbedingungen, die die Kreativitätspotentiale von Mitarbeitern entfalten und fördern.

Charakteristika einer kreativen Organisation

Kreative Organisationen sind gekennzeichnet durch

- einen hohen Akzeptanzgrad von Komplexität und Instabilität,
- eine Abkehr von Rationalität, Geboten, Verboten und Sanktionen,
- die Initiierung von Selbststeuerung und Selbstkontrolle auf der Basis von Selbstverantwortung,
- Visions-Management, insbesondere durch die Initiierung von Leit-Visionen und ihrer anschließenden Optimierung,
- Partizipation der Mitarbeiter,
- Autonomie, Authentizität und Emanzipation der Mitarbeiter,
- die permanente Schaffung von Herausforderungen, die es Mitarbeitern ermöglichen, ihre Bedürfnisse, Wünsche und Sinnerwartungen zu verwirklichen,
- Co-Evolution mit der Umwelt,
- eine offene und ehrliche Kommunikationskultur, die im humanistischen Menschen- und Weltbild verankert ist.

Das entscheidendste Kriterium einer kreativen Organisation ist ihr Grad an Selbstorganisationsfähigkeit oder, anders ausgedrückt, ihre Fähigkeit, ein Maximum beziehungsweise Optimum an gerichteter Selbstorganisation bei den Mitarbeitern freizusetzen. Je mehr Freiheitsgrade in der Organisation den Mitarbeitern zur Verfügung

stehen, desto mehr entwickelt sich die Organisation in Richtung
kreative Ordnung.

Im Rahmen eines ganzheitlichen Coaching-Ansatzes werden Erkenntnisse und Methoden des Kreativitätsmanagements vor allem
zu Rate gezogen,um Kreativitätsblockaden bei Führungskräften und
in Organisationen bewußt zu machen und zu beseitigen und um
kreative Prozesse und Fähigkeiten bei Führungskräften und in Organisationen zu initiieren, zu aktivieren und zu fördern.

Kreativitätsblockaden

Typische Kreativitätsblockaden sind:

- Widerstand gegen und Vermeidung von Wandlungs- und Veränderungsprozessen,
- Vertrauen auf Regeln, Gebote, Verbote und Konformität,
- Unsicherheit, fehlendes Selbstbewußtsein, negative Konditio-
  nierung, Furcht und Zweifel,
- zu großes Vertrauen auf Rationalität, Präzision und kausale
  Logik,
- zu großes Vertrauen auf starre Organisationsstrukturen und
  Planung,
- zu geringe Ambiguitätstoleranz (Bereitschaft, unsichere und
  unentschiedene Schlußfolgerungen zu akzeptieren),
- zu starke Verankerung von Verhaltensweisen in konvergenten
  Denkprozessen – in einem Denken, das vorgegebene Probleme
  auf vorgezeichneten Problemlösungswegen bearbeitet,
- ein Schwarz-Weiß-Denken und Schwarz-Weiß-Beurteilen.

Im Bedarfsfall entwickeln Coach und Klient ein gemeinsames
Konzept, um Kreativitätsblockaden aufzuheben. Ein solches Konzept kann beispielsweise Umstrukturierungs-Übungen (Umstrukturierung ist ein Begriff aus der Gestaltpsychologie und bezeichnet ein
Drehen und Wenden eines Problems nach verschiedenen Richtun-
gen, Perspektiven und Relevanzen) und divergente Denkpro-
zeß-Übungen (Divergentes Denken versucht, neuartige Probleme auf
gleichsam unabsehbare Lösungen zuzuführen und verläuft oft par-
tiell „wild" und „chaotisch") enthalten.

Kreative Persönlichkeiten und kreative Prozesse bedürfen unbedingt organisatorischer Strukturbedingungen, die vor allem einen hohen Grad an Selbstorganisation ermöglichen. Hierarchische Befehlskompetenz mit rigider Rollen- und Statuszuweisung und wohlformulierten seitenlangen Stellenbeschreibungen ist die wirkungsvollste und bestmögliche Verhinderungsinstanz für kreatives Verhalten. Der Coach muß daher, neben personalen Komponenten, immer auch die strukturalen Komponenten im Auge behalten. Das Kreativitätsmanagement bietet ein umfangreiches Instrumentarium, um Kreativitätsprozesse bei Führungskräften und in Organisationen wirkungsvoll zu initiieren, zu aktivieren und zu fördern. Exemplarisch seien genannt:

1. Bereitstellung des für kreative Prozesse notwendigen Wissens beziehungsweise notwendiger Informationen (zum Beispiel Organisation von Kontakten und Informationsaustauschstellen innerhalb der Organisation, Förderung von Teamarbeit, Einrichtung von Ideensammlungsstellen).

2. Schaffung und Förderung von Struktur- und Umweltbedingungen, die zu Kreativität anregen (zum Beispiel Einbeziehung der Mitarbeiter in Zielbildungs- und Entscheidungsprozesse, Förderung der Aufgeschlossenheit des Managements gegenüber Neuerungen, Aufbau eines kreativen und innovativen Organisationsklimas).

3. Förderung kreativer Wissens- und Informationsverarbeitung (zum Beispiel Organisation permanenter Lernprozesse, Aufbau von Fähigkeiten, über den eigenen „mentalen Schatten" zu springen, Förderung der Kommunikation mit Anders-Denkenden).

4. Förderung einer kreativen Kommunikationskultur (zum Beispiel Zulassen von Gefühlen und Empfindungen, konstruktiver Umgang mit sich selbst und anderen Menschen, Förderung einer ehrlichen, wertschätzenden und authentischen Kommunikation in allen Bereichen und auf allen Ebenen).

Kreativität ist, neben Sensitivität, eine Schlüsselqualifikation von Führungskräften für die Entwicklung und Verankerung erfolgreicher Strategien in Organisationen. Führungskräfte mit kreativem Verständnis denken divergent über alle Facetten einer Herausforderung –

Tabelle 4: Maßnahmen zur Förderung und Aktivierung von Kreativitätsprozessen in Gruppen

Maßnahmen	*Intentionen, Ergebnisse*
• Offene Kommunikationsstrukturen	• Koordination
• Authentische Kommunikationskultur	• Offenheit und Vertrauen
• Co-evolutive Kommunikationskultur	• Integrales Denken
• Vermaschte Arbeitsgruppen	• Zusammenarbeit und Synergieeffekte
• Organisationsentwicklung	• Intendierte Wandlungsprozesse
• Training und Seminare	• Reduktion von Desinteresse und Absentismen
• Ideenfindungskonferenzen	• Optimale Bewältigung anstehender Probleme
• Innovationsklausur	• Finden von neuen Lösungsansätzen und Vorgehensweisen
• Methoden der Ideenfindung	• Unkonventionelle Ideen und Erhöhung der Ideenvielfalt
• Aktive Imagination	• Schaffung von Kraftfeldern
• Organisation von Selbstorganisation	• Selbststeuerung und Selbstregulation
• Schaffung von Herausforderungen	• individuelle Verwirklichung von Wünschen, Bedürfnissen, Strebungen und Sinnerwartungen

sei es ein Problem, eine Situation oder ein Ereignis. Sie erkennen Möglichkeiten, Vorteile, Potentiale und Stärken, die andere nicht wahrnehmen oder nicht beachten. Kreativität fördert die Flexibilität des Denken. Flexibles Denken ist die Basisvoraussetzung für die allseits ökonomisch geforderte Mobilität des Verhaltens, Handelns und Tuns. Da sehr viele Führungskräfte über eine mangelnde Mobilität und Flexibilität ihres Verhaltens, Handelns und Tuns klagen, ist eine Förderung und Entwicklung der Kreativität, verbunden mit einem Abbau von Kreativitätsblockaden, im Rahmen von Coaching unabdingbar. Das Kreativitätsmanagement steuert wichtige Erkenntnisse, Methoden und Instrumente für einen holistischen Coaching-Ansatz bei.

Motivationsmanagement

Motivation entsteht aus den Interaktionen von Person und Situation. Motive, spezifisch überdauernde Persönlichkeitsmerkmale, werden durch die Wahrnehmung des Herausforderungscharakters bestimmter Situationen aktiviert und damit zur Motivation. Der

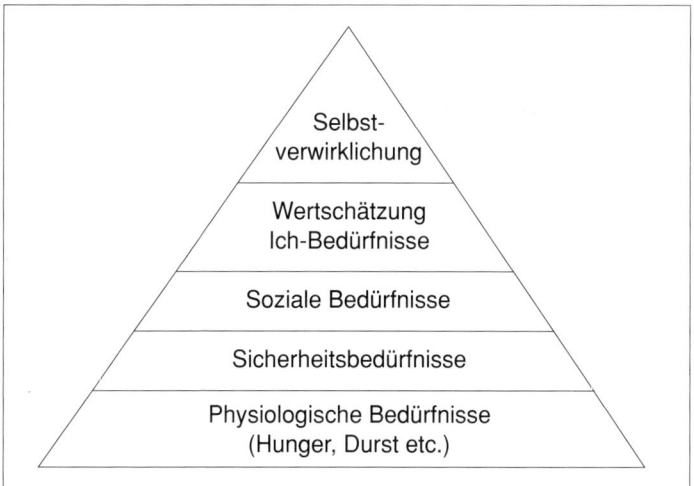

Abbildung 6: Die Bedürfnispyramide nach Maslow

Wunsch, in die Vielzahl von Motiven eine Ordnung zu bringen, hat zu unzähligen Motiv-Einteilungs-Modellen geführt, von denen das bekannteste das „Pyramidenmodell" von Maslow ist. Solche Modelle haben jedoch nur einen begrenzten Aussagewert, da die Motivstruktur eines jeden Menschen unterschiedlich ist und keineswegs generalisierenden Aktivierungsregeln folgt.

Das Herzberg-Konzept

Der amerkanische Psychologe Frederic Herzberg unterscheidet zwei Kategorien von Faktoren, die die individuelle Arbeitsleistung bestimmen: die Motivatoren und die Hygienefaktoren. Erfüllte Motivatoren steigern die Leistung der Mitarbeiter über die Normalleistung hinaus und tragen maßgeblich zur Zufriedenheit bei. Nicht erfüllte Hygienefaktoren verhindern eine Normalleistung und können äußerst demotivierend wirken. Nach Herzberg ist das Gegenteil von Unzufriedenheit keinesfalls Zufriedenheit, sondern das Fehlen von Unzufriedenheit.

Motivatoren

1. Anspruchsvolle Aufgaben
2. Sichtbare Leistungen und Erfolge
3. Anerkennung und Leistung
4. Aufstiegschancen
5. Aufgaben, die selbständige Entscheidungen verlangen
6. Verantwortung
7. Aufgaben, die die persönliche und berufliche Entwicklung fördern

Hygienefaktoren

1. Umsichtige Führung
2. Angemessene Ruhestandsbezüge
3. Hohes Arbeitsentgelt
4. Klare Unternehmenspolitik und -richtlinien
5. Annehmbare Arbeitsbedingungen
6. Sicherheit am Arbeitsplatz
7. Gute Beziehungen am Arbeitsplatz

Eine Führungskraft, die motivieren will, muß die individuelle Motivstruktur ihrer Mitarbeiter genau kennen. Nach dem sinnorientierten Motivationskonzept des Wiener Arztes und Psychotherapeuten Viktor E. Frankl gibt es ein Basismotiv beziehungsweise Primärmotiv, daß die Grundlage jeglicher Motivation überhaupt ist

---

Gesamtbereich möglicher Werte-Verwirklichung

Sinnverwirklichung ist die Verwirklichung individueller Werte in einer konkreten Situation. Mögliche Werte-Verwirklichungs-Bereiche sind:

1. *Schöpferische Werte*

   Schöpferische Werte sind vor allem Werte, die sich durch Tun, Handeln und Gestalten verwirklichen lassen (beispielsweise Einflußnahme auf Planung, Gestaltung von Arbeitsinhalten und -abläufen).

2. *Erlebniswerte*

   Erlebniswerte sind vor allem Werte, die sich in der Begegnung mit einem Menschen oder mit Gruppen und in der Bewältigung von Herausforderungen verwirklichen lassen (beispielsweise Beziehungen zu Vorgesetzten und Arbeitskollegen, Ade erfolgreiche Bewältigung einer Herausforderung)

3. *Einstellungswerte*

   Einstellungswerte sind vor allem Werte, die sich im Wiederfinden eigener Ideale und Werte-Vorstellungen in der Organisation verwirklichen lassen (beispielsweise eine ausreichende Möglichkeit in der Organisation, Werte wie Gerechtigkeit, Partnerschaftlichkeit und Kreativität zu verwirklichen).

Hinzu kommen die materiellen (zum Beispiel Einhaltung tariflicher Löhne und sonstigen Entgelte) und psychophysischen (zum Beispiel ausreichender Schutz vor Lärm) Arbeitsbedingungen als Rahmenbedingungen.

---

und aus dem alle Einzelmotive resultieren: das Sinnstreben des Menschen beziehungsweise die Sinnsuche des Menschen. Die Realisation von Sinn ist immer individuell und abhängig von der konkreten Situation und dem konkreten Ereignis. Sinn kann niemals verschrieben werden. Sinnverwirklichung geschieht durch die Erfüllung und Bewältigung von Herausforderungen, sei es durch die Erledigung von Aufgaben oder durch die Hinwendung und Zuwendung an Personen. Die individuelle Motivstruktur wird am ehesten ersichtlich, wenn die Führungskraft sich mit den Sinnkonzepten der Mitarbeiter – im Idealfall mit dem Sinnkonzept jedes Mitarbeiters – beschäftigt.

Motivieren heißt so viel wie „in Bewegung setzen" (lat. motivare). Sprechen wir von Motivation, so meinen wir das, was uns in Bewegung setzt. Was aber setzt uns in Bewegung? Motivationsmanagment hat die primäre Zielsetzung, Menschen bei der Erkenntnis zu helfen, was sie bewegt, anzieht und aktiviert, und Herausforderungen durch materielle und immaterielle Anreize zu schaffen, die es ermöglichen, individuelle Bedürfnisse, Wünsche, Strebungen und Sinnerwartungen zu befriedigen beziehungsweise zu realisieren. Motivationsmanagement gibt vor allem Antworten auf die Fragen:

1. Was setzt Menschen in Bewegung und aktiviert sie?

2. Wie kann man in Organisationen Herausforderungen schaffen, die motivierend wirken?

3. Welche materiellen und immateriellen Anreize wirken motivierend?

Zur ersten Frage: Motivation ist ein Syndrom aus unterschiedlichen Motiven, aus den herausfordernden Elementen einer Situation oder eines Ereignisses und aus den angebotenen materiellen und immateriellen Anreizen. Die Motivstruktur der Menschen ist unterschiedlich und unterliegt Wandlungsprozessen. Einzelne Motive verstärken sich untereinander, andere wiederum schwächen sich untereinander und wieder andere paralysieren sich erheblich oder ganz.

Tabelle 5: Beispiel für ein Sinnkonzept eines Mitarbeiters

Sinnverwirklichung durch Verwirklichung von Werten	Konkretisierung und Operationalisierung der Werte für die Berufs- und Arbeitswelt
1. Schöpferische Werte	• Verantwortung für Sachen
	• Verantwortung für Personen
	• Selbststeuerung und Selbstregulation (Dispositionsspielraum und Handlungsspielraum)
	• Entscheidungsspielraum
	• Beteiligung an Zielfindungs- und Zielsetzungsprozessen
	• Kreative Anforderungen
	• Erledigung abgeschlossener Arbeitsvorgänge und -abläufe
2. Erlebniswerte	• Authentische, soziale Kontakte in der Arbeitsgruppe, in der Abteilung und in der Gesamtorganisation
	• Mitbestimmung am Arbeitsplatz
	• Sympathie und Wertschätzung
	• Spaß an der Arbeit und im Beruf
	• Kultivierung von Menschlichkeit durch Partizipation
3. Einstellungswerte	• Stärkung des Selbstvertrauens und Selbstwertgefühls
	• Verwirklichung von Partnerschaftlichkeit und Kreativität
	• Selbst-Verantwortung
	• Verwirklichung des Primärwortes Gerechtigkeit

Zur zweiten Frage: Motive sind über längere Zeiträume verfestigte
Einstellungen, die sich zumeist nur langfristig wieder verändern
lassen. Die Anteile an der Motivation, die sich im Rahmen von
Führung am schnellsten und wirksamsten beeinflussen lassen, sind
die situativen Herausforderungen und die materiellen und immateriellen Anreize beziehungsweise Anreiz-Bündel. Eine Mitarbeiter-
motivierung durch Führung auf dem Wege der Situationsgestaltung
erfolgt dadurch, daß die Führungskraft Herausforderungen schafft,
die es den Mitarbeitern ermöglichen, ihre Wünsche, Bedürfnisse,
Strebungen und eben, in Anlehnung an Viktor E. Frankl, ihre
individuellen Sinn-Konzepte zu verwirklichen. So kann beispielsweise die Forcierung von Teamarbeit in Organisationen bei den
Mitarbeitern ein Bewußtsein von Sinnhaftigkeit und Sinnverwirkli-
chungs-Möglichkeiten in der Arbeit beziehungsweise im Beruf
hervorrufen. Teamarbeit bietet Chancen, Kollegialität zu erleben,
Zusammengehörigkeit und Solidarität zu erfahren und bewußt
Synergieeffekte zu initiieren. Im Anerkennen und Erkennen individueller Besonderheiten und Eigenarten liegen außerordentliche
Motivierungschancen, die zumeist in Organisationen nur wenig und
oft auch gar nicht genutzt werden. Mitarbeiterführung ist in erster
Linie ein Prozeß, der auf das Individuum – also auf den einzelnen
Mitarbeiter – abstellt.

Zur dritten Frage: Die Situationsgestaltung durch Schaffung individuell als sinnvoll erkannter und akzeptierter Herausforderungen
aktiviert in erster Linie intrinsische Motivationspotentiale. Materielle und immaterielle Anreize wirken dagegen vorrangig extrin-
sisch. Typische materielle und immaterielle Anreize in Organisationen sind:

- Einkommenshöhe (Lohn- und Gehaltshöhe),
- Art des Einkommens (Prämienlohn, Zeitlohn ...),
- psychophysische Arbeitsbedingungen (Arbeitsplatzsicherheit,
  Schutz vor Lärmbelästigungen ...),
- Freizeit (flexible Arbeitszeit, ausreichend freie Zeit ...),
- Urlaub (freie Wahl der Urlaubstage, übertariflicher Urlaub ...),
- Arbeitsweg (akzeptable Entfernung ...),

- Aufstiegschancen (klare Laufbahnplanung, realistische Aufstiegschancen ...),
- freiwillige soziale Leistungen (zum Beispiel Kantine, Umsatzbeteiligung ...).

In den kommenden Jahren werden von den Mitarbeitern gewisse Mindeststandards hinsichtlich der Gewährung dieser Anreize als selbstverständlich erwartet. Unterschreitungen der erwarteten Mindeststandards wirken demotivierend. Überschreitungen dagegen verhindern lediglich Unzufriedenheit, bewirken aber zumeist keine „echte" Motivation im Sinne einer Inbewegungsetzung der Mitarbeiter auf ein Ziel hin. Solche Aussagen beschreiben immer nur Tendenzen und haben keine unbedingte Gültigkeit für den Einzelfall.

Seit mehreren Jahren beschäftigt sich das Motivationsmanagement verstärkt mit der Eigenmotivation von Führungskräften. Die Eigenmotivations-Fähigkeit einer Führungskraft wird entscheidend vom Motivationsstil der Führungskraft bestimmt.

Eine Führungskraft mit einem „negativen" Motivationsstil neigt dazu, alle Unerfreulichkeiten und problembeladenen Eventualitäten auszumalen, die ihr auf dem Weg zur Visions- beziehungsweise Zielrealisation widerfahren können. Sie versucht, alle Unannehmlichkeiten zu vermeiden, allen Schwierigkeiten auszuweichen und Probleme grundsätzlich zu vermeiden. Ein „negativer" Motivationsstil impliziert grundsätzlich ein Vermeidungsverhalten.

Eine Führungskraft mit einem „positiven" Motivationsstil hebt dagegen alles Positive und Angenehme hervor. Sie ist in allem Denken, Tun und Handeln darauf ausgerichtet, die Visionen beziehungsweise Ziele konsequent zu verwirklichen. Sie läßt sich durch Rückschläge nicht entmutigen. Ein „positiver" Motivationsstil impliziert grundsätzlich ein auf Gelingen ausgerichtetes Verwirklichungsverhalten.

Der Motivationsstil einer Führungskraft wirkt immer auch nach außen, manchmal auf sehr subtile Weise. Die Mitarbeiter reagieren auf einen „negativen" Motivationsstil oft mit körperlich-vegetativen Reaktionen. Mögliche Folgen sind Muskelverspannungen, erhöhter

Pulsschlag und Blutdruck, belastende Streßgefühle und dadurch bedingt eine Einschränkung der Leistungsbereitschaft und -fähigkeit. Ein „positiver" Motivationsstil wirkt sich dagegen beruhigend und insgesamt förderlich auf das körperlich-vegetative Nervensystem der Mitarbeiter aus und schafft dadurch eine Grundvoraussetzung für einen kreativen und förderlichen Umgang mit anstehenden Herausforderungen und Problemen in der Berufs- und Arbeitswelt.

Im Rahmen von Coaching-Prozessen ist ein Rückgriff auf Erkenntnisse, Methoden und Instrumente des Motivationsmanagements vor allem bei Vorliegen folgender Probleme, Anlässe und Situationen hilfreich und förderlich:

- Die Führungskraft möchte ihr Führungsverhalten gegenüber den Mitarbeitern verbessern.
- Die Führungskraft sucht nach neuen Herausforderungen für Mitarbeiter, die es ihnen ermöglichen, ihre individuellen Wünsche, Bedürfnisse, Strebungen und vor allem Sinn-Erwartungen zu verwirklichen.
- Die Führungskraft möchte die Sinn-Konzepte und Motivstrukturen ihrer Mitarbeiter besser kennenlernen.
- Die Führungskraft möchte ihren dominanten Motivierungsstil kennenlernen und einmal kritisch beleuchten.
- Die Führungskraft sucht nach neuen Wegen zur positiven Eigenmotivation.
- Die Führungskraft möchte die positiven und negativen Ladungen der verinnerlichten Motivationssprache analysieren und eventuell verändern.
- Die Führungskraft sucht nach neuen Sinnverwirklichungsmöglichkeiten in der Berufs- und Arbeitswelt.
- Die Führungskraft möchte ihr Führungsverhalten in schwierigen Situationen analysieren und kritisch hinterfragen.
- Die Führungskraft sucht Beratung und Betreuung bei der Einführung einer neuen Führungskonzeption.

Sportberatung

Ein körperliches Bewegungs-Training ist sowohl für die körperliche als auch für die seelische Gesunderhaltung sehr bedeutsam und wichtig. Prof. Dr. Alexander Weber von der Universität Paderborn schreibt:

„Bisher ist kein therapeutisches Verfahren bekannt geworden, das die Gesundheit in ähnlich vielfältiger Weise positiv beeinflußt wie ausdauernde Bewegungsarten (langsames Laufen, Radfahren, Schwimmen, Skilanglauf, schnelles Gehen, Wandern, Bergsteigen)."

Die körperlichen Auswirkungen bestehen vor allem in:

*   einer Verbesserung der Herz- und Kreislaufleistung,
*   einer günstigen Beeinflussung des Blutdrucks und einer Senkung des Cholesterinspiegels im Blut,
*   einer Anregung der Stoffwechselvorgänge,
*   einer Aktivierung der Darmfunktion,
*   einer Erleichterung der Gewichtsregulation,
*   einer Verminderung psychosomatischer Beeinträchtigungen.

Die seelischen Auswirkungen eines regelmäßigen körperlichen Bewegungs-Trainings bestehen vor allem in:

*   einer deutlichen seelischen Entspannung,
*   einer Zunahme an Selbstwertgefühl und Spontaneität,
*   einer Verminderung von Ängsten und Depressionen,
*   einer größeren Ausgeglichenheit,
*   einer Verbesserung des Umgangs mit belastenden Situationen.

Im Rahmen des Coaching-Prozesses kann ein klientenorientiertes körperliches Bewegungs-Training unterstützend eingesetzt werden, vor allem, um die bei seelischen Belastungen auftretende Aktivierung des sympathischen Nervensystems adäquat abzubauen. Zumeist wird das körperliche Bewegungs-Training durch Entspannungsübungen ergänzt. Dr. Hans Eberspächer, Professor am Institut für Sport und Sportwissenschaft der Universität Heidelberg, hat im *Industriemagazin* ein Antistreß-Programm für Manager veröffentlicht, daß auf der Kombination von einem Lauftraining mit einem Entspannungstraining beruht. Je nach Fitneß und körperlichem Allgemeinzustand kann die Führungskraft zwischen zwei Laufprogrammen wählen, die Sie im Anhang (S. 234 f.) finden: Das Laufprogramm A ist für Führungskräfte gedacht, die bislang nur wenig Sport getrieben haben. Das Laufprogramm B dagegen ist für sportlich geübte Führungskräfte konzipiert. Beide Laufprogramme sind für einen Zeitraum von sechs Wochen angelegt. Die Übungen beziehen sich jeweils auf eine Woche.

Entspannungstechniken

Der Mensch besitzt die Fähigkeiten zur Streßreaktion und Entspannungsreaktion. Die Entspannungsreaktion gibt dem Menschen die Möglichkeit, sich zu erholen und seinen Körper und seine Seele auszubalancieren. Die Art und Weise, in einen entspannten Zustand zu gelangen, ist individuell sehr verschieden. Manche Menschen entspannen durch Malen oder einen Theaterbesuch, andere durch intensive und vertrauensvolle Gespräche, wieder andere durch eine Wanderung im Hochgebirge oder eine abenteuerliche Bootsfahrt auf einem See.

Entspannungstechniken sind systematische Methoden und Verfahren, um den Entspannungseffekt zu vertiefen oder gezielter zu erreichen. Sie bewirken, in der Regel über eine Normalisierung der Atmung oder über eine Entspannung der Muskeln, eine Verminderung der Übererregbarkeit des sympathischen Nervensystems. Die verminderte Aktivität des sympathischen Nervensystems bewirkt wiederum eine Veränderung seelischer Vorgänge: man fühlt sich ausgeglichener, gelassener, ruhiger und entspannter. Vorübergehend können die verschiedensten Symptome auftreten wie Schwitzen, Zucken der Muskeln und Zittern, Müdigkeit, Kopfschmerzen, Gereiztheit und Nervosität. Sie sind Anzeichen dafür, daß sich alte verfestigte Stresse lösen und verschwinden zumeist nach kurzer Zeit. Tiefe Entspannungsphasen stärken das Gefühl des Grundvertrauens in alles Sein und geben Ruhe, Kraft und Ausdauer, die über den ganzen Tag anhalten können.

Die wichtigsten Entspannungstechniken, die sich auch im Rahmen von Coaching sehr gut zur vertieften Erzielung von Entspannungsreaktionen und zur Stärkung des Grundvertrauens bewährt haben, sollen im folgenden kurz beschrieben werden.

1. Das autogene Training von J. H. Schultz

Das Autogene Training, auch Selbstentspannung genannt, wurde vor mehreren Jahrzehnten von dem deutschen Mediziner Prof. Dr. J. H. Schultz entwickelt. Es ist eine sehr verbreitete Form der Entspannung und kann im Sitzen oder Liegen in 10 bis 30 Minuten durchgeführt werden.

Beim Autogenen Training wird das Bewußtsein „bewußt" und „Schritt für Schritt" auf einzelne Körperteile gerichtet. Durch Selbstsuggestion entsteht ein Schwere- und Wärmegefühl und ein Loslassen der Muskelspannungen. Werden die autosuggestiven Übungen regelmäßig durchgeführt, vermindert sich die Überaktivität des sympathischen Nervensystems. Konkret bedeutet das: tiefe Entspannung, innere Ruhe, Erholung und ein Gefühl des Erholtseins. Bei regelmäßiger Übung kann der entspannte Zustand zunehmend schneller und intensiver hergestellt werden und hält oft bis zu mehreren Stunden nach der Übung an. Die positiven Wirkungen des Autogenen Trainings sind durch zahlreiche wissenschaftliche Forschungen belegt. Die Eingangsstufe des Autogenen Trainings, also das Einüben des Schwere- und Wärmegefühls, ist risikofrei und zur Selbstaneignung durchaus geeignet. Die Fortgeschrittenenstufe – vor allem die Verminderung des Ein- und Ausgabenrhythmus – sollte dagegen unter sachkundiger Anleitung erlernt werden.

2. Die progressive Muskelentspannung von E. Jacobson

Die progressive Muskelentspannung – oft auch progressive Relaxation genannt – bewirkt eine tiefe muskuläre Entspannung. Zunächst werden – im Sitzen oder Liegen – die Muskeln eines Körperteils extrem stark angespannt. Die Spannung wird einige Sekunden gehalten und dann ganz losgelassen. Der Übende spürt mit fortschreitender Übung immer deutlicher die Unterschiede im Spannungs- und Entspannungsgrad. Nach und nach werden alle Körperteile angespannt und entspannt, auf diese Weise entspannt sich der Körper fortschreitend. Die positiven Auswirkungen wurden in vielen wissenschaftlichen Untersuchungen bestätigt. Wie beim Autogenen Training bewirken die Veränderungen der Muskelspannungen eine verminderte Aktivierung des sympathischen Nervensystems und dadurch insgesamt günstigere Körpervorgänge und günstigere Gefühle. Die progressive Muskelentspannung ist risikofrei und kann in wenigen Tagen vollständig durch Selbstaneignung erlernt werden.

3. Atem-Übungen

Atem-Übungen normalisieren bei regelmäßiger Anwendung die Atmung und verringern dadurch die Überaktivität des sympathischen Nervensystems. Bei mindestens 15 000 Atmungen in 24 Stunden ist

---

Übung 5: Einfache Atem-Übung

- Achten Sie auf Ihren Atemrhythmus: Ausatmen und Einatmen. Lenken Sie Ihre innere Aufmerksamkeit auf ihn. Spüren Sie, wie die Luft durch die Nase ein- und ausströmt. Spüren Sie, wie sich die Bauchmuskeln mit dem Einatmen heben und mit dem Ausatmen senken.
- Kontrollieren Sie nicht Ihren Atem. Versuchen Sie nicht, ihn zu ändern oder zu beeinflussen.
- Wenn Sie abgelenkt werden durch die Umwelt oder innere Gedanken und Vorstellungen, sprechen Sie innerlich den Rhythmus Ihres Atems: Ein, Aus, Ein, Aus ...

Die einfache Atem-Übung bewirkt, daß wir unseren Atemrhythmus bewußt spüren. Unsere Spannungen und Verspannungen verringern sich deutlich. Die Übung sollte mehrmals am Tag etwa vier bis fünf Minuten durchgeführt werden. Sie kann in jeder Situation – zum Beispiel beim Autofahren oder am Schreibtisch – durchgeführt werden.

es leicht einsehbar, daß schon eine geringfügige Änderung im Atem-
verhalten den Organismus deutlich beeinflussen kann. Atemübungen
wirken beruhigend und lenken die Konzentration und Aufmerksamkeit auf den Atemstrom beziehungsweise Atemrhythmus. Atem-
Übungen sind sehr schnell erlernbar und sofort praktizierbar.

4. Meditation

In der Meditation erfolgt die Entspannung in erster Linie über die
Beruhigung und Entspannung des Geistes. Regelmäßige Meditation
erhöht die Achtsamkeit und Konzentration im Alltag, vermindert
grübelnde Gedanken und negative Selbstgespräche, führt zu einer

---

Die Wirkungen von Meditation

- Regelmäßige Meditation verbessert die Lernfähigkeit.
- Meditierende Führungskräfte schätzen ihre Beziehungen zu den Mitarbeitern positiver ein als nichtmeditierende.
- Regelmäßige Meditation führt zu einer deutlichen Normalisierung und Stabilisierung von Blutdruck und Puls.
- Regelmäßige Meditation erhöht die innere Kontrolle und verringert Angst und Furcht.
- Regelmäßige Meditation führt zu einer Verminderung psychosomatischer Symptome (zum Beispiel Magenbeschwerden, Kopfschmerzen und Müdigkeit).
- Regelmäßige Meditation verbessert die Feldunabhängigkeit der Wahrnehmung, das heißt, das Wahrnehmungsspektrum weitet sich aus.
- Regelmäßige Meditation verringert den Alkohol-, Medikamenten- und Zigarettenkonsum.
- Regelmäßige Meditation verbessert das Einfühlungsvermögen in andere Menschen.
- Regelmäßige Meditation verstärkt das Selbstvertrauen und Selbstwertgefühl.
- Regelmäßige Meditation führt zu einer größeren inneren Ruhe und Gelassenheit im Alltag.
- Regelmäßige Meditation verringert die Furcht vor Einsamkeit und Alleinsein.

Verminderung von Streß und zu einer Stärkung des Grundvertrauens. Einfache Meditationsübungen als Entspannungsübungen sind sehr schnell zu erlernen, während Meditation als eine „wirkliche" Verwandlungsübung und ein spiritueller Individuationsweg immer der einfühlsamen Hilfe eines erfahrenen Meditationslehrers bedarf.

Ernährungsberatung

Der Coach fungiert nicht als Ernährungsberater. Ein ganzheitlicher Coaching-Ansatz kann sich allerdings nicht der Tatsache verschließen, daß nach Veröffentlichungen des Bundesgesundheitsministeriums ein Viertel aller Krankheiten durch Überernährung und Fehlernährung maßgeblich mitverursacht werden und daß die Art und das Ausmaß der Nahrungsaufnahme die körperliche und seelische Leistungsfähigkeit wesentlich mitbestimmen.

Gesichtspunkte einer gesünderen Ernährung

- Drastische Einschränkung des Verbrauchs von Zucker, Süßigkeiten und Produkten mit Zuckerzusatz (zum Beispiel Limonaden und Marmeladen).
- Verwendung von Vollkornprodukten anstelle von Produkten aus weißem Mehl oder industrieller Verarbeitung.
- Reduzierung des Fettkonsums.
- Reduzierung des Fleischkonsums.
- Regelmäßiger Verzehr von frischem Gemüse, Früchten und Salat.
- Drastische Einschränkung des Salz-, Kaffee- und Alkoholkonsums.
- Angemessene Versorgung des Organismus mit Vitaminen, Mineralstoffen und Spurenelementen.
- Langsam und entspannt essen.
- Entspannter Lebensstil (Spannung ist ein wesentlicher Grund für eine übermäßige Nahrungsaufnahme und den Verzehr von Süßigkeiten).
- Bewußtsein, daß eine gesunde Ernährung ein wichtiger Beitrag zur seelisch-körperlichen Gesundheit ist.

Zur Stärkung und Verbesserung der Leistungsfähigkeit des Klienten kann es in Einzelfällen ratsam sein, praktische Schritte zu einer gesünderen Ernährung zu erarbeiten und festzulegen. Sportler und Führungskräfte erbringen Höchstleistungen; während aber Sportler sehr sorgfältig auf eine bewußte Ernährung achten und um die große Bedeutung einer gesunden Ernährungsweise zur Leistungsoptimierung wissen, schenken Führungskräfte einer gesunden Ernährung immer noch zu wenig Aufmerksamkeit.

Sonstige Methoden

Das Methodenspektrum kann durch einen Rückgriff auf andere psychologische, psychotherapeutische und organisationale Konzepte erweitert werden. Erwähnt seien vor allem die Aktionsforschung, die Transaktionsanalyse, die Gestalttherapie, neue Methoden aus dem Machtmanagement und Changemanagement und kognitive Therapieverfahren. Coaching ist nicht methodenzentriert und wird immer für neue Methodenansätze offen sein, soweit sie mit einem humanistischen Menschen- und Weltbild vereinbar sind.

Die Analyse Ihrer Persönlichkeit

Das Erstgespräch zwischen Klient und Coach mündet, vor allem wenn der Coaching-Anlaß die Initiierung und Realisation von Veränderungen im Verhalten, Handeln und Tun und in den Einstellungen und Haltungen der Führungskraft ist, in die gemeinsame Erarbeitung der Ist-Persönlichkeitskultur, die Ausdruck der momentanen Bandbreite der Persönlichkeit des Klienten ist. Die Ist-Persönlichkeitskultur bildet den Ausgangspunkt zur gemeinsamen Entwicklung der Soll-Persönlichkeitskultur. Sie ist Ausdruck eines auf die Zukunft hin entworfenen Persönlichkeitsbildes der Führungskraft.

Für die Erarbeitung der Ist-Persönlichkeitskultur und der Entwicklung der Soll-Persönlichkeitskultur haben sich im Coaching vor allem die *Existenzanalyse*, die *Biographische Analyse* und die *Dynamische Persönlichkeitsanalyse* bewährt. Die psychologisch-psychotherapeutischen Instrumente sind praktikabel und fundiert und führen in kurzer Zeit zu überzeugenden Ergebnissen.

Die Existenzanalyse

Die Existenzanalyse basiert auf dem Gedankengut des Wiener Arztes und Psychotherapeuten Viktor E. Frankl. In den letzten Jahren hat sie zunehmend Verbreitung gefunden. Sie beruht auf einer humanistischen Anthropologie und findet in vielen Bereichen Anwendung: in der Pädagogik, Soziologie, Theologie, Philosophie, Psychotherapie und in der Managementlehre.

Die Existenzanalyse Viktor E. Frankls basiert auf den Eckpfeilern Freiheit und Verantwortlichkeit. Freiheit meint die grundsätzliche Fähigkeit des Menschen, sich über seine Dispositionen, Prägungen, Umweltbedingungen und sonstigen Determinierungen hinwegsetzen zu können. Der Mensch wird als ein selbständig entscheidendes Wesen aufgefaßt. Er ist keineswegs pandeterminiert und Kraft seiner geistigen Dimension grundsätzlich in der Lage, sich von sich selbst und seiner Umwelt zu distanzieren und sich auszurichten auf eine Aufgabe, eine Person, ein Ziel oder eine Gruppe. Verantwortlichkeit ist die Kehrseite der Freiheit und meint die Selbstverantwortlichkeit des Menschen vor dem Hintergrund eines individuell gesetzten Werterahmens und des Bewußtseins, Teil eines größeren Ganzen zu sein.

In erster Linie ist die Existenzanalyse Viktor E. Frankls ein handlungs- und praxisbezogenes Verfahren

- zur Sinnfahndung, das heißt, zur Fahndung nach einem konkreten, sich auf die Einzigartigkeit der Person und die Einmaligkeit jeder Situation beziehenden Sinn,
- zur Entfaltung menschlicher Stärken und Potentiale,
- zur verantwortlichen Bewältigung herausfordernder Ereignisse, Situationen und Probleme.

Im Rahmen der Beratung und Betreuung von Führungskräften ist die Existenzanalyse ein wirksames Verfahren zur gemeinsamen Erarbeitung einer Ist-Persönlichkeitskultur und zur Entwicklung einer Soll-Persönlichkeitskultur. Existenzanalyse meint keine Analyse der Existenz im Sinne einer zerlegenden Vergangenheitsbetrachtung beziehungsweise -schau, sondern immer eine Explikation personaler Existenz in Richtung Stärken, Potentiale, Ziele, Aufgaben und Herausforderungen.

Unter Führungskräften gibt es die „Subjektivisten des Lebens". Sie haften stark in sich selbst, verweigern einen konstruktiven Dialog mit anderen und sind in allem bestrebt, ihre Ansprüche und Forderungen durchzusetzen. Ihnen ist jedes Mittel recht, um ihre Ziele zu erreichen, getreu dem Motto: Der Zweck heiligt die Mittel. Sie erwarten, daß die Umwelt sich bedingungslos ihren Bedürfnissen anpaßt.

Den Gegenpol bilden die „Objektivisten des Lebens". Sie lassen sich von den Anforderungen der Umwelt leiten, ohne Rücksicht auf ihre eigenen Bedürfnisse, Wünsche, Fähigkeiten und Fertigkeiten. Die „Objektivisten des Lebens" ordnen sich nur allzuschnell – und oft auch allzugerne – unter bestehende Macht- und Autoritätsstrukturen und werden leicht zum „Opfer" äußerer Umstände und Widrigkeiten.

Die beiden Haltungs- und Handlungweisen sind extreme Pole und kommen im alltäglichen Leben in dieser Reinform kaum vor. In der beruflichen und außerberuflichen Wirklichkeit bewegen sich die Führungskräfte auf einem Kontinuum zwischen beiden Extremen. Das Spektrum der Haltungs- und Handlungsweisen von Führungskräften verdeutlicht Abbildung 7.

Die Existenzanalyse zielt auf eine Synthese dieser Extremformen, indem sie beide Haltungs- und Handlungsweisen integriert. Die „Existentialisten des Lebens" verbinden ihre Bedürfnisse, Wünsche, Fähigkeiten und Fertigkeiten mit den Herausforderungen der Umwelt. Abbildung 8 zeigt die Subjekt-Objekt-Integrierung, nach der Beziehung und Kommunikation immer etwas ist, was sich zwischen einem Subjekt und einem Objekt abspielt.

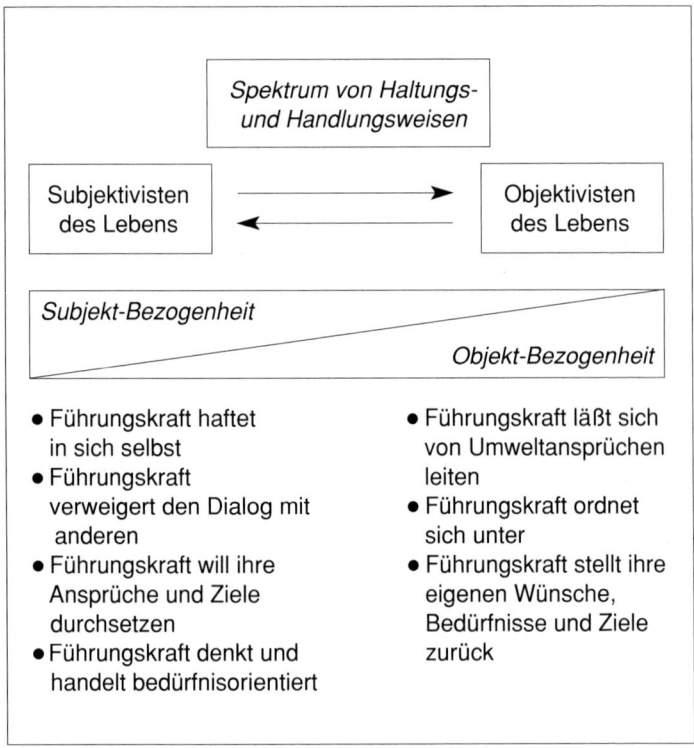

Abbildung 7: Subjekt-Objekt-Kontinuum

Im Rahmen von Coaching vollzieht sich die Existenzanalyse im Modus des intensiven Gesprächs zwischen Klient und Coach im Anschluß an das Erstgespräch. Der Fragenkatalog „Wer bin ich? – Wo stehe ich? – Wie erlebe ich mich?" zielt auf die gemeinsame Erarbeitung der Ist-Persönlichkeitskultur. Die Soll-Persönlichkeitskultur wird in einem zweiten Schritt mit Hilfe des Fragenkatalogs „Wer möchte ich sein? – Wer soll ich sein? – Welche Stärken und Potentiale habe ich?" entwickelt. In einem dritten Schritt werden konkrete Wege und Handlungsschritte von der Ist-Persönlichkeitskultur zur Soll-Persönlichkeitskultur festgelegt und dann von der Führungskraft umgesetzt. Die Existenzanalyse zielt auf die

Abbildung 8: Subjekt-Objekt-Integrierung

Zielsetzungen der Existenzanalyse

A. Richtziele

- Gemeinsame Erarbeitung einer Ist-Persönlichkeitskultur
- Gemeinsame Erarbeitung einer Soll-Persönlichkeitskultur
- Gemeinsame Erarbeitung eines individuellen Coaching-Konzeptes

B. Grobziele

- Klärung des persönlichen Standortes im Sinne von: Wo stehe ich? Beruflich? Privat? Wer bin ich? Wie erlebe ich mich? In welchen Rollen? In welchen Teilpersönlichkeiten?

- Erstellung eines Zukunftsentwurfs beziehungsweise Lebensplans im Sinne von: Wer möchte ich sein? Welche Wünsche, Bedürfnisse, Ziele und Strebungen habe ich? Welche Stärken und Potentiale warten auf ihre Entfaltung? Welche Sinnfelder gilt es zu erschließen? Was ist mir bedeutsam? Welche Visionen habe ich? Was ist meine Wesensbestimmung?

- Erarbeitung konkreter Wege und Umsetzungsschritte im Sinne von: Welche Maßnahmen will ich ergreifen? Welche Wege will ich einschlagen? Welche Werte dienen mir als Orientierungsleitpunkte? Welche konkreten Schritte werde ich ab morgen einleiten? Wie kann ich meiner Selbstverantwortung in jeder Situation gerecht werden?

Entfaltung von Freiheitsräumen der Führungskraft, aber immer unter Berücksichtigung der Freiheitsräume anderer. Sie appelliert an die Entscheidungsfreiheit und Selbstverantwortlichkeit der Führungskraft. Die Beantwortung der existenzanalytischen Fragen zur Entfaltung von Potentialen in allen Lebensbereichen und der existenzanalytischen Fragen zur Entfaltung von Potentialen in der Berufs- und Arbeitswelt im Anhang (S. 236 ff.) vermitteln Ihnen eine intensive Erfahrung über die menschenzentrierte und konzeptionelle Vorgehensweise im Rahmen eines existenzanalytischen Gesprächs.

Die Biographische Analyse

Biographien sind Lebensbeschreibungen von Menschen, Gruppen, Organisationen, aber auch von Völkern und Völkergemeinschaften. Die Lebensbeschreibungen können sich auf einen bestimmten Lebensabschnitt beziehen oder den gesamten Lebensverlauf umfassen. Zumeist sind Biographien vergangenheitsorientiert und analysieren oder beschreiben abgelaufene Ereignisse, Situationen, Herausforderungen, Entwicklungen und Muster.

Die Biographische Analyse versucht zum einen, biographische Erfahrungen und Muster der Vergangenheit zu erhellen und ihre Bedeutung für das aktuelle Handeln und Verhalten aufzudecken, zum anderen, die eigene Biographie in der Zukunft aktiv zu gestalten. Ein biographisches Vorgehen bedeutet nicht eine „bloße Rekonstruktion von Vergangenem", sondern immer auch aktive und verantwortliche Gestaltung von Zukunft.

Die Biographische Analyse basiert auf der Grunderkenntnis, daß Menschen, Gruppen, Organisationen, Völker und Völkergemeinschaften sich im Laufe ihres Lebens verändern. Verschiedene Lebenszyklen bedeuten immer auch verschiedene Aufgaben, Konflikte und Herausforderungen. Zu allen Zeiten hat man versucht, Entwicklungsmuster festzustellen. Die Phasen-Theoretiker glauben daran, daß Lebensabschnitte und Übergänge einem allgemeinen Muster folgen. Erik Erikson unterscheidet acht Lebensphasen im Leben eines Menschen und unterstreicht, daß der Mensch immer erst mit den Konflikten einer Phase fertigwerden muß, bevor er zur nächsten Phase weitergehen kann. Lievegoed, einer der Gründer des Niederländischen Pädagogischen Instituts (NPI), einem führenden europäischen Institut für Organisationsentwicklung, unterscheidet drei typische Entwicklungsphasen im Leben einer Organisation: die Pionierphase, die Phase der Differenzierung und die Phase der Integration. Der Soziologe Sorokin beschreibt drei Grundformen des menschlichen kulturellen Ausdrucks – das wahrnehmungsbestimmte, das ideenfundierte und das idealistische Wertsystem – und ihre Aufstiegs- und Untergangsmuster innerhalb der abendländischen Zivilisationsepochen. Neuere Untersuchungen bestätigen die Zyklenhaftigkeit des Lebens; allerdings verlaufen die einzelnen Lebensphasen sehr individuell und folgen keineswegs starren Entwicklungsmustern, wie es viele Phasen-Theorien und deren Vertreter glauben machen wollen.

Im Rahmen von Coaching bezieht sich die Biographische Analyse auf den Lebenszyklus von Führungskräften und auf den Lebenszyklus von Gruppen. Die Analyse des Lebenszyklus von Organisationen fällt dagegen mehr in den Bereich der Organisationsentwicklung und wird im Coaching allenfalls ergänzend betrachtet. Bevor wir auf die Biographische Analyse als ein methodisches Verfahren zur Ermittlung und Analyse der Ist-Persönlichkeit und zum Entwurf einer Soll-Persönlichkeit eingehen, wollen wir folgende Fragen beantworten:

• Welche Stadien im Lebenszyklus können idealtypisch unterschieden werden?

• Welche Herausforderungen stehen in den einzelnen Zyklen und Phasen vorrangig an?

In der Organisationspsychologie und organisationalen Praxis wurden bisher Veränderungen im Lebenslauf und die damit einhergehenden Herausforderungen, Entwicklungsimpulse und Konflikte kaum berücksichtigt, obwohl es evident ist, daß sich individuelle Wünsche, Strebungen, Herausforderungen, Bedürfnisse, familiäre Beziehungen, persönliche Ansprüche, Entwicklungsschübe und natürlich auch die Arbeitszufriedenheit mit dem Lebenszyklus verändern. Der

Psychologe Levinson, einer der profiliertesten Phasen-Theoretiker, hält die alte Vorstellung, daß eine Phase erst einmal in sich abgeschlossen werden muß, um in eine nächste übergehen zu können, für „Unsinn". An seinem Leitermodell – nach dem an der Schwelle zu jeder wichtigen Phase eines Erwachsenenlebens Männer eine vorhersagbare unstete Übergangsphase durchlaufen – hat er jedoch festgehalten.

Levinsons Leiter

Der Psychologe Daniel Levinson ist der Ansicht, daß der einzelne sich in jedem Alter ganz spezifischen Aufgaben, Zielen, Bestrebungen und Herausforderungen gegenübersieht, wie beispielsweise der Berufswahl, der Partnerwahl oder der Erfüllung seiner Wunschvorstellungen. Wer sich erfolgreich im Leben entwickeln will, muß sich den Aufgaben, Zielen, Bestrebungen und Herausforderungen stellen.

Der von Daniel Levinson angenommene universale Zeitplan ist sehr rigide und vorrangig auf Männer abgestellt. Verschiedene Untersuchungen zeigen, daß sich die Ansichten, welches das richtige Alter für bestimmte Ereignisse, Situationen und Leistungen im Erwachsenenalter ist, gründlich mit der Zeit, in der wir leben, und dem kulturellen Rahmen, in dem wir uns bewegen, wandeln (siehe Tabelle 6). Die Psychologinnen Rosalind Barnett und Grace Baruck vom Wellesley Center for Research on Women, ein Forschungszentraum für Frauenfragen, bezweifeln nachhaltig, daß sich Frauen überhaupt in einen solchen rigiden Zeitplan einordnen lassen. Immer mehr Frauen beginnen Ende der Dreißiger eine zweite berufliche Karriere. Andere dagegen sind durch die Doppelbelastung „Kind und Beruf" ziemlich starr auf Rollenmuster festgelegt und fixiert.

Es ist deshalb ratsam, sich von solchen universalen Zeitplänen und Lebenszyklen zu lösen. Im folgenden werden fünf typische Stadien im Arbeits- und Berufszyklus unterschieden, ohne allerdings eine genaue zeitliche Fixierung vorzunehmen.

Tabelle 6: Der richtige Zeitpunkt

Quelle: Rosenfeld, A./Stark, E.: Die Krisen und Phasen des Erwachsenen, in: *Psychologie Heute*, Oktober 1987

Zwei Untersuchungen aus den fünfziger und siebziger Jahren haben ergeben, daß unter Menschen mittleren Alters aus der Mittelschicht nach 20 Jahren erheblich weniger Einigkeit darüber bestand als zu Beginn, welches das richtige Alter für bestimmte Ereignisse und Leistungen im Erwachsenenleben ist.

Unternehmung/Ereignis	Das richtige Alter	Studie der späten 50er (Zustimmung in %)		Studie der späten 70er (Zustimmung in %)	
		Männer	Frauen	Männer	Frauen
Wann ein Mann heiraten sollte	20–25	80	90	42	42
Wann eine Frau heiraten sollte	19–24	85	90	44	36
Wann die meisten Großeltern werden sollten	45–50	84	79	64	57
Wann die meisten die Schule beenden und arbeiten sollten	20–22	86	82	36	38
Wann die meisten Männer sich für eine Berufslaufbahn entscheiden sollten	24–26	74	64	24	26
Wann die meisten Männer ihre Spitzenposition haben sollten	45–50	71	58	38	31
Wann die meisten in den Ruhestand treten sollten	50–65	83	86	66	41
Wann ein Mann die meiste Verantwortung hat	35–50	79	75	49	50
Wann ein Mann das meiste vollbringt	40–50	82	71	46	41
Die Blüte des Lebens für einen Mann	35–50	86	80	59	66
Wann eine Frau die meiste Verantwortung hat	25–40	93	91	59	53
Wann eine Frau das meiste vollbringt	30–45	94	92	57	48

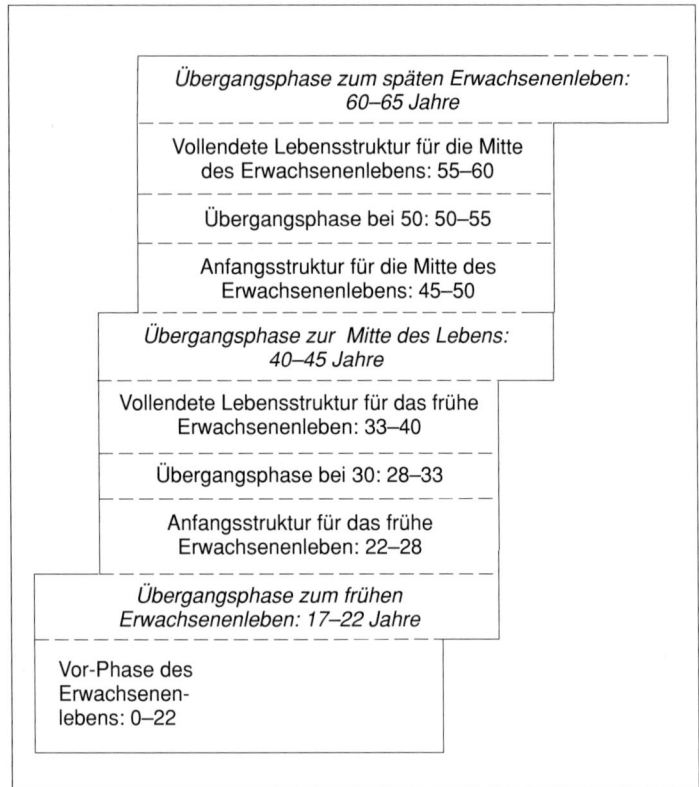

Abbildung 9: Levinsons Leiter

*1. Stadium: Realitätsschock und Erste Schritte
   in Richtung Realitätsanpassung*

Nach dem Eintritt in eine Organisation nimmt bei vielen Mitarbeitern
– vor allem angehenden Führungskräften – die Arbeitszufriedenheit
zunächst einmal stark ab. Wichtige Gründe hierfür sind vor allem:

• Die unrealistischen Erwartungen und Hoffnungen werden nicht
  oder nur unzureichend erfüllt. Die Erfolgserlebnisse im Berufs-

und Arbeitsleben lassen länger auf sich warten als in Schule oder Universität. Das Leistungspotential kann nur ungenügend entfaltet werden.

- Die Organisation arbeitet neue Mitarbeiter nicht sorgfältig genug ein und gibt ihnen zu wenig Unterstützung in der Einführungsphase.
- Die „organisationalen Initiationsriten", die immer mit dem Eintritt in das Berufs- und Arbeitsleben verbunden sind, bereiten Schwierigkeiten, besonders dann, wenn sie mit der Abhängigkeit von einem älteren Vorgesetzten (Paten) verbunden sind.
- Der potentielle Nachwuchs ist unsicher über die Anforderungen und Erwartungen, die an ihn gestellt werden.
- Neidkomplexe und Neidreaktionen älterer Mitarbeiter, beispielsweise hinsichtlich der – vermeintlichen oder wirklichen – qualifizierteren Ausbildung jüngerer Mitarbeiter, führen zu Spannungen und Frustrationen.
- Zusätzliche Schwierigkeiten können aus dem Zusammenfallen von Berufseintritt beziehungsweise Neuanfang einer Arbeitsstelle und Familiengründung entstehen.

Die aufgeführten Gründe sind möglich und müssen keineswegs zwangsläufig bei jedem Neueintritt in eine Organisation auftreten. Immer aber verlangt der Eintritt in eine Organisation besondere Anpassungsleistungen des Anfängers. Jeder Neueintritt ist besonders krisenanfällig und krisenträchtig. Die ersten Anpassungsleistungen bestehen vor allem darin, den eigenen Erwartungshorizont an die Realität der Organisation anzupassen.

2. Stadium: Berufliche Sozialisation und berufliches Engagement

Die Arbeitsleistung steigt erfahrungsgemäß nach einiger Zeit, dies können Wochen, Monate und in Extremfällen Jahre sein, wieder an. Die wichtigsten Gründe für ein Ansteigen der Arbeitsleistung sind:

- Die organisationalen Sozialisationsprozesse haben im Idealfall dazu geführt, den Erwartungshorizont des neuen Mitarbeiters realitätsgerecht an das Spektrum der Möglichkeiten der Organisation anzupassen.

- Die Mitarbeiter können nach einiger Zeit erkennen, daß ihr Einsatz, ihre Fähigkeiten und Fertigkeiten angemessen anerkannt und honoriert werden.
- Der Zeithorizont der Nachwuchsführungskräfte verändert sich dahingehend, daß sie eine langfristige oder zumindest eine längerfristige Perspektive hinsichtlich ihrer beruflichen und privaten Ziele entwickeln. Lassen sich die beruflichen Ziele angemessen in der Organisation verwirklichen und ermöglicht die berufliche Tätigkeit genügend Freiräume für die Verwirklichung privater Ziele, steigt die Verbundenheit mit der Organisation. Trifft dies nicht oder unzureichend zu, ist eine Trennung wahrscheinlich.
- Die Mitarbeiter entwickeln mit der Zeit ein ausgeprägtes Gespür für die Organisationsrealität und kommen immer besser mit Kollegen und Vorgesetzten zurecht.
- Das Identitätsgefühl steigt durch die Überwindung von Anfangsschwierigkeiten bei der Familiengründung und bei der Erziehung der Kinder.

Kommt es nicht frühzeitig zu einer Trennung, steigt in der Regel durch die beruflichen Sozialisationsprozesse das berufliche Engagement und damit auch die Sicherheit und Zufriedenheit.

3. Stadium: Midlife Crisis

Die mittleren Jahre sind für viele Menschen ein kritischer und turbulenter Zeitabschnitt ihres Lebens. Dies gilt auch für Führungskräfte. Die Soziologen Michael Farrel von der State University of New York und Stanley Rosenberg von der Dartmouth Medical School entdeckten aber keineswegs eine universelle, homogen verlaufende Krisen- und Turbulenzphase, sondern unterschiedliche Entwicklungsverläufe. Demnach geraten manche Menschen tatsächlich in das Stadium einer „negativen" Krise, während andere dagegen die Krisen und Turbulenzen als Chance nutzen und sichtlich aufblühen.

Die „Midlife-crisis" wurde in den sechziger Jahren von dem Psychoanalytiker Jaques sozusagen tiefenpsychologisch entdeckt.

Mittlerweile hat sich der Begriff fest in die tägliche Umgangssprache eingebürgert. Wichtige Gründe und Auslöser für eine „Midlifecrisis" bei Führungskräften sind vor allem:

- Die Führungskraft hat den Zenit ihres beruflichen Erfolges erreicht und hat das Gefühl, beruflich zu stagnieren.

- In der mittleren Lebensphase findet häufig eine intensive Auseinandersetzung mit ernsten und zuweilen tragischen Themen statt, beispielsweise mit der Vergänglichkeit des Lebens.

- In der zweiten Lebenshälfte aktualisieren sich oft unbewußt gebliebene Ängste und verdrängte Konflikte.

- Viele Partnerschaften haben sich zu diesem Zeitpunkt auseinanderentwickelt und drohen zu zerbrechen.

- Oftmals tauchen die ersten schwerwiegenden gesundheitlichen Probleme auf, oft ausgelöst durch ein extremes Leistungsstreben, eine chronische Überarbeitung und berufliche Frustrationen.

- Die Verpflichtungen von Führungskräften sind oft sehr umfangreich und erdrückend: aufreibende berufliche Tätigkeit, Sorge um Familienmitglieder, Vorsorge für den eigenen Ruhestand, Verantwortung für Sachen und Menschen ...

Die auftretenden Schwierigkeiten sind individuell sehr unterschiedlich. Die meisten Führungskräfte erfahren in dieser Übergangsphase spezifische Belastungen und sind herausgefordert, damit fertigzuwerden und zurechtzukommen. Der Organisationspsychologe Kets de Vries hat die häufigsten Bewältigungsstile von Führungskräften untersucht und sie vier Grundmustern der Konfliktbewältigung zugeordnet:

- *Konstruktive Bewältigung*

  Die Führungskraft geht realistisch, flexibel und aktiv mit den spezifischen Konflikten des neuen Lebensabschnitts um und sieht den Herausforderungscharakter der Übergangsphase. Einige Führungskräfte engagieren sich für den Nachwuchs, andere starten eine zweite Karriere und wieder andere suchen nach ganz neuen Sinnfeldern.

- *Akzeptanz und passive Verarbeitung*

  Die Führungskraft ist mit dem bisher Erreichten verhältnismäßig zufrieden. Sie sieht ihre Stärken und Schwächen ziemlich realistisch und akzeptiert den Ist-Zustand.

- *Defensive Bewältigung*

  Die Führungskraft mit diesem Bewältigungsstil durchläuft einen sehr belastenden Lebensabschnitt. Sie empfindet viele getroffene Entscheidungen möglicherweise als falsch, projiziert die Niederlagen und nicht erreichten Ziele auf die Umwelt und flüchtet in psychosomatische Krankheiten oder Süchte. Manchmal bemüht sie sich fieberhaft und verzweifelt, ihre hoch gesteckten Ziele und Ansprüche doch noch zu erreichen.

- *Depressive Reaktion*

  Die Führungskraft mit diesem Reaktionsverhalten hat den Kontakt zu Mitmenschen und zu ihren eigenen Bedürfnissen weitgehend verloren. Sie zieht sich zurück, kapselt sich ab. Oft führt ihr einzelgängerisches Verhalten zu schlechten Arbeitsleistungen.

  Die Übergangsphase zur zweiten Lebenshälfte kann sich überaus schwierig gestalten. Für viele Menschen ist sie die schwierigste Lebensphase überhaupt. Coaching ist der geeignete Beratungs- und Betreuungsansatz, um präventiv das Bewußtsein für die besondere Problematik dieser Lebensphase zu sensibilisieren und um ganzheitliche Lösungskonzepte, die die engen Verpflichtungen zwischen Beruf, Familie, Gesundheit und anderen Zielen berücksichtigen, zu entwickeln.

4. Stadium: Akzeptanz und neue Stabilität

Im Anschluß an die Turbulenzen, Verunsicherungen und Instabilitäten der Midlife-crisis kommt oft eine Periode der Stabilität und Zufriedenheit. Voraussetzung ist allerdings, daß es der Führungskraft gelungen ist, konstruktive Möglichkeiten zu finden, mit den gegebenen Umständen und Verhältnissen adäquat umzugehen. Die eigenen Schwächen und Grenzen werden akzeptiert, die Zukunftspläne begrenzter und realistischer. In der Partnerschaft gelingt oft eine neue Phase des Miteinander und Füreinander.

5. Stadium: Vorruhestand und Identitätskrise

Die Gewißheit, bald aus dem Arbeitsleben und Berufsleben auszuscheiden, kann bei Führungskräften eine Identitätskrise auslösen. Besonders betroffen sind Unternehmer. Sie haben meistens eine sehr enge Bindung an ihr Unternehmen entwickelt und haben das Gefühl, mit dem Ausscheiden in ein „inneres Vakuum" zu stürzen. Zusätzliche Belastungen kommen durch Gesundheitsprobleme und durch die Aussicht, künftig sehr viel mehr Zeit mit dem Partner zu Hause verbringen zu müssen.

Oft haben Führungskräfte kurz vor dem Ausscheiden das Gefühl, wertlos oder weniger wert zu sein. Sie befürchten – häufig unbewußt – eine Neuauflage früher Trennungs- und Verlusterfahrungen und haben Angst vor Macht- und Einflußverlusten. Die ziemlich radikalen Veränderungen rufen die Endlichkeit des eigenen Lebens drastisch ins Bewußtsein. Die große Herausforderung dieser Lebensphase besteht darin, Neuanpassungen vorzunehmen. Nach der Aktivitätstheorie muß der Verlust beruflicher und sozialer Aktivitäten unbedingt sinnvoll kompensiert werden. Die Disengagementtheorie (Loslösungstheorie) betrachtet dagegen den Ruhestand als Teil eines natürlichen Prozesses, in dessen Verlauf der ältere Mensch sich langsam aus vielen gesellschaftlichen und ökonomischen Verpflichtungen und Interaktionen herauslöst. Die beiden Theorien stehen sich konträr gegenüber und verallgemeinern sehr stark. Beide Theorien berücksichtigen zu wenig die individuellen Bedürfnisse, Wünsche, Strebungen und Sinnmuster der Ruheständler. Jeder Mensch wird im Spektrum dieser Theorien seinen eigenen Weg finden müssen. Eine gelungene Neuanpassung bedeutet, daß die Ruheständler mit den Schwierigkeiten, Chancen und Herausforderungen des Ruhestandes individuell konstruktiv umgehen können, sei es nun durch aktive Verarbeitungsformen oder durch eine gewisse Beschaulichkeit beziehungsweise durch die „Kunst des Müßiggangs". Der letzte Lebensabschnitt birgt noch viele Chancen. Die früher weit verbreitete Auffassung, höheres Lebensalter sei zwingend mit Abbauprozessen geistiger Fähigkeiten verbunden, ist heute nicht mehr länger aufrechtzuerhalten.

Zielsetzungen der Biographischen Analyse

A. Richtziele

- Gemeinsame Erarbeitung einer Ist-Persönlichkeitskultur
- Gemeinsame Erarbeitung einer Soll-Persönlichkeitskultur
- Gemeinsame Erarbeitung eines individuellen Coaching-Konzeptes

B. Grobziele

- Klärung der persönlichen Vergangenheit im Sinne von: Was fühle ich dazu? Was denke ich darüber? Wie setze ich mich damit auseinander?
- Klärung meiner gegenwärtigen Situation im Sinne von: Was fühle ich dazu? Was denke ich darüber? Wie setze ich mich damit auseinander?
- Klärung meiner persönlichen Zukunft im Sinne von: Was fühle ich dazu? Was denke ich darüber? Wie setze ich mich damit auseinander?
- Deutung von Bruchstellen, Wendepunkten und Mustern in der eigenen Biographie und ihre Einbindung in aktuelle Lebens- beziehungsweise Berufssituationen

---

Die Biographische Analyse vollzieht sich üblicherweise im Modus des Gesprächs. Analog zur Existenzanalyse gibt sie Hilfestellungen bei der Erarbeitung und Realisierung des Dreischritts von der Ist-Persönlichkeitskultur hin zur Soll-Persönlichkeitskultur mit Hilfe eines individuell entwickelten und dann realisierten Coaching-Konzeptes. Im Anhang (S. 245 ff.) finden Sie zwei biographische Fragebogen, die den Rahmen für die Biographische Analyse im Coaching-Prozeß abstecken.

Die Dynamische Persönlichkeitsanalyse

Der Wunsch, eine sinnvolle Ordnung in die Vielfalt der menschlichen Persönlichkeitsformen zu bringen, ist uralt und sicherlich legitim. In allen Zeiten wurden daher Verhaltensweisen, Einstellungen, Charakteristika und Fixierungen auf eine begrenzte Anzahl von Charaktertypen beziehungsweise Persönlichkeitstypen reduziert und klassifiziert. Alle Charakter- und Persönlichkeitstypologien bergen Gefahren:

*   Sie sind vergröbernde Reduktionen,
*   fördern eine voreilige und unreflektierte Etikettierung von Menschen,
*   verschleiern die Einmaligkeit und Einzigartigkeit jedes Menschen.

Die Gefahren lassen sich jedoch weitgehend vermeiden: Zum einen durch die Verwendung einer komplexen und anspruchsvollen Persönlichkeitstypologie und zum anderen durch einen verantwortlichen Umgang mit der Typologie.

Im therapeutischen Bereich arbeitet man seit mehreren Jahren mit dem „Diagnostic and Statistical Manual of Mental Disorders", kurz auch DSM-III-R genannt. Es ist ein Klassifikationssystem für Persönlichkeitsstörungen und wurde 1987 von der American Psychiatric Association veröffentlicht. Heute stellt das DSM-III-R so etwas wie „die Bibel" der amerikanischen Psychiatrie dar.

Im Rahmen von Coaching ist das Klassifikationssystem der Persönlichkeitsstörungen weniger interessant und relevant, sondern die Persönlichkeitsstile. Die Persönlichkeitsstile sind die „normalen", nicht-pathologischen Versionen der im DSM-III-R identifizierten extremen gestörten Konstellationen. Der Unterschied zwischen einem Persönlichkeitsstil und einer Persönlichkeitsstörung, also zwischen einer funktionierenden und einer fehlfunktionierenden Persönlichkeit, ist immer nur graduell. Die Übergänge sind fließend. Der Unterschied zwischen Stil und Störung besteht vor allem im Grad an Flexibilität, Vielfalt und Anpassungsfähigkeit. Entscheidend ist, ob der Stil die Schlüsselbereiche des Lebens mitgestaltet, oder ob er sie beherrscht und verzerrt. Im letzten Fall wird aus dem Stil dann eine Störung.

Die meisten Menschen bewegen sich im mittleren Bereich auf einem Kontinuum der „idealen" Ausprägung des Persönlichkeitsstils und der „idealen" Ausprägung der Persönlichkeitsstörung (Abbildung 10).

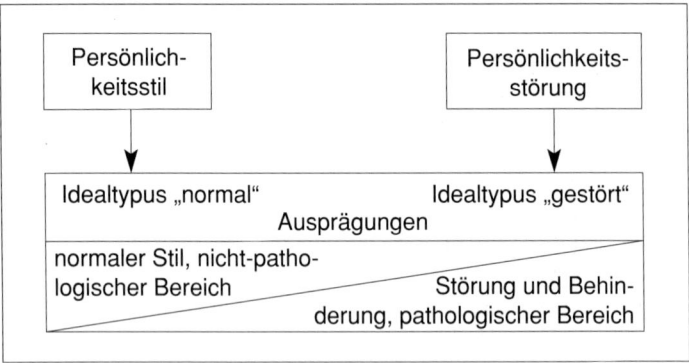

Abbildung 10: Persönlichkeitskontinuum

Persönlichkeitsstile und -störungen

Die 13 Persönlichkeitsstile mit ihren Abdriftungen hin zur Persönlichkeitsstörung basieren auf den Forschungsarbeiten der Amerikaner John Oldham, Professor für Klinische Psychiatrie am Columbia University College, und Louis Morris, Wissenschaftspublizist zu den Themen Gesundheit und Verhalten.

A. Persönlichkeitsstile

1. Der gewissenhafte Stil
2. Der selbstbewußte Stil
3. Der anhängliche Stil
4. Der dramatische Stil
5. Der wachsame Stil
6. Der lässige Stil
7. Der sensible Stil
8. Der abenteuerliche Stil
9. Der exzentrische Stil
10. Der ungesellige Stil
11. Der sprunghafte Stil
12. Der aufopfernde Stil
13. Der aggressive Stil

B. Persönlichkeitsstörungen

1. Der zwanghafte Stil
2. Der narzißtische Stil
3. Der dependente Stil
4. Der histrionische Stil
5. Der paranoide Stil
6. Der passiv-aggressive Stil
7. Der selbstunsichere Stil
8. Der antisoziale Stil
9. Der schizotypische Stil
10. Der schizoide Stil
11. Der Borderline-Stil
12. Der selbstschädigende Stil
13. Der sadistische Stil

(Vgl. Oldham, J. M./Moris, L. B.: Ihr Persönlichkeitsprofil, 1992)

Charakteristika der Persönlichkeitsstile

Der gewissenhafte Stil

Menschen mit einem dominant gewissenhaften Stil arbeiten sehr hart, intensiv und zielstrebig. Sie orientierten sich an klaren ethischen Prinzipien und Werten und möchten immer „das Richtige" tun. Dahinter verbirgt sich die Vorstellung vom „richtigen Ziel" und vom „richtigen Weg". Sie bemühen sich, alle anstehenden Aufgaben und Herausforderungen perfekt zu erledigen. Kein Detail ist zu unscheinbar, als daß es ihrer Aufmerksamkeit entginge. Gewissenhafte Menschen haben zumeist eindeutige Pläne und Vorgaben und setzen sie, ohne großen emotionalen Aufwand, pragmatisch um. Sie trennen sich nur ungern von Gegenständen und Dingen.

Driftet bei Menschen der gewissenhafte Stil zur zwanghaften Persönlichkeitsstörung ab, eskaliert ihre Gewissenhaftigkeit zur Pedanterie. Sie werden immer unfähiger, sich den Anforderungen der Realität anzupassen. Ihr übermäßiges Streben nach Perfektion bewirkt zunehmend, daß sie ihre privaten und beruflichen Ziele nicht mehr erreichen. Mitmenschen empfinden den Umgang mit ihnen als anstrengend und einengend. Im Extremfall wird jede Art von Spontaneität und Kreativität durch ein starres Korsett von Regeln, Geboten und Verboten unterdrückt.

1. Charakterzüge und Verhaltensweisen

- Harter Arbeitseinsatz
- Streben nach dem „Richtigen"
- „Wissen" um den „richtigen Weg"
- Streben nach Perfektionismus
- Liebe zum Detail
- Orientierung an Plänen und Vorgaben
- Pragmatisches Handeln
- Vermeidung von Unbekümmertheit und Exzessen
- Gewissenhaftes Ansammeln und Aufbewahren von Gegenständen und Dingen

2. Störung und Behinderung

Im gestörten Fall wird der gewissenhafte Stil zur zwanghaften Persönlichkeitsstörung.

- Übersteigerte Gewissenhaftigkeit (Pedanterie)
- Mangelnde Anpassung an die „realen" Anforderungen der Realität
- Übermäßiges Streben nach Perfektion
- Starker Verlust von Spontaneität und Kreativität

Der selbstbewußte Stil

Menschen mit einem ausgeprägten selbstbewußten Stil verfügen über ein starkes Selbstwertgefühl. Sie glauben an sich und ihre Fähigkeiten und wirken in ihrem Auftreten auf andere sicher und energisch. Sie können die Stärken und Fähigkeiten anderer optimal nutzen, um ihre eigenen Zielvorstellungen durchzusetzen. Mit ihrem Charisma verkaufen sie sich, ihre Ziele und Projekte mit Nachdruck, bringen aber oft nur wenig Wertschätzung und Empathie für die persönlichen Anliegen ihrer Mitmenschen auf. Obwohl sie von ihren eigenen Stärken überzeugt sind, reagieren sie empfindlich auf Kritik von anderen.

Der selbstbewußte Stil kann zur narzißtischen Persönlichkeitsstörung eskalieren. Im pathologischen Zustand überwiegen eine starke Ichbezogenheit, ein rigoroser Egoismus und übersteigerte Gefühle von Großartigkeit. Das Selbstwertgefühl sinkt dramatisch. Menschen mit einer narzißtischen Persönlichkeitsstörung kreisen fast nur noch um sich selbst und reagieren und agieren gegenüber ihrer Mitwelt kalt und manipulierend.

1. Charakterzüge und Verhaltensweisen

- Hohes Selbstwertgefühl
- Energisches und effizientes Auftreten
- Nutzung der Stärken anderer für eigene Ziele, Pläne ...
- Liebe zu Konkurrenz- und Wettbewerbssituationen
- Streben nach Rollendominanz
- Empfindlichkeit gegenüber Kritik

- Hohes Bewußtsein von den Stärken der eigenen Person
- Klare und konsequente Zielorientierung
- Mangel an Sympathie, Verstehen und Wertschätzung

2. *Störung und Behinderung*

Im gestörten Fall wird der selbstbewußte Stil zur narzißtischen Persönlichkeitsstörung

- Übersteigerte Ich-Bezogenheit
- Großer Mangel an Einfühlungsvermögen
- Geringes Selbstwertgefühl – oft kompensiert durch ein „riesiges" Ich
- Egozentrische Phantasien von Großartigkeit und Wichtigkeit

Der anhängliche Stil

Anhängliche Menschen schätzen Kontakte und Bindungen zu anderen Menschen oder Institutionen. Sie sind zumeist sehr umsichtig und hilfsbereit und ziehen die Gesellschaft mit Menschen dem Alleinsein vor. Menschen mit diesem Persönlichkeitsstil handeln überwiegend kooperativ. Sie achten Autoritäten und Institutionen. Bei Entscheidungsfindungen orientieren sie sich an den Ratschlägen anderer. Sie streben nach Harmonie und haben eine starke Konfliktvermeidungstendenz. Auf Kritik reagieren Sie mit Bemühungen, ihre Einstellungen und ihr Verhalten zu ändern.

Das pathologische Extrem des anhänglichen Stils ist die dependente Persönlichkeitsstörung. Menschen im Bereich der dependenten Persönlichkeitsstörung erleben sich selbst als hilflos, schwach und unterlegen. Ihr Selbstwertgefühl speist sich fast ausschließlich aus ihren starken Bindungen an andere Menschen oder Institutionen. Sie wirken auf andere oft unterwürfig und kleinlaut. Wenn Beziehungen brüchig und instabil werden, reagieren dependente Menschen klammernd und völlig unselbständig.

1. *Charakterzüge und Verhaltensweisen*

- Wertschätzung von Bindungen und Beziehungen
- Vermeidung von Alleinsein

- Achtung vor Autoritäten und Institutionen
- Vertrauen zu Mitmenschen
- Treue und loyale Gefolgschaft
- Orientierung an Ratschlägen anderer
- Hohe Aufmerksamkeit und Rücksichtnahme
- Streben nach Harmonie
- Bereitschaft zu Einstellungs- und Verhaltensänderungen

2. Störung und Behinderung

Im gestörten Fall wird der anhängliche Stil zur dependenten Persönlichkeitsstörung.

- Mangelhafte Individualität und Selbständigkeit
- Hoher Grad an Hilflosigkeit, Schwachheit und Passivität
- Übermäßige Bindung an andere Menschen oder an Institutionen
- Wenig Ehrgeiz und Selbstbewußtsein

Der dramatische Stil

Menschen mit einem überwiegend dramatischen Stil leben in einer Welt voller Gefühle und Emotionen. Sie sind empfindungsorientiert und wechseln schnell von einem Stimmungszustand in einen anderen. Dramatische Menschen nutzen den Augenblick und reagieren spontan und impulsiv. Ihr Wohlbefinden hängt von der Beachtung durch Mitmenschen ab. Sie stehen gerne im Mittelpunkt der Aufmerksamkeit und wirken auf andere verführerisch und einnehmend. Ein gepflegtes Aussehen und eine wohltuende Atmosphäre geben ihnen Sicherheit.

Im Bereich der theatralischen oder historischen Persönlichkeitsstörung verlieren Menschen zunehmend den Kontakt mit der realen Welt, weil sie überwiegend mit ihren emotionalen Dramen beschäftigt sind. Ihr Leben gleicht einer anstrengenden Inszenierung, in der eine kleine Unausgewogenheit zu einem riesigen Unglück wird und ein gewöhnliches Vergnügen zu einer übersteigerten Freude. Da theatralische beziehungsweise histrionische Menschen innerlich nicht genau wissen, wer sie sind, bekommen sie ihre Identität fast ausschließlich von ihrer Mitwelt. Im Extremfall resultiert ihre Identität vollständig aus der Wertschätzung, Beachtung und Anerkennung der anderen.

1. Charakterzüge und Verhaltensweisen

- Schneller Stimmungwechsel und hoher Grad an Emotionalität
- Intensive und überschwengliche Lebensweise
- Überreiche Phantasie
- Hoher Grad an Spontaneität und Impulsivität
- Bestreben, im Mittelpunkt der Aufmerksamkeit zu stehen
- Nutzung des Augenblicks
- Abhängig von Lob und Komplimenten
- Hohe Wertschätzung von gepflegtem Aussehen und gepflegter Atmosphäre
- Hohe sexuelle Anziehungskraft

2. Störung und Behinderung

Im gestörten Fall wird der dramatische Stil zur histrionischen oder theatralischen Persönlichkeitsstörung.

- Verstrickung in eigene emotionale Dramen
- Inszenierung des Lebens
- Identitätsfindung durch überwertige Konzentration auf Mitmenschen
- Hoher Grad an Abhängigkeit von der Wertschätzung und Bedürfnisbefriedigung seitens der Mitmenschen

Der wachsame Stil

Nichts entgeht der Aufmerksamkeit von Menschen, bei denen der wachsame Persönlichkeit dominiert. Ihre Sinnesantennen überprüfen ständig die Umgebung. Sie handeln weitgehend autonom und benötigen wenig Rat und Anerkennung von außen. Entscheidungen treffen sie schnell und selbständig. Im Umgang mit Mitmenschen sind sie vorsichtig und abschätzend. Sie sind aufmerksame Zuhörer und sehr sensibel für die verschiedenen Ebenen der Kommunikation.

Ihre Reizschwelle ist gering, und sie verteidigen sich, wenn sie angegriffen werden. Auf Kritik reagieren sie aufmerksam und durchaus wohlwollend, ohne sich jedoch einschüchtern zu lassen. Sie arbeiten hart und können gegenüber anderen sehr treu und loyal sein.

Paranoide Menschen reagieren sehr ängstlich, argwöhnisch, oft kompromißlos und streitsüchtig und sind davon überzeugt, daß sie recht haben. Sie begegnen der Mitwelt mit Mißtrauen und Abwehr und sind davon überzeugt, daß andere ihnen schaden wollen oder sie enttäuschen werden. Ein paranoider Mensch fühlt sich nie im Unrecht. Ständig projiziert er sein eigenes Unvermögen und seine eigene Schuld auf andere oder auf ein unabänderliches Schicksal.

1. Charakterzüge und Verhaltensweisen

- Unverwüstliche Unabhängigkeit
- Hoher Grad an Eigenständigkeit
- Hoher Grad an Entscheidungsfreudigkeit
- Vorsichtiger Umgang mit Mitmenschen
- Guter Zuhörer
- Bereitschaft zur Selbstverteidigung
- Aufmerksamkeit gegenüber Kritik
- Hohe Einsatzbereitschaft, Treue und Loyalität
- Feine Sinnesantennen für Menschen, Situationen und Herausforderungen

2. Störung und Behinderung

Im gestörten Fall wird der wachsame Stil zur paranoiden Persönlichkeitsstörung.

- Übermäßig ängstlich, argwöhnisch, kompromißlos oder streitlustig
- Überzeugung, recht zu haben
- Hoher Grad an Mißtrauen und auf Abwehr eingestellt
- Projektion von Schuld auf andere oder auf das Schicksal

Der sensible Stil

Sensible Menschen ziehen das Bekannte dem Unbekannten, das Vertraute dem Unvertrauten und die Routine dem Neuen vor. Sie brauchen ein vertrautes Netz von Freunden und Bekannten und schätzen die Sicherheit und Behaglichkeit ihres Zuhauses. Im Umgang mit Mitmenschen verhalten sie sich äußerst sensibel und taktvoll. In einer emotional sicheren Umgebung sind sie phantasievoll und kreativ. In all ihrem Tun und Handeln orientieren sie sich immer auch an den Einstellungen und Denkweisen der Mitmenschen.

Menschen, die an der selbstunsicheren Persönlichkeitsstörung leiden, fühlen sich isoliert, abgekapselt, unerwünscht und inkompetent. Sie reagieren oft depressiv oder ängstlich und ziehen sich zurück. Selbstunsichere Menschen sehnen sich nach engen und vertrauten Beziehungen und haben gleichzeitig Angst vor zu viel Nähe und Intensität.

1. Charakterzüge und Verhaltensweisen

- Bevorzugung des Bekannten vor dem Unbekannten
- Neigung zum Gewohnten, zur Wiederholung und Routine
- Tiefe Verbundenheit mit Familie und Freunden
- Sehnsucht nach einem behaglichen Zuhause
- Besorgnis über ein negatives Fremdbild
- Taktvolles Verhalten
- Höfliche Zurückhaltung im sozialen Umgang
- Bedürfnis nach einer emotional sicheren Umgebung
- Hoher Grad an Phantasie im kleineren Kreis

2. Störung und Behinderung

Im gestörten Fall wird der sensible Stil zur selbstunsicheren Persönlichkeitsstörung.

- Hang zu Gefühlen von Inkompetenz, Isolierung und Unerwünschtheit
- Depressive und ängstliche Stimmung
- Sehnsucht nach Intimität und gleichzeitig Angst davor
- Gefühl des Anders-seins

Der lässige Stil

Menschen, die überwiegend vom lässigen Persönlichkeitsstil geprägt sind, haben ein großes Verlangen nach Freiheit und Unabhängigkeit. Sie schätzen und schützen ihre Bequemlichkeit und ihre individuelle Suche nach Glück und Zufriedenheit. Es macht ihnen keine Schwierigkeiten, sich Forderungen zu widersetzen, die einen von ihnen vorgegebenen Rahmen überschreiten. Sie reagieren gelassen und optimistisch und lassen sich nicht unter Zeit- und Termindruck setzen. Autorität imponiert ihnen nicht und schüchtert sie auch nicht ein. Sie haben eine hohe Selbstakzeptanz und sind mit ihrem Platz im Leben grundsätzlich zufrieden.

Menschen mit einer passiv-aggressiven Persönlichkeitsstörung haben einen starken Hang zum Widerspruch. Sie nörgeln, trödeln und verweigern sich. Menschen, die ihre Notlage erkennen und ihnen Hilfe anbieten, werden oft verspottet oder abqualifiziert. Passiv-aggressive Menschen empfinden häufig gleichzeitig Gefühle von Wut und Bedürftigkeit. Sie können keine oder nur wenig Nähe zulassen und reagieren darauf wütend und ärgerlich. Andererseits aber brauchen sie die Menschen, die ihnen Nähe anbieten.

1. Charakterzüge und Verhaltensweisen

- Bestreben, es sich gutgehen zu lassen, wann und wo auch immer
- Suche nach individuellem Glück
- Bedürfnis nach Bequemlichkeit
- Erfüllung von Erwartungen – aber nicht mehr
- Widersetzung gegenüber unvernünftigen Forderungen oder gegenüber Forderungen, die über den Ruf der Pflicht hinausgehen
- Resistenz gegenüber Zeit- und Termindruck
- Gelassene und optimistische Einstellung
- Hohe Selbstakzeptanz und Okay-Gefühl
- Individueller Freiheitsdrang

2. Störung und Behinderung

Im gestörten Fall wird der lässige Stil zur passiv-aggressiven Persönlichkeitsstörung.

- Hang zum Widerspruch, zum Opponieren, zu Ausflüchten und zum Trödeln
- Verunglimpfung von Menschen, die Hilfe anbieten
- Überwertige Gefühle der Wut und der Bedürftigkeit
- Vermeidung von Nähe und Hang, sich selbst alle Wege zum Glück zu verbauen

Der abenteuerliche Stil

Menschen mit einem starken Hang zum abenteuerlichen Stil leben nach einem eigenen inneren Werte-Kompaß und lassen sich nur wenig von den Normen und Regeln der Gesellschaft und anderer Menschen beeinflussen. Sie lieben Herausforderungen, die mit einem hohen Risiko und Nervenkitzel verbunden sind und entscheiden und handeln selbstverantwortlich. Ihre hohe Überzeugungskraft wirkt auf andere mitreißend und begeisternd. Sie benötigen Freiräume, lieben Abwechslung und leben vorwiegend in der Gegenwart. Konfrontationen nehmen sie unerschrocken an.

Im gestörten Bereich eskaliert der abenteuerliche Stil zur antisozialen Persönlichkeitsstörung. Menschen mit einer antisozialen Persönlichkeitsstörung – auch als Psychopathen und Soziopathen bezeichnet – tendieren zur Zerstörung. Sie verachten die allgemeingültigen Normen und Regeln der Gesellschaft und handeln nach ihrem Gutdünken. Sie empfinden wenig Mitleid und Wertschätzung mit Mitmenschen und können im Extremfall sehr grausam, destruktiv und böswillig sein. Ihre Frustrationstoleranz und ihre Bereitschaft, Verantwortung für sich selbst und für andere zu übernehmen, sind gering.

1. Charakterzüge und Verhaltensweisen

- Nonkonformistisches Verhalten und individueller Werte-Kodex

- Suche nach riskanten Abenteuern und Herausforderungen
- Postulierung von individueller Selbstverantwortlichkeit
- Hohe Fähigkeit, Menschen zu beeinflussen und Freunde zu gewinnen
- Starker Sexualtrieb und häufiger Partnerwechsel
- Reisefreudigkeit und Hang zur Wanderschaft
- Vermeidung der Neun-bis-Fünf-Arbeitswelt
- Hang zu selbständiger Tätigkeit mit großen Freiräumen
- Starke Gegenwartsorientierung und wenig Hang zu Schuldgefühlen

2. Störung und Behinderung

Im gestörten Fall wird der abenteuerliche Stil zur antisozialen Persönlichkeitsstörung.

- Tendenz zur Zerstörung (Psychopathen, Soziopathen)
- Mangelndes Mitleid und Einfühlungsvermögen
- Hang zur Grausamkeit, Destruktivität, Böswilligkeit und manipulativen Handlungen
- Geringe Frustrationstoleranz und Verantwortungsbereitschaft

Der exzentrische Stil

Menschen mit einem überwiegend exzentrischen Stil sind innenorientiert. Als Orientierungsmaßstäbe fungieren ihre eigenen Gefühle und Werte. Sie sind sehr selbständig und unabhängig und wenig auf ein enges und vertrautes Beziehungsnetz angewiesen. Exzentrische Menschen leben ihren eigenen, oft ausgefallenen Lebensstil und stören sich nicht an Konventionen. Sie sind für neue Erfahrungen offen und oft am Okkulten, Außersinnlichen und Übernatürlichen interessiert. Abstraktes und spekulatives Denken zieht sie an. Sie fühlen sich als Individualisten und versuchen, sich von der Masse abzusondern.

Menschen, die an der schizotypischen Persönlichkeitsstörung leiden, leben in einer isolierten Welt. Allzuoft sind sie sich und der Welt anderer Menschen entfremdet und zu vertrauensvollen Beziehungen unfähig. Scheu und zurückgezogen und in Selbstreflexionen verstrickt, verlieren sie sich in einem Wirrwarr von Gedanken und Gefühlen. In der Gegenwart fremder Menschen empfinden sie oft starke Ängste.

1. Charakterzüge und Verhaltensweisen

- Starke Orientierung an eigenen Gefühlen und individuellen Werten
- Hoher Grad an Selbstbestimmung und Unabhängigkeit
- Hang zu ausgefallenen und unüblichen Lebensstilen
- Unabhängigkeit von Konventionen, Normen und gesellschaftlich gesetzten Werten
- Interesse am Okkulten, Außersinnlichen und Übernatürlichen
- Hang zur Metaphysik und zu abstraktem, spekulativen Denken
- Bereitschaft zu originellen Lösungen
- Hang zum Träumen und Phantasieren
- Starke emotionale Reaktionen, weitgehend rational ungefiltert

2. Störung und Behinderung

Im gestörten Fall wird der exzentrische Stil zur schizotypischen Persönlichkeitsstörung.

- Hoher Grad an Entfremdung
- Unangemessener Umgang mit Mitmenschen
- Verbindungslos, spröde, scheu und oft unangemessene Gefühlsreaktionen
- Seltsames und oft auch ungepflegtes Äußeres

Der ungesellige Stil

Ungesellige Menschen brauchen niemanden außer sich selbst. Sie sind selbständig, unabhängig und egozentriert. Alleine fühlen sie sich wohl und zufrieden. Nach außen wirken sie ausgeglichen und unerschütterlich, oft aber auch leidenschaftslos und desinteressiert. Sie akzeptieren ihre eigenen Einstellungs- und Verhaltensweisen und lassen sich von den Reaktionen der Mitmenschen kaum beeinflussen.

Andererseits haben sie nicht den Wunsch und Drang, andere Menschen zu beeindrucken und zu beeinflussen.

Menschen mit einer schizoiden Persönlichkeitsstörung sind gefühlsmäßig und oft auch körperlich von anderen Menschen fast vollständig abgeschnitten. Sie schützen sich vor jeder menschlichen Nähe und wirken auf andere unnahbar. Sie leben gleichsam in einer „ummauerten Burg" in sich zurückgezogen. Ihr Denken kreist um viele Interessen und Phantasien. Ihre Gefühlswelt ist paralysiert, so daß sie keine Gefühlsschwankungen mehr erleben, sondern nur die Gleichgültigkeit eines abgrundtiefen Gefühls der inneren und äußeren Leere.

1. Charakterzüge und Verhaltensweisen

- Hang zum Alleinsein
- Hoher Grad an Selbständigkeit und Unabhängigkeit
- Hoher Grad an Ausgeglichenheit, Ruhe, Leidenschaftslosigkeit und Unerschütterlichkeit
- Sexuelle Gelassenheit
- Selbstbewußte Akzeptanz der eigenen Verhaltensweisen
- Resistenz gegenüber Lob und Kritik
- Geringes Bedürfnis, andere zu beeindrucken und anderen zu gefallen
- Eingeschränkte Kommunikation, wenig Bereitschaft zur Selbstkundgabe
- Gute Beobachtungsgabe und Klarsicht

2. Störung und Behinderung

Im gestörten Fall wird der ungesellige Stil zur schizoiden Persönlichkeitsstörung

- Hoher Grad an Undurchdringlichkeit (von anderen abgeschnitten)
- Asoziales Verhalten: passiv, leer, teilnahmslos, gleichgültig
- Gefühllos und emotional unbewegt
- Verbarrikadierung

Der sprunghafte Stil

Menschen, bei denen der sprunghafte Stil bestimmend ist, leben sehr intensiv im Augenblick und sehnen sich nach ständig wechselnden Erfahrungen. Sie reagieren und agieren überwiegend emotional und ungezwungen und haben keine Angst vor Risiken. Das Leben erfahren sie als ein pulsierendes Wechselspiel zwischen extremen Polen. Sie sind phantasievoll und experimentieren mit unterschiedlichen Lebenswegen. Andere Kulturen, Wertsysteme und Rollen ziehen sie an. Sie anerkennen, daß Veränderungen ein zentrales Grundmuster des Lebens sind.

Der sprunghafte Stil eskaliert in Richtung Störung zur Borderline-Persönlichkeit. Menschen, die an einer Borderline-Persönlichkeitsstörung leiden, sind verzweifelt, leidenschaftlich und instabil. Sie sind außerstande, ihre Potentiale und Fähigkeiten sinnvoll zu nutzen. Oft zerstören sie gerade die Beziehungen, ohne die sie nicht oder nur sehr schwer leben können.

1. Charakterzüge und Verhaltensweisen

- Sehnsucht nach romantischen Beziehungen
- Sprunghaftigkeit im Handeln, Tun und Verhalten
- Hoher Grad an Intensität und Leidenschaft
- Emotionale Reaktionen und Aktionen
- Keine Angst vor Risiken und Unwägbarkeiten
- Hang zu Experimenten und neuen Lebenspfaden
- Phantasievoll, neugierig und aufgeschlossen
- Starker Drang nach Leben
- Anerkennung von Veränderungen als einem Grundmuster des Lebens

2. Störung und Behinderung

Im gestörten Fall wird der sprunghafte Stil zur Borderline-Persönlichkeitsstörung.

- Starke Unfähigkeit, eigene Fähigkeiten und Talente zu nutzen

- Hoher Grad an Arroganz, Verzweiflung, Wut, Haß auf sich selbst, Unsicherheit, Angst, Leere, klammernde Abhängigkeit
- Selbstschädigende Handlungen und Impulse
- Unbeständigkeit eigener Gefühle, Stimmungen, Emotionen und Bedürfnisse

Der aufopfernde Stil

Für Menschen, bei denen der aufopfernde Stil überwiegt, heißt Leben vor allem: für andere da sein. Sie ignorieren ihre eigenen Bedürfnisse weitgehend und opfern sich für andere auf. Aufopfernde Menschen haben viel Geduld, Einfühlungsvermögen und Toleranz gegenüber den Schwächen und Unzulänglichkeiten der Mitmenschen. Sie handeln nach ethischen Maximen und sind ehrlich, rücksichtsvoll und vertrauenswürdig. Konkurrenzverhalten und Ehrgeiz passen nicht in ihr Bild vom Menschen und der Welt.

Menschen mit einer selbstschädigenden Persönlichkeitsstörung sind fast außerstande, Glück und Zufriedenheit zu empfinden und Liebe und Zuneigung zu erwidern. Sie trauern vereitelten Vergnügungen und verpaßten Gelegenheiten in der Vergangenheit nach und weichen angenehmen Erfahrungen in der Gegenwart aus. Ihre nach außen selbstlos und großherzig erscheinende Art gegenüber Mitmenschen ist sehr stark eigennützig und zielt auf Anerkennung und Gebrauchtwerden. Oft manipulieren sie andere, um sie in Abhängigkeit zu halten.

1. Charakterzüge und Verhaltensweisen

- Aufopfernde Hingabe an andere
- Hoher Grad an Großzügigkeit und Rücksichtnahme
- Humane Ethik
- Hoher Grad an Toleranz gegenüber den Schwächen und Unzulänglichkeiten anderer
- Bescheidenheit im Reden und Tun
- Fähigkeit zum Leiden
- Positives Menschenbild

- Zurückstellung eigener Wünsche, Bedürfnisse und Bestrebungen
- Oft selbstloses und großherziges Tun und Handeln

2. *Störung und Behinderung*

Im gestörten Fall wird der aufopfernde Stil zur selbstschädigenden Persönlichkeitsstörung.

- Hang, angenehmen Erfahrungen auszuweichen
- Fluchttendenz aus Beziehungen
- Tendenz zur Manipulation anderer Menschen, um sie in Abhängigkeit zu halten
- Mangelnde Fähigkeit, Liebe und Zuneigung zu erwidern

Der aggressive Stil

Menschen mit einem überwiegend aggressiven Persönlichkeitsstil streben nach Macht, Autorität und Verantwortung. Sie fühlen sich an der Spitze traditioneller Machtstrukturen in Organisationen wohl und erwarten, daß ihre Anweisungen und Vorstellungen strikt befolgt werden. In schwierigen und risikoreichen Situationen reagieren und agieren sie mutig und konsequent. Sie handeln und entscheiden zielgerichtet und pragmatisch. Gefühle und Emotionen empfinden sie als störend und lästig. Ihr kämpferisches Auftreten und überlegenes Selbstvertrauen wirkt auf Mitmenschen entweder mitreißend oder entmutigend.

Menschen mit einer sadistischen Persönlichkeitsstörung verletzen, erniedrigen, bestrafen, schikanieren und nötigen oft ihre Mitmenschen. Sie haben einen starken Hang zu Fremdkontrollen und setzen ihre Vorstellungen und Ziele rigoros durch. Im Extremfall fügen sie anderen psychische und physische Schmerzen zu, vor allem dann, wenn ihre Machtposition und Autorität bedroht sind.

1. *Charakterzüge und Verhaltensweisen*

- Instinktive Zubewegung auf Führungsrollen
- Hang zur Macht, Autorität und Verantwortung

- Streben nach Disziplin und hierarchischen Machtstrukturen
- Zielorientiertes Denken, Entscheiden und Handeln
- Pragmatisches und praktisches Vorgehen
- Mutiges und schneidiges Verhalten
- Liebe zu Aktion und Abenteuer
- Spaß an Wettbewerbssportarten und Kontaktsportarten
- Überlegendes Selbstvertrauen

2. Störung und Behinderung

Im gestörten Fall wird der aggressive Stil zur sadistischen Persönlichkeitsstörung.

- Hang zur Kontrolle anderer Menschen
- Zufügung von Schmerzen und Leiden, um Willen durchzusetzen
- Ignorierung von Gefühlen und Emotionen
- Harter Umgang (verletzen, erniedrigen, bestrafen, schikanieren, drohen, nötigen)

Die Dynamische Persönlichkeitsanalyse basiert auf einer komplexen und dynamischen Persönlichkeitstypologie. Im Gegensatz zu den Persönlichkeitsstilen beschreibt sie nicht nur grundlegende Charakterstrukturen, sondern gibt auch eine Entwicklungsrichtung hin zur Entfaltung aller individuellen Potentiale und zum Umgang mit eigenen Schwächen an. Sie ist ein effizientes und pragmatisches Instrument und Werkzeug, um in relativ kurzer Zeit

- Stärken und Schwächen der eigenen Persönlichkeit und der Persönlichkeit anderer Menschen zu erkennen,
- Lösungsperspektiven bei anstehenden Problemen, Spannungen und Konflikten zu entdecken,
- schöpferische Potentiale bei sich und anderen zu entdecken, zu entwickeln und zu entfalten,
- Strukturen und Muster der eigenen Persönlichkeit und anderer Menschen zu erkennen,
- Wahrnehmungsmuster mit typischen Fixierungen und Perspektivenverengungen zu analysieren und zu modifizieren.

Die Dynamische Persönlichkeitsanalyse verhilft Führungskräften zu mehr Icherkenntnis und Menschenerkenntnis und verbessert wirksam die Eigenführung (Selbstmanagement) und die Fremdführung (Fremdmanagement).

Im folgenden wird die Führungskraft im Spiegel von neun Persönlichkeitstypen beschrieben. Die Dynamik der Persönlichkeitsanalyse kommt in der Beschreibung der Persönlichkeitsentwicklung in Richtung Ausbalancierung des Zentralwertes oder der Zentralwerte zum Ausdruck.

Die Persönlichkeitstypen der dynamischen Persönlichkeitsanalyse

Die einzelnen Typen der dynamischen Persönlichkeitsanalyse werden anhand von sechs Beschreibungsmerkmalen erläutert. Mit Hilfe der Tests im Anhang (S. 254 ff.) erhalten Sie Hinweise, inwieweit Sie typische Charakteristika des jeweiligen Typus aufweisen. Die Tests zeigen lediglich Tendenzen auf und erfüllen nicht die Kriterien für eine eindeutige Typenzuordnung.

Beschreibungsmerkmale der einzelnen Persönlichkeitstypen

1. Gesprächsfragmente

Die Gesprächsfragmente sind Gesprächsauszüge aus dem Berufs- und Arbeitsleben, die typische Einstellungs- und Verhaltensweisen des jeweiligen Typus verdeutlichen.

2. Führungsstil

Der Führungsstil bezeichnet das konkrete Führungsverhalten der Führungskraft gegenüber Mitarbeitern. Er kann durch eine hohe Ausprägung in der Mitarbeiterorientierung, Aufgabenorientierung oder durch einen Integrationsstil gekennzeichnet sein.

3. Kommunikationsverhalten

Das Kommunikationsverhalten ist vor allem Ausdruck der Gestaltung zwischenmenschlicher Kontakte und Beziehungen. Grundsätzlich kann in Kontakten und Beziehungen die Sachseite (Inhaltsseite) oder die Beziehungsseite überwertig betont werden.

4. Werteorientierung

Werte haben eine Orientierungs- und Leitbildfunktion. Der zentrale Grundwert ist maßgeblich bestimmend für typische Einstellungs- und Verhaltensweisen und konkrete Handlungen.

5. Persönlichkeitsentwicklung

Persönlichkeit meint immer den im Werden befindlichen Menschen. Die Persönlichkeitsentwicklung gibt den Entwicklungspfad des jeweiligen Typus in Richtung authentische, ganzheitliche und sich-selbst-steuernde und sich-selbst-regulierende Persönlichkeit an.

6. Coaching-Themen

Unter diesem Punkt werden typische Coaching-Themen für den jeweiligen Persönlichkeitstypus genannt, die im Zentrum des Individual-Coaching stehen und die eine Persönlichkeitsentwicklung hin zu einer starken und überzeugenden Persönlichkeitskultur einleiten.

Typus 1: Der Perfektionsorientierte

Der Perfektionsorientierte mißt das eigene Verhalten und das Verhalten anderer Menschen ständig an dem verinnerlichten Zentralwert Perfektion. Er strebt nach Vollkommenheit und legt viel Wert auf korrektes Handeln und Tun.

1. Gesprächsfragmente

- Norbert K., Organisationsleiter
  „Um Streitigkeiten darüber zu vermeiden, wer welche Aufgaben wahrzunehmen hat, haben wir in den letzten Jahren in unserer Organisation Stellenbeschreibungen angefertigt. Sie geben klar und eindeutig die jeweiligen Aufgaben und Kompetenzbereiche vor."

- Carla F., Abteilungsleiterin
  „Ich gewähre meinen Mitarbeitern und Mitarbeiterinnen große Freiheiten in der Ausgestaltung ihrer Aufgabenbereiche. Allerdings erwarte ich eine regelmäßige Berichterstattung über den Grad der Aufgabenerfüllung und eine strikte Einhaltung vereinbarter Regeln und Abmachungen. Werden meine Erwartungen nicht oder unzureichend erfüllt, kontrolliere ich die Mitarbeiter und erteile klare Anweisungen."

- Josef D., Technischer Leiter
  „Ich habe Probleme und Schwierigkeiten, Menschen einfach so anzunehmen, wie sie nun einmal sind. Ständig fälle ich Urteile über ihre Aktivitäten. Ich kritisiere und ermahne. Robert, mein Stellvertreter, warf mir in einem persönlichen Gespräch übertriebene Kritiksucht und Einzelgängertum vor. Ich war sprachlos und mußte ihm innerlich recht geben."

2. Führungsstil

- bevorzugt einen eher sach- und aufgabenbezogenen Führungsstil
- strebt eine perfektionistische Zielerreichung an und vermeidet riskante Aktionen und Unternehmungen

- orientiert sich an klaren formalen Regeln, Normen und Idealen
- neigt bei Regelverstößen zu unangenehmen Detailkontrollen
- meidet direkte persönliche Auseinandersetzungen und Beziehungskonflikte

3. Kommunikationsverhalten

- kommuniziert vorrangig auf der Sachebene und empfindet emotionale Botschaften oft als störend und irritierend
- zielt mit Appellen auf perfektionistische Aufgabenerfüllung und Zielerreichung
- gibt nur ungern persönliche Interessen, Wünsche, Emotionen und Gefühle preis
- vermeidet, selbst kritisiert zu werden
- kann sehr überzeugend argumentieren
- wirkt kontrolliert und reserviert

4. Werteorientierung

- strebt Vollkommenheit und Perfektion an
- übertreibt manchmal die Perfektion und wirkt dann pedantisch und bürokratisch
- verfolgt einen Aufmerksamkeitsstil, der ständig auf die Verbesserung von Fehlern und die Beseitigung von Schwachstellen ausgerichtet ist

5. Persönlichkeitsentwicklung

- verstärkte Einbeziehung irrationaler Verhaltensweisen in Gesamtbetrachtungen
- angemessener Umgang mit der eigenen Aggressivität und Empfindlichkeit
- risikofreudiger Umgang mit Herausforderungen
- verstärkte Anerkennung anderer Wertesysteme und Ideale
- kreativer Umgang mit Aufgaben- und Problemstellungen
- tolerantere Haltung und Einstellung gegenüber abweichenden Ansichten und Standpunkten

- verstärkte Anerkennung und Erfüllung eigener Bedürfnisse und Wünsche
- beziehungsorientiertes Kommunikationsverhalten
- Ausbalancierung des Wertesystems in Richtung Flexibilität und Anerkennung partieller Unvollkommenheit

6. Coaching-Themen

- Ausbalancierung des Kommunikationsverhaltens in Richtung Beziehungsorientierung
- Ausbalancierung des Zentralwertes Perfektion in Richtung „Fünfe-gerade-sein-lassen"
- Kanalisierung der verdrängten Aggressivität in produktive Bahnen
- Erlernung von Kreativitäts- und Sensitivitätsmethoden
- Delegation von Verantwortung auf allen Ebenen
- Führung durch Wertschätzung und Sympathie

Typus 2: Der Anerkennungsorientierte

Der Anerkennungsorientierte richtet seine Aufmerksamkeit zentral auf die Bedürfnisse und Nöte der anderen. Er handelt hilfsbereit und sichert sich durch seine Helferdienste Anerkennung und Wertschätzung.

1. Gesprächsfragmente

- Martin H., Assistent der Geschäftsleitung
  „Ich fühle mich in meiner jetzigen Position sehr wohl, weil ich das Gefühl habe, unabkömmlich zu sein. Die anstehenden Aufgaben und Probleme können von der Geschäftsleitung ohne meine entscheidungsvorbereitenden Tätigkeiten niemals bewältigt und gelöst werden."

- Cornelia Z., Chefsekretärin
  „Ich versuche, alle Unannehmlichkeiten von meinem Chef fernzuhalten, damit er den Rücken frei hat für wesentliche Aufgaben. Bei allen wichtigen Entscheidungen fragt er mich

um einen persönlichen Rat. An wichtigen Konferenzen nehme ich regelmäßig teil."

- Udo K., Marktleiter

"Ich lege Wert auf gute zwischenmenschliche Beziehungen und bevorzuge einen mitarbeiterorientierten Führungsstil. Ich bin für meine Mitarbeiter da – wann immer sie mich brauchen. Mit meinen Abteilungsleitern setze ich mich jeden Montag eine Stunde zusammen und bespreche die Ergebnisse der letzten Woche und die Planung der anstehenden Woche. Letzte Woche habe ich Herrn Schulze drei Tage Sonderurlaub gegeben, weil seine Frau schwer erkrankt ist. Mir liegt sehr am Wohlbefinden meiner Mitarbeiter."

2. Führungsstil

- bevorzugt einen eher mitarbeiterorientierten Führungsstil
- bringt seinen Mitarbeitern Wertschätzung, Wärme und Zuneigung entgegen und will dafür anerkannt und geachtet werden
- fungiert oft als Ratgeber und Helfer
- neigt dazu, Mitarbeiter in zwei Klassen einzuteilen, in solche, die es wert sind, sich um sie zu bemühen und zu kümmern, und in solche, die die Zeit nicht wert sind
- hat ein gutes Gespür dafür, schwierige Außenseiter in Gruppen und Teams zu integrieren

3. Kommunikationsverhalten

- schlüpft von einer Rolle in die andere und kann sich auf die unterschiedlichen Kommunikationspartner einlassen
- vermittelt durch Appelle das Gefühl: „Sie brauchen mich!"
- kommuniziert beziehungsorientiert und zeigt Interesse an den Problemen und Wünschen der Mitarbeiter
- hält eigene Gefühle und Emotionen oft zurück
- wirkt manchmal unecht, vereinnahmend, belagernd, einmischend und aufdringlich
- erwartet Dank und Anerkennung

4. Werteorientierung

- strebt nach Anerkennung und Bestätigung
- übertreibt manchmal die Außenorientierung und manipuliert
- verfolgt einen Aufmerksamkeitsstil, der ständig die Wünsche, Bedürfnisse und Hilfegesuche der anderen registriert

5. Persönlichkeitsentwicklung

- verstärkte Abkehr von einer reinen Außensteuerung und vermehrte Zuwendung zur Innensteuerung
- Erweiterung des Aufmerksamkeitsstils auf die „wirklichen" eigenen und fremden Bedürfnisse
- Aufbau einer konstruktiven Selbst-Kritikfähigkeit als Voraussetzung für Fremd-Kritikfähigkeit
- produktiverer Umgang mit Kontroversen und Konflikten
- Dis-Identifikation von den vielen Ich-Formen, die entwickelt wurden, um die Bedürfnisse, Strebungen und Wünsche anderer zu befriedigen
- Ausbalancierung des Wertesystems in Richtung Selbstbezogenheit beziehungsweise Innenorientierung
- Erkennen der eigenen Manipulationsstrategien gegenüber Mitmenschen

6. Coaching-Themen

- Ausbalancierung des Kommunikationsverhaltens in Richtung Sach- beziehungsweise Aufgabenorientierung
- Ausbalancierung des Zentralwertes Anerkennung in Richtung Selbstbezogenheit
- Konfliktmanagement
- Ausbalancierung von Fremdverantwortlichkeit und Selbstverantwortlichkeit
- konsequentes Handeln und Standfestigkeit
- Beachtung struktureller Komponenten
- Entwicklung einer Streitkultur
- Förderung von Selbständigkeit durch Delegation von Verantwortung auf allen Ebenen

Typus 3: Der Erfolgsorientierte

Der Erfolgsorientierte handelt in erster Linie mit der Absicht, öffentliche Beachtung und Aufmerksamkeit zu erzielen. Die erfolgreiche Wirkung nach außen und das damit verbundene persönliche Fortkommen stehen immer im Mittelpunkt seines Taktierens.

1. Gesprächsfragmente

- Claudia W., Abteilungsleiterin
  „Ich habe große Schwierigkeiten, auf die Gefühle und Emotionen meiner Mitarbeiter einzugehen. Ich interessiere mich nicht für ihre Privatgeschichten. Was mich interessiert, sind Erfolge. Bei der Erfolgserreichung gebe ich meinen Mitarbeitern alle nur erdenkliche Unterstützung. Aber ich merke immer mehr, daß ihnen das nicht reicht. Sie wollen auch persönliche Wertschätzung und Zuneigung."

- Walter S., Geschäftsführer
  „Ich empfinde es als belastend, wenn meine Frau mich abends mit ihren Gefühlen und Emotionen überschüttet. Ich höre ihr zu, aber nicht wirklich. Sollte ich einmal davon berührt sein, flüchte ich an meinen Schreibtisch und stürze mich in unerledigte Arbeit."

- Carola N., Werbeleiterin
  „Ich bin ständig aktiv und leide unter permanenter Zeitnot. Selbst wenn ich in die Sauna gehe oder ein Entspannungsbad nehme, sind meine Gedanken bei der Arbeit. Ich plane den nächsten Tag vor oder konzipiere eine Werbeaktion. Ich kann nicht abschalten. Das ist der Preis für meine Erfolge."

2. Führungsstil

- bevorzugt einen aufgabenbetonten Führungsstil mit klaren Zielsetzungen
- versetzt sich in einen Zustand der Zielphysiologie (ein Begriff aus der Methode des neurolinguistischen Programmierens, abgekürzt NLP, der die körperlich-seelisch-geistige Zielaus-

richtung des Menschen umschreibt) und erwartet eine schnelle Zielerreichung
- hohe Identifikation mit Aufgaben, Herausforderungen und Zielen
- empfindet zwischenmenschliche Beziehungen eher störend als förderlich
- schwört Mitarbeiter auf Ziele und Herausforderungen ein
- begeistert durch positives Denken und Erfolgsglauben
- stellt die eigene Person oft übertrieben in den Vordergrund

3. Kommunikationsverhalten

- poliert Sachinformationen oft positiv auf
- zeigt einen unerschütterlichen Erfolgsglauben gegenüber anderen
- unterstreicht sprachlich seinen Führungsanspruch
- kann Optimismus und Begeisterung verbreiten
- wirkt manchmal fassadenhaft und unecht
- beeinflußt, beeindruckt und schlüpft chamäleonartig in die unterschiedlichsten Rollen
- kommuniziert sachbezogen und verlangt, persönliche Schwierigkeiten und Probleme zugunsten der Sache zurückzustellen

4. Werteorientierung

- Denken und Handeln kreisen um den Zentralwert Erfolg
- wird zum Prototyp einer Gruppe und erhebt den eigenen Zentralwert zur Generalmaxime für Gruppen und für die Gesamtorganisation
- handelt pragmatisch, zielorientiert und erfolgsorientiert
- einseitige Orientierung an materialistischen Bedürfnissen
- neigt zu hemmungslosem Fortschrittsglauben

5. Persönlichkeitsentwicklung

- Verbesserung der Fähigkeit, sich in die Gefühle, Wünsche, Bestrebungen, Einstellungen und Sinnerwartungen der Mitarbeiter einzufühlen

- Ausbalancierung von Gefühlsebene und Verstandesebene
- Anerkennung eigener Begrenzungen und Einschränkungen
- verstärkte Authentizität im Kommunikationsverhalten
- Umgang mit Mißerfolgen, Niederlagen und Schwächen
- Ausbau der sozialen Kompetenz durch empathisches und wertschätzendes Verhalten
- Ausbalancierung des Zentralwertes Erfolg (Erfolg bedeutet Anerkennung im außen) in Richtung Leistung (Leistung bedeutet Orientierung an selbstgesetzten Maßstäben)
- mehr Mitgefühl mit sich und anderen

6. Coaching-Themen

- Orientierung an selbstgesetzten Leistungsmaßstäben
- Potentiale, Stärken und Schwächen
- Empathie, Wertschätzung und Mitgefühl
- Umgang mit Beziehungskonflikten
- Sieger-Sieger-Konfliktlösungen
- Gewährung von Individualität
- Schaffung von Herausforderungen, die eine individuelle Bedürfnisbefriedigung und Sinnverwirklichung ermöglichen
- Erfolgsstreben und Mißerfolgsangst
- Team und Teamintelligenz

Typus 4: Der Gefühlsorientierte

Der Gefühlsorientierte verfügt über eine intensive Gefühlswelt, erlebt sich selbst oft als verletzlich und sensibel und möchte sich ehrlich und authentisch ausdrücken. Er handelt sehr intuitiv und schützt sich in Beziehungen vor der Grobheit und Härte der anderen.

1. Gesprächsfragmente

- Werner K., Geschäftsführer
  „Ich habe immer wieder das Problem, daß sich meine Aufmerksamkeit zu schnell verlagert. Oft, zu oft, bin ich in Dinge

verwickelt, die mit dem eigentlichen Geschäftserfolg nichts zu tun haben. Manchmal spüre ich die außerordentlichen Möglichkeiten einer Situation, habe dann aber zu wenig Ausdauer und Konzentration, um sie wirklich zu realisieren."

- Sonja Z., PR-Assistentin
  „Ich bin kreativ und sensibel. An neuen Ideen fehlt es mir nicht. Aber ich bin zu wenig zielorientiert. Es fällt mir schwer, eindeutige Ziele zu setzen. Und es fällt mir noch schwerer, gesetzte Ziele konsequent anzusteuern, Niederlagen und Rückschläge einzustecken und geduldig von einem Teilziel zu einem nächsten Teilziel fortzuschreiten."

- Kurt M., Abteilungsleiter
  „Ich habe oft Schwierigkeiten, mich auf die konkret anstehenden Aufgaben und Herausforderungen zu konzentrieren. Nur allzugerne, besonders wenn Schwierigkeiten und Widerstände auftreten, richte ich meine Aufmerksamkeit auf Zukunftsherausforderungen und Zukunftsaufgaben. Ich habe dann kaum mehr Energie für die Gegenwart, für ein konkretes Handeln und Entscheiden im Hier-und-Jetzt."

2. Führungsstil

- bevorzugt einen mitarbeiterorientierten Führungsstil mit einem intuitiven Gespür für die Potentiale, Sorgen, Bedürfnisse und Wünsche der Mitarbeiter
- reagiert und agiert aus einer sicheren „Halb-Distanz" heraus
- interessiert sich für Menschen und kann sehr gut die emotionale Atmosphäre in einer Gruppe beziehungsweise in einem Team wahrnehmen
- fühlt sich manchmal unsicher und glaubt, nichts oder zu wenig zu bewirken
- zeigt oft eine mangelnde Zielorientierung und inkonsequente Zielumsetzung
- hat Schwierigkeiten, Entscheidungen zu treffen und konsequent zu realisieren
- wirkt manchmal zu pessimistisch und zu unentschlossen

3. Kommunikationsverhalten

- wirkt manchmal fassadenhaft, unecht und gespielt
- offenbart sein Anderssein gegenüber anderen
- versteht die Wünsche, Bedürfnisse, Sorgen und Strebungen der Mitarbeiter und geht auf sie ein
- kommuniziert oft unpräzise und wenig aufgaben- und zielbezogen
- entwickelt ein intensives und unmittelbares Gespür für Menschen und Situationen
- unterstreicht durch Sprache und Gestik seine Außenseiterrolle

4. Werteorientierung

- sein Denken und Handeln kreisen um die Zentralwerte Identität und Außergewöhnlichkeit
- verstrickt sich in seine Emotionen und Gefühlszustände
- reagiert und agiert oft polar, widersprüchlich und abrupt
- hat einen Hang zum Besonderen, Außergewöhnlichen, Abweichenden und Unnormierten
- legt Wert auf gepflegte Umgangsformen und erlesenen Geschmack

5. Persönlichkeitsentwicklung

- Verbesserung der Fähigkeit, die intuitiven Kräfte und schöpferischen Potentiale für die Umwelt nutzbar zu machen
- Setzen von klaren und eindeutigen Zielen
- Entscheidungsmut und konsequentes Tun und Handeln
- Umgang mit Emotionen und widersprüchlichen Gefühlszuständen
- Stärkung des Durchhaltevermögens
- verstärkte Akzeptanz von alltäglichen und gewöhnlichen Dingen
- Ausbalancierung von Irrationalität und Rationalität
- verstärkte Konzentration auf die Gegenwart mit ihren Aufgaben, Problemen und Herausforderungen

6. Coaching-Themen

- Klares Zielsystem und Hineinversetzen in eine Zielphysiologie (körperlich-seelisch-geistige Ausrichtung auf ein Ziel)
- Stärkung des Willens als derjenigen Instanz, die tatsächlich frei wählen kann
- Verlagerung des Aufmerksamkeitsstils von der Vergangenheit und Zukunft auf die Gegenwart
- Stärkung der Entscheidungs- und Handlungskompetenz
- Steuerung und Regulierung von Teilpersönlichkeiten
- Umsetzung kreativ-schöpferischer Potentiale
- Identität und Authentizität durch Ausrichtung auf Aufgaben, Ziele und Herausforderungen
- Selbstregulation und -organisation durch ein Inner-Management

Typus 5: Der Wissensorientierte

Der Wissensorientierte verfügt über eine scharfe Beobachtungsgabe und möchte Ereignisse und Zusammenhänge verstehen. Er vermeidet öffentliche Aufmerksamkeit und reagiert und agiert lieber aus einem zurückgezogenen Hintergrund heraus.

1. Gesprächsfragmente

- Martina O., Leiterin der Abteilung Finanzbuchhaltung
  „Ich trenne strikt zwischen Privatsphäre und Berufssphäre. Das Schlimmste für mich ist, in Unterhaltungen mit Kollegen und Kolleginnen hineingezogen zu werden, in denen jemand versucht, in mein Privatleben einzudringen. Ich mache dann dicht und gehe ganz bewußt auf Distanz. Natürlich habe ich nichts gegen gute Beziehungen und Kontakte – aber immer aus einer sicheren Halb-Distanz heraus und in einer sachlichen Atmosphäre."

- Karlow W., Ingenieur
  „Ich beherrsche mein Fachgebiet sehr gut. Meine Mitarbeiter schätzen mich als einen kompetenten Experten und Berater. Ich

habe allerdings große Schwierigkeiten, auf Menschen zuzugehen. An persönlichen Kontakten liegt mir nicht viel. Manche
Mitarbeiter werfen mir mangelnde Initiativbereitschaft und
Risikofreude vor. Ich bin mir bewußt, daß sie durchaus recht
haben. Ich bin sehr sicherheitsbewußt und benötige umfassende Informationen, um Entscheidungen zu treffen."

- Roland K., Personalleiter
  Ich lasse mich nicht gerne in Auseinandersetzungen hinein-
  ziehen. Oft weiche ich Konflikten aus, indem ich mich zu-
  rückziehe und gleichsam eine Mauer um mich errichte. Ich
  konzentriere mich dann auf eine interessante Arbeit und vermeide jegliche Kontakte zur Außenwelt. Ich weiß, daß ich
  dadurch keine Konflikte und Probleme löse, sondern sie allenfalls verschiebe.

2. Führungsstil

- bevorzugt einen aufgaben- und sachorientierten Führungsstil
- erarbeitet einen organisatorischen Rahmen für alle zwischenmenschlichen Interaktionen
- bewahrt fast immer eine sichere Halb-Distanz und schätzt ein
  reibungsloses Miteinander ohne emotionale und gefühlsmä-
  ßige Auseinandersetzungen oder gar Entladungen
- führt reserviert, aber freundlich und neigt dazu, Probleme und
  Konflikte durch „Mittelsmänner" lösen zu lassen
- denkt systemisch und umfassend und überträgt ein hohes Maß
  an Selbstverantwortung und Selbstkontrolle an die Mitarbeiter
- läßt sich nur sehr wenig konkret und lebenspraktisch auf
  Mitarbeiter ein
- reagiert und agiert primär aus einer Beobachterrolle heraus

3. Kommunikationsverhalten

- kommuniziert überwiegend sachlich und realistisch
- hält persönliche Gefühle und Emotionen weitestgehend zurück
- will kompetent wirken und dadurch Anerkennung erzielen

- wirkt freundlich aber distanziert und oft auch unnahbar und wenig wertschätzend
- läßt Mitmenschen nicht an seinem Innenleben teilnehmen
- strahlt eine Disharmonie zwischen Kopf und Gefühlen aus und wirkt oft körperlich verspannt
- kann sehr gut Sachverhalte strukturieren und bemüht sich um faire, objektivierbare und sachgerechte Lösungen
- beobachtet mehr anstatt teilzunehmen

4. Werteorientierung

- sein Denken und Handeln kreisen sehr stark um die Zentralwerte Objektivität und Unabhängigkeit
- möchte die Welt umfassend begreifen und verstehen
- sucht permanent neues Wissen und neue Erkenntnisse und zieht sich oft vollständig von der Außenwelt zurück
- entfernt sich oft sehr stark vom „wirklichen Leben"
- strebt Unabhängigkeit an und möchte möglichst wenig in Dinge und Ereignisse verwickelt und verstrickt werden
- wirkt oft wenig spontan und kreativ
- lebt oft die Unabhängigkeit überwertig und isoliert sich

5. Persönlichkeitsentwicklung

- muß sich in die „Niederungen" der Organisation begeben und sich konkret und lebenspraktisch auf Mitarbeiter einlassen
- muß sich vom Beobachter zum Teilnehmer entwickeln und sich auf das Leben verstärkt einlassen
- muß sich mit seinen eigenen Gefühlen und Emotionen versöhnen und sie bei Mitmenschen akzeptieren
- muß sich verstärkt um ein Klima der Offenheit und Vertrautheit bemühen
- sollte niemals einen Menschen beurteilen, bevor er nicht wenigstens eine Weile „in seinen Schuhen gelaufen" ist
- muß lernen, Konflikte als positive Spannungsverhältnisse aufzufassen
- muß lernen, daß Führung ein sehr individuelles Geschehen ist

und keineswegs nur in der Vorgabe organisatorischer Rahmenbedingungen besteht
• muß seine Spontaneität, Kreativität und Intuition stärken

6. *Coaching-Themen*

• Nutzbarmachung des Wissens und der umfangreichen Fähigkeiten für andere
• Akzeptanz eigener Gefühle, Emotionen und Strebungen
• Erweiterung des Kommunikationsspektrums um die Komponenten Empathie, Wertschätzung und Authentizität
• Entwicklung aktiver Konfliktlösungsstrategien und -techniken
• Entwicklung eines individuellen Führungsstils
• Stärkung der Fähigkeit, an kreative und intuitive Potentiale heranzukommen
• Stärkung der Bereitschaft und Fähigkeit, wichtige Aufgaben und Projekte abzuschließen
• Akzeptanz von Spontaneität, Unübersichtlichkeit und irrationalen Handlungen

Typus 6: Der Sicherheitsorientierte

Der Sicherheitsorientierte fühlt sich in fremden Situationen zunächst verunsichert und überprüft dann, ob die atmosphärischen Stimmungen bedrohlich oder beruhigend wirken. Sein abwägendes Verhalten bewirkt oft Entscheidungs- und Handlungsverzögerungen.

1. Gesprächsfragmente

• Nadja S., Abteilungsleiterin
„Ich brauche einen klar vorgegebenen Verantwortungs- und Entscheidungsrahmen, innerhalb dessen ich agieren und reagieren kann. Fehlt der klare und eindeutige Rahmen, fühle ich mich unsicher und brauche sehr viel Zeit, um mich zu entschließen und zu entscheiden. Ich muß immer alle Möglichkeiten gut abwägen."

- Robert A., Leiter der Finanzbuchhaltung
  „Ich erledige meine beruflichen Aufgaben und Herausforderungen verantwortungs- und pflichtbewußt. Das Verhältnis zu meinem Chef ist loyal. Ich handle und entscheide äußerst vorsichtig, um falsche Entscheidungen zu vermeiden."

- Conrad W., Schulleiter
  „Ich fühle mich oft von außen bedroht. Meine Aufmerksamkeit ist daher ständig auf die Außenwelt gerichtet und tastet die Umgebung nach Hinweisen für Bedrohungen und Gefahren ab. Meinen Mitmenschen unterstelle ich oft falsche Motive. In der letzten Zeit habe ich den Eindruck, daß ich zuviel auf meine Mitarbeiter projiziere, was mit ihnen eigentlich gar nichts zu tun hat."

2. Führungsstil

- bevorzugt einen mitarbeiterorientierten Führungsstil und akzeptiert auch Schwächen und Unzulänglichkeiten der Mitarbeiter
- setzt sich vor allem auch für Benachteiligte (Underdogs) ein
- hat oft in die guten Absichten anderer nicht viel Vertrauen und fürchtet, angegriffen und verletzt zu werden
- verzögert bei schwierigen Herausforderungen anstehende Entscheidungen und konkretes Handeln und Tun
- ist bereit, für eine herausragende Sache oder Aufgabe Opfer zu bringen und sich unermüdlich einzusetzen
- hat einen vorrangig außenorientierten Aufmerksamkeitsstil, der grundsätzlich in der Lage ist, die individuellen Wünsche, Bedürfnisse und Bestrebungen der Mitarbeiter genauestens zu erfassen
- verfängt sich allzuoft in reflexive Denkprozesse und handelt zu wenig nach eigengesetzten Zielen

3. Kommunikationsverhalten

- wirkt oft allzu ängstlich, befangen, unsicher und gehemmt
- reagiert und agiert vorsichtig und paßt seinen Kommunika-

tionsstil dem jeweils vorherrschenden Gruppendenken an
- gibt zu verstehen, daß er „seine Pflicht" tut und die Aufgaben vorschriftsmäßig erledigt
- wirkt konfliktvermeidend und kommuniziert beschwichtigend und ausgleichend
- kann manchmal massiv angreifen und Argumente in Form von Warnungen anführen oder auf Normen und Gesetze verweisen
- wirkt oft ernst und humorlos – kann sehr mitfühlend und warmherzig gegenüber Mitarbeitern sein

4. Werteorientierung

- sein Denken und Handeln kreisen um die Zentralwerte Sicherheit und Vorsicht
- stuft Menschen und Situationen nach Bedrohlichkeit und Gefährlichkeit ein
- mag nicht „gegen den Strom schwimmen"
- reagiert und agiert äußerst wachsam
- fühlt sich in Gruppen wohl und handelt fürsorglich und gemeinwohlorientiert
- paßt sich zumeist an und gibt wenig Gelegenheit zu Auseinandersetzung und Konfrontation

5. Persönlichkeitsentwicklung

- Entwicklung einer gesunden Vertrauenshaltung und Überwindung eigener Ängste und Unsicherheiten
- verstärkter Mut zum Risiko und entscheidungsfreudlicheres Verhalten. Überwindung von Konfliktvermeidungstendenzen und Mut zu Konfliktlösungen auf kooperativer Basis
- verstärkte Unabhängigkeit im Denken, Handeln und Verhalten – besonders von Autoritäten und Idealpersonen
- Entwicklung von Mut zu neuen Ideen und abweichenden Ansichten
- Entwicklung in Richtung „selbstbewußte Persönlichkeit" und von Gewinner-Vorstellungen – Ausrichtung der Aufmerksamkeit auf positive Ziele und Herausforderungen

- Aufgaben und Herausforderungen zu Ende führen – auch wenn Schwierigkeiten und Probleme auftreten

6. *Coaching-Themen*

- Verbesserung der Entscheidungs- und Handlungskompetenz, vor allem in Hochdruck-Situationen
- Aufbau von Selbstsicherheit und Selbstglauben
- Umgang mit eigenen Aggressionen, Zweifeln und Skepsis
- kritische Reflexion des Verhaltens und der Einstellung zu Autoritäten
- Erlernen eines klaren und konsequenten Zielmanagements
- Umgang mit Ängsten
- Mut zum Risiko und zu selbstverantwortlichem Handeln bei Unsicherheit und Unübersichtlichkeit
- Umgang mit Projektionen und kompensatorischen Verhaltensweisen
- Stärkung des Willens

Typus 7: Der Aktivitätsorientierte

Der Aktivitätsorientierte ist vielseitig interessiert, positiv gestimmt und überaus aktiv. Er entwirft immer neue Zukunftspläne und will Spaß und Freude. Konflikte und unangenehme Ereignisse ignoriert er weitgehend oder poliert sie positiv auf.

1. *Gesprächsfragmente*

- Michael B., Marktleiter
  „Ich versuche, jedem Mitarbeiter das Gefühl zu geben, ein gleichberechtigtes Mitglied des Teams zu sein. Ich sehe meine Aufgabe nicht darin, Mitarbeiter zu beaufsichtigen und zu kontrollieren. Sie können sich innerhalb der allgemeinen Richtlinien und Orientierungsleitlinien voll entfalten – selbstverantwortlich und selbstkontrollierend."

- Patrizia K., Leiterin der Werbeabteilung
  „Ich bin sehr ideenreich und phantasievoll. Mir macht es viel

Vergnügen, Werbeaktionen zu kreieren, zu planen und zu verkaufen. Im letzten Jahr habe ich einige brillante Werbeaktionen gefahren, die auch in der Werbewirtschaft für Furore gesorgt haben. Die konkrete Umsetzung und Ausgestaltung überlasse ich den Fachleuten meiner Abteilung."

- Rainer S., Geschäftsführer
  „Ich habe immer verschiedene Projekte nebeneinander laufen. Es fällt mir sehr schwer, mich ausschließlich und ausdauernd auf ein Projekt zu konzentrieren. Die Ausrichtung meiner Aufmerksamkeit auf ein Projekt empfinde ich als langweilig und trist. Ich habe immer wieder neue faszinierende Ideen und Träume. Wenn ich davon überzeugt bin, versuche ich auch, sie zu realisieren, auch wenn die anderen davon keineswegs so überzeugt sind."

2. *Führungsstil*

- bevorzugt einen mitarbeiterbezogenen Führungsstil mit großen Freiräumen und kollegialem Umgang
- ebnet Autoritäten weitgehend ein und zieht ein Arrangement vor, bei dem er niemanden über sich und niemanden unter sich hat
- kann begeistern und Ideen verkaufen
- hält auch in schwierigen Zeiten die Stimmung hoch und wirkt ungeheuer optimistisch und positiv
- handelt oft zu wenig zielorientiert und inkonsequent
- kümmert sich wenig um Routinetätigkeiten und vermeidet konfliktträchtige Auseinandersetzungen
- geht auf Mitarbeiter zu und arrangiert Netzwerke und Teambeziehungen

3. *Kommunikationsverhalten*

- kommuniziert mitarbeiterbezogen und erzeugt eine offene und kreative Atmosphäre
- neigt dazu, durch Schmeicheleien zu bezaubern und zu überzeugen

- redet sich gerne aus Schwierigkeiten und Konflikten heraus
- ignoriert Rückschläge und sieht in ihnen immer noch etwas Positives
- zeigt einen unerschütterlichen Glauben an immer neue Pläne und Ideen
- fördert formale und informale Kommunikationsprozesse und steht Mitarbeitern jederzeit für einen Meinungsaustausch zur Verfügung
- springt in Gesprächen von einem Punkt zum anderen und kommuniziert wenig zielbezogen
- wirkt von sich überzeugt und manchmal recht oberflächlich

4. *Werteorientierung*

- sein Denken und Handeln kreisen um die Zentralwerte Glück und Vergnügen
- hat ein überaus hohes Aktivitätsniveau und sieht überall Möglichkeiten, Chancen und interessante Herausforderungen
- sieht die Sonnenseiten einer Aufgabe und Herausforderung und strahlt fast immer einen unbekümmerten Optimismus aus
- vermeidet unter allen Umständen Unbehagen und Beschwernis und umgeht Unangenehmes
- hat eine hohe Energie für riskante und ausgefallene Projekte und Aktionen
- ist grundsätzlich zukunftsorientiert

5. *Persönlichkeitsentwicklung*

- Anerkennung von und Versöhnung mit Problemen und Konflikten
- Übernahme von Verantwortung
- Auseinandersetzung mit den eigenen Schattenanteilen
- Konzentration der Aufmerksamkeit auf eine Sache und Angelegenheit
- Versöhnung mit Leid und Schmerzen
- Aufbau einer Halb-Distanz zu Ereignissen und Situationen
- Verschaffung eines „Panoramablicks" und gelegentlicher Rückzug

- Ausbau der Beobachtungs- und Reflexionsfähigkeit
- klare Zielorientierung und konsequenteres Handeln
- Umsetzen der enormen Vitalität in ein zielgerichtetes und ausdauerndes Tun und Handeln für eine Aufgabe, Herausforderung oder für ein Ziel
- Vermeidung von Überaktivität

6. Coaching-Themen

- Umgang mit Problemen und schmerzlichen Angelegenheiten
- Erkennen der Selbst- und Fremdverantwortlichkeit
- Erkennen der Angewohnheit, Dinge zu entschärfen
- Konzentration der Aufmerksamkeit auf die Gegenwart
- Überwindung der Konflikt-Bagatellisierungsstrategien
- Entwicklung eines zielorientierten Führungsstils
- Einplanung von Mußezeit und Stillezeit und Erweiterung des Zeitbegriffs um die Komponente Qualität
- Realistischer Umgang mit der Wirklichkeit
- Orientierung an klaren Werten und daraus abgeleiteten Zielen
- Entwicklung von Interesse an den wirklichen Bedürfnissen, Wünschen und Bestrebungen der Mitarbeiter

Typus 8: Der Machtorientierte

Der Machtorientierte tritt selbstbewußt und raumgreifend auf und kann Konfliktsituationen sehr gut aushalten. Er zeigt ein Gewinner-Verhalten und verhält sich oft nonkonformistisch.

1. Gesprächsfragmente

- Manfred Z., Betriebsleiter
  „Ich habe in den letzten Jahren ein umfassendes System von Richtlinien erarbeitet, das alle möglichen Sachverhalte und Eventualitäten regelt und weitestgehend abdeckt. Ich kontrolliere die Einhaltung der Richtlinien genau und reagiere heftig, wenn Vorschriften ohne ausdrückliche Erlaubnis gebrochen wurden. Wenn es die Situation erfordert, weiche ich allerdings auch manchmal von den Richtlinien ab.“

- Angelika N., Verkaufsleiterin
  „Ich lasse mir von der Geschäftsleitung nicht in meinen Verantwortungsbereich hineinreden. Ich erwarte von meinen Mitarbeitern, daß sie mich genau über Vorkommnisse, Probleme und Schwierigkeiten informieren. Wenn die Dinge nicht vorwärtskommen oder gar schieflaufen, greife ich ein, reiße die Angelegenheiten an mich und ziehe sie dann mit viel Verve durch."

- Tobias R., Projektmanager
  „Ich habe ein starkes Selbstbewußtsein, stelle mich Hindernissen in den Weg, handele direkt und konsequent und löse Probleme. Es interessiert mich wenig, was andere von mir halten. Ich strebe das an, was ich für richtig halte."

2. Führungsstil

- bevorzugt einen sachorientierten Führungsstil mit klaren und eindeutigen Richtlinien und Regeln
- verlangt eine strenge Einhaltung der Richtlinien und Regeln von den Mitarbeitern, beansprucht jedoch für sich das Recht, sie jederzeit brechen zu dürfen
- scheut keine Konfrontation und Auseinandersetzung und kann „massiv" auftreten
- kontrolliert und übernimmt die Führung und Leitung, wenn die Dinge nicht vorwärtskommen oder schieflaufen
- strahlt Kraft, Ausdauer und Engagement aus und reagiert impulsiv
- geht wenig auf die Gefühle und Emotionen seiner Mitarbeiter ein und empfindet sie als störend bei der Aufgabenbewältigung
- stellt sich schützend vor die Mitarbeiter, wenn er glaubt, daß sie im Recht sind
- sichert die Grenzen seines Machtbereichs und seines persönlichen Imperiums

3. Kommunikationsverhalten

- wirkt stark, selbstsicher und autoritär
- reagiert und agiert oft aggressiv und kämpferisch
- hat ein mißtrauisches Beziehungsohr und wittert allzeit den Widersacher
- kommuniziert sehr stark im Imperativ und kann andere herabsetzen und demütigen
- wirkt überzeugend, indem er die Sache in die Hand nimmt und die Kontrolle behält
- zeigt ein hohes Maß an Konfliktbereitschaft und hat die Fähigkeit zur direkten Auseinandersetzung und Konfrontation
- kennt manchmal seine persönlichen Grenzen nicht und mißachtet die Gefühle und Emotionen anderer
- kann andere massiv unter Druck setzen, um herauszufinden, wie sie unter einer glatten Oberfläche wirklich sind

4. Werteorientierung

- sein Denken und Handeln kreisen um die Zentralwerte Macht und Stärke
- hat hohe Erwartungen an sich und die Umgebung und reagiert und agiert entscheidungs- und handlungsorientiert
- ist ein hervorragender Kämpfer, sehr vital und voller Energie
- kann manchmal sehr grobschlächtig und nachtragend sein
- beeinflußt die Umgebung sehr stark
- scheut auch schwierige Probleme und Herausforderungen nicht
- kann ein überzeugendes Vorbild für andere sein

5. Persönlichkeitsentwicklung

- Versöhnung mit dem Schwachen, Unzulänglichen und Erfolglosen
- angemessener Umgang mit Zorn und Wut und Kanalisierung dieser Energien in produktive Bahnen
- Überwindung von Schwarz-Weiß-Denkmustern
- Akzeptanz anderer Ansichten, Meinungen und Lebensstile

- Entwicklung der Fähigkeit, anderen Respekt zu erweisen
- Entwicklung der Fähigkeit, sich selbst zu erforschen und zu betrachten
- hilfsbereiter und versöhnlicher Umgang mit anderen
- Entwicklung von Empathie und Wertschätzung

6. Coaching-Themen

- Überwindung einpoliger Denk- und Verhaltensweisen
- kontrollierter Umgang mit Aggressionen, Entwicklung von Sensitivität gegenüber den Bedürfnissen, Wünschen und Nöten der Mitarbeiter
- partnerschaftliche Konfliktlösungsstrategien (Gewinner-Gewinner-Situation)
- Erkennen von Synergie-Effekten bei Teamarbeit, Einfügung in eine Teamkultur beziehungsweise Gruppenkultur
- Anerkennung und Berücksichtigung von Werten wie: Non-Direktivität, Empathie, Gewährenlassen
- Rücksichtnahme auf Reaktionen der Öffentlichkeit
- Entwicklung von Sensitivität gegenüber den Bedürfnissen, Wünschen und Nöten der Mitarbeiter

Typus 9: Der Übereinstimmungsorientierte

Der Übereinstimmungsorientierte möchte gern friedlich und harmonisch mit anderen umgehen und vermeidet offene Konflikte. Er hat die Fähigkeit, sich intensiv in die Standpunkte, Meinungen und Gefühle anderer einzufühlen, hat aber große Schwierigkeiten, sich davon abzugrenzen.

1. Gesprächsfragmente

- Karin M., Leitende Sozialpädagogin
  „Ich habe wenig Energie und daher ein großes Bedürfnis, Spannungen, Konflikte und heftige Auseinandersetzungen zu vermeiden. Es ist mir sehr wichtig, daß in meiner Umgebung Frieden und ein harmonisches Miteinander herrschen. Meine

Mitarbeiter werfen mir immer wieder vor, Konflikte herunterzuspielen oder zu negieren."

- Carsten V., Psychologe
  „Ich neige dazu, Dinge aufzuschieben und nicht konsequent zu erledigen. Überhaupt habe ich oft wenig Gespür für Wesentliches und Nebensächliches. Ich setze die Prioritäten falsch und flüchte in Routinetätigkeiten, während wichtige Aufgaben und Herausforderungen liegenbleiben."

- Hubertus R., Geschäftsführer
  „Ich bin ein guter Führer, wenn der Handlungsverlauf in Situationen klar ist. Ich fühle mich unwohl und habe große Schwierigkeiten, wenn Entscheidungen auf der Basis unvollständiger Informationen verlangt werden. Ich brauche sehr viel Zeit, um das Für und Wider einer Entscheidung abzuwägen. Riskante Unternehmen fallen mir schwer. Ich ziehe Bekanntes und vorhersehbare Ergebnisse dem Unbekannten und Unwägbaren vor."

2. Führungsstil

- bevorzugt einen eher sachorientierten Führungsstil mit klaren Plänen und methodischem Vorgehen
- vermeidet Auseinandersetzungen und offene Konfrontationen und neigt dazu, die Dinge laufenzulassen, bis ein kritisches Niveau erreicht ist
- legt viel Wert auf harmonische Beziehungen und auf ein friedliches Miteinander
- hat ein Bedürfnis nach Rechenschaftsberichten und einer klaren Dokumentation der gesamten Durchführung
- kann das Interesse an Projekten verlieren und schaltet dann in Tun und Handeln auf die Minimalerfordernisse des Projektes zurück
- bietet Mitarbeitern Unterstützung an und kann andere akzeptieren
- tut sich schwer mit riskanten Entscheidungen und neuen Herausforderungen und Aufgaben

- neigt dazu, Probleme und Konflikte herunterzuspielen, um andere nicht zu beunruhigen

3. *Kommunikationsverhalten*

- erzählt sehr ausgiebig und langatmig
- wirkt verbal und nonverbal auf andere oft sehr beruhigend
- wirkt vermittelnd und kann widerstreitende Parteien zur Versöhnung bewegen
- reagiert wenig spontan und natürlich auf aktuelles Erleben und auf äußere Herausforderungen
- zieht sich oft zurück und neigt dazu, alles nicht so wichtig zu nehmen
- konzentriert die Aufmerksamkeit sehr stark auf andere und kann mit anderen verschmelzen
- kann sehr hartnäckig an einmal gewählten Positionen festhalten
- hält Aggressionen sehr stark zurück und tut sich schwer, einen persönlichen Standpunkt einzunehmen

4. *Werteorientierung*

- Denken und Handeln kreisen um die Zentralwerte Harmonie und Frieden
- möchte ein harmonisches Miteinander und paßt sich oft den Wünschen und Bedrüfnissen anderer allzustark an
- baut bei Widerständen, Konflikten und Spannungen zwischen sich und anderen eine Wand auf
- braucht viel Zeit, um alle Seiten und Facetten einer Sache abzuwägen
- wirkt sehr liebenswürdig und geduldig und ist ein guter Vermittler zwischen widerstreitenden Positionen
- kann sehr gut mit den Problemen anderer Menschen umgehen
- starker Hang zur Passivität und zum Nichtstun

5. Persönlichkeitsentwicklung

- realistische Zielsetzungen und konsequente Zielrealisierung
- Entwicklung eines positiveren Selbstbildes
- Entwicklung von Initiative, Engagement und Risikofreudigkeit
- Konzentration der Aufmerksamkeit auf wesentliche Aufgaben und Herausforderungen
- Mut zu eigenständigen Entscheidungen, Handlungen und Ansichten
- Kompensation des Rückzugsverhaltens durch ein ausgewogenes Konfrontationsverhalten
- Entwicklung eines Gespürs dafür, sich mutig einzubringen
- Akzeptanz von Unordnung, Veränderung und Brüchen

6. Coaching-Themen

- Verbesserung der Entscheidungs- und Handlungskompetenz
- Entwicklung der Fähigkeit, Projekte abzuschließen und erfolgreich zum Ziel zu führen
- Entwicklung eines Aufmerksamkeitsstils, der sich auf Wesentliches konzentriert
- Erarbeitung eines klaren und konsequenten Zeitmanagements
- Umgang mit verdrängter und abgeschotteter Aggression
- Stärkung der Fähigkeit zur Selbstorganisation
- Aufbau von Selbstbewußtsein
- Überwindung von Unschlüssigkeit und Untätigkeit
- Erarbeitung von Konfliktlösungsstrategien
- Unterscheidung zwischen verschiedenen Prioritäten
- Erweiterung des persönlichen Führungsstils um die Komponente Zielorientierung

4. Kapitel

Coach – Führungskraft –
Organisation

Um den Erfolg eines Coachings sicherzustellen, müssen alle an einem Strang ziehen: Der Klient ist herausgefordert, ständig – und nicht nur während der Gesprächstermine mit seinem Coach – an sich zu arbeiten. Der Coach wiederum kann nur dann auf die Führungskraft einwirken, wenn er sowohl fachlich als auch persönlich kompetent und angenehm aufzutreten in der Lage ist. Doch nicht nur Sie als Einzelperson hat Ihr Coach zu berücksichtigen. Auch die Organisation, in der Sie wirken, ist Gegenstand Ihrer beider Überlegungen. Bei Bedarf ist es sogar möglich, die Organisation oder Teile von ihr in das Coaching-Programm einzubeziehen.

Selbstverantwortliche Umsetzung

Der Coach entläßt die Führungskraft während des Coaching-Prozesses niemals aus ihrer Selbstverantwortung und schärft ihr Bewußtsein für ihre Fremdverantwortung. Dahinter steckt die Überzeugung, daß der Mensch ein frei entscheidendes und verantwortliches Wesen ist. Die Evolution hat dem Menschen die Freiheit der Entscheidung auferlegt und die Bürde der Verantwortung für die getroffenen und nichtgetroffenen Entscheidungen übertragen.

Das Wesentliche im Coaching-Prozeß vollzieht sich zwischen den Coaching-Terminen. In den Zwischenzeiten ist die Führungskraft herausgefordert, das Erarbeitete und kognitiv Verstandene in der konkreten Alltagswirklichkeit umzusetzen. Es findet die Bewährung im Alltag statt. Wahrnehmungs-, Einstellung- und Verhaltensänderungen gelingen nur dann, wenn sie regelmäßig und konsequent praktiziert werden. Die Führungskraft handelt selbstverantwortlich; sie ist in den konkreten Situationen im Berufsalltag weitgehend auf sich allein gestellt und muß die Verantwortung für ihr Tun, Handeln und Unterlassen tragen.

Der Coach fördert die Selbstverantwortlichkeit der Führungskraft vor allem, indem er während des Coaching-Prozesses den Willen der Führungskraft stärkt. Der Wille ist Ausdruck der menschlichen Autonomie. Er ist die Fähigkeit, frei nach der eigenen inneren Natur zu handeln und nicht unter den Zwängen äußerer Umstände. Ein so verstandener Wille hat nichts mit der „Willenskraft" nach viktorianischer Art zu tun. Die Funktion des Willens besteht darin, zu führen und nicht zu erzwingen. Dem widerspricht allerdings nicht, daß der Wille oft auch Mühe, Anstrengung und Einsatz erfordert, besonders dann, wenn er sich gegen tiefverwurzelte Wahrnehmungs-, Einstellungs- und Verhaltensmuster und Gewohnheiten richtet.

Der Coach scharft im Coaching-Prozeß auch das Bewußtsein und die Bereitschaft der Führungskraft zur Übernahme von Fremdverantwortung nach innen und nach außen. Die Führungskraft und die Organisation sind keine „Inseln" und isolierten Einheiten, sondern eingebettet in viele soziale Systeme. Auf lange Sicht hängt die eigene

Überlebensfähigkeit immer von der über- und untergeordneter Systeme ab. Leider ist diese Sichtweise bis heute noch nicht wirklich bis in die Berufs- und Arbeitswelt eingedrungen, Fremdverantwortung bedeutet immer, über den Tellerrand des eigenen Horizontes hinauszuschauen und sich selbst und die Organisation als Bestandteil eines größeren Ganzen zu sehen.

Verantwortung des Coach

Der Coach trägt die volle oder entscheidende Verantwortung für

- die Schaffung eines Schutzraumes und Klimas für Offenheit und Vertrauen
- den Einsatz eines optimalen personenzentrierten und problemorientierten Methodenspektrums,
- die Einhaltung des vereinbarten Kosten- und Zeitrahmens,
- seine eigene Prozeßkompetenz während des gesamten Coaching-Verlaufs,
- die Kontrolle und Reflexion der Fortschritte, die im Coaching-Verlauf erzielt werden.

Verantwortung der Führungskraft

Die Führungskraft trägt die volle oder entscheidende Verantwortung für

- ihre Bereitschaft, sich auf Lern- und Klärungsprozesse einzulassen und eigene Wahrnehmungs-, Einstellungs- und Verhaltensmuster kritisch zu hinterfragen,
- die Umsetzung der erlernten und erarbeiteten Inhalte in die Praxis,
- die Einhaltung der Rahmenbedingungen des vereinbarten Coaching-Konzeptes.

Die Führungskraft der Zukunft:

- handelt selbstverantwortlich und implementiert das Prinzip „Selbstverantwortlichkeit" weitestgehend auf allen Ebenen der Organisation,

- zeigt ein tiefes Verständnis für gesellschaftliche, ökonomische und ökologische Zusammenhänge und handelt fremdverantwortlich gegenüber untergeordneten und übergeordneten Systemen,
- stellt sich den Herausforderungen der Organisation und der Mitwelt,
- sieht die eigenen Aufgaben und Tätigkeiten in größere Zusammenhänge eingebettet.

Der Coach ist aus seiner Verantwortung nicht entlassen. Er trägt die entscheidende Verantwortung für einen nutzenbringenden Ablauf der Coaching-Sitzungen und trägt eine Mitverantwortung für die Anwendung des erworbenen Wissens, der trainierten Wahrnehmungs-, Einstellungs- und Verhaltensveränderungen und der erarbeiteten Konzepte in der Praxis insofern, als daß er jederzeit mit Ratschlägen und Unterstützung oder überhaupt als Gesprächspartner zur Verfügung steht. Für das Setting des Coaching-Verlaufs ist er voll verantwortlich.

Begleitend: Trainings, Workshops, Ausbildung ...

Coaching kann einen Bildungsbedarf für Führungskräfte offenlegen und implizieren, der nur durch externe oder interne Trainings, Workshops, Ausbildung, Weiterbildung, Fortbildung und Meetings gedeckt werden kann. Der Coaching-Prozeß kann daher von Bildungsaktivitäten begleitet werden oder in Bildungsaktivitäten einmünden. Die einzelnen Bildungsaktivitäten werden in der Regel nicht vom Coach selbst durchgeführt, sondern von Experten außerhalb oder innerhalb der Organisation. Die Aufgabe des Coach besteht darin, gemeinsam mit der Führungskraft die Bildungslücke zu definieren, den Bildungsbedarf festzulegen und adäquate Aus-, Fort- und Weiterbildungsprozesse einzuleiten und durchzuführen.

Die begleitenden Bildungsmaßnahmen müssen so gestaltet sein, daß sie Lernprozesse garantieren, die der Führungskraft immer auch einen Zuwachs an Problemlösungsschärfe und einen Zuwachs an

Lernfähigkeit ermöglichen. Sie sollten praxisnah gestaltet sein und die „drei Straßen des Lernens" Informationsvermittlung, Verhaltenstraining und Selbsterfahrung fruchtbar miteinander verbinden. Das Spektrum der begleitenden Bildungsaktivitäten erstreckt sich erfahrungsgemäß vor allem sowohl auf Themenbereiche zur Personalführung als auch auf solche zur Organisationsführung und zum Selbstmanagement. In den Seminaren zur Personalführung sind das vor allem die Themen: Gesprächsführung, Führen durch Zielvereinbarung, Konfliktmanagement, Zeitmanagement, Führung und Motivation, Kommunikation, Kooperation und Rhetorik. Die Seminare zur Organisationsführung und zum Selbstmanagement konzentrieren sich auf die Themen: Strategisches Management, Wertemanagement, Ethik und Moral, Organisationsphilosophie und Organisationsleitsätze.

Alle diese Themen bergen die Gefahr in sich, daß die in den Führungskräfte-Trainings gewonnenen Einsichten und Erkenntnisse vielfach überhaupt nicht oder nur wenig kompatibel mit den Spielregeln, dem Spielgeschehen und Wertgefüge der Organisationsrealität sind. Viele Führungskräfte reagieren darauf mit Konfusion und Frustration. Der Coach muß dem entgegenwirken, indem er Klärungshilfen bei der Auflösung der kognitiven Dissonanzen gibt und Hilfestellungen bei der Transferübertragung in die Praxis anbietet.

In den letzten Jahren entschließen sich immer mehr Führungskräfte, ihr Kompetenzspektrum durch eine qualifizierte Fachausbildung in einem handlungsorientierten und modernen Therapie- und Supervisionsverfahren zu erweitern. Diese Entwicklung wird sich in den kommenden Jahren verstärken, da Führungsarbeit immer mehr zu einer Beziehungsarbeit wird. Mitarbeiter-Coaching ist „entwicklungsorientiertes Führen". Der Coach fungiert hin und wieder als Moderator von Workshops und Meetings im Rahmen von Gruppen-Coaching. So moderiert er beispielsweise Kreativ-Workshops, Meetings zur Analyse potentieller Probleme und zur Entscheidungsfindung. Der Coach muß mit der Rolle des Moderators vertraut sein und die Spielregeln für Moderationen und Meetings beherrschen. Dazu gehört vor allem, das Erfahrungspotential der Gruppenmitglieder optimal zu nutzen, indem er die Aktivitäten der

Gruppenmitglieder anregt und Interesse weckt und wachhält. Als Moderator ist er verantwortlich für die Einhaltung der vereinbarten Spielregeln, für die Diskussionssteuerung durch Fragen und Zusammenfassungen und für Visualisierungen. Für die Umsetzung der Ergebnisse und erarbeiteten Konzepte sind die Teilnehmer maßgebend verantwortlich.

Die strukturale Komponente

Organisationsstrukturen dienen der Zweck- und Zielerreichung von Organisationen. Sie wollen das Verhalten der Organisationsmitglieder auf das Zielsystem der Organisation ausrichten und dabei immer auch eine weitgehende Befriedigung persönlicher Wünsche, Bedürfnisse, Strebungen und Sinnerwartungen ermöglichen.

Organisationsstrukturen haben einen formalen Charakter (formale Organisation) und werden in der Tradition der betriebswirtschaftlichen Organisationslehre in Zustands- beziehungsweise Beziehungsstrukturen (Aufbauorganisation) und Prozeßstrukturen (Ablauforganisation) unterteilt. Die fragmentarische Trennung von Organisationsstrukturen in Aufbauorganisation und Ablauforganisation ist allerdings problematisch, weil sie zu Widersprüchen führen kann und Interdependenzen vernebelt.

Coaching-Maßnahmen können auch begleitende strukturelle Maßnahmen im Rahmen der Aufbau- und Ablauforganisation induzieren, da Organisationen immer personalstrukturale Einheiten sind. Oft sind strukturelle Veränderungen notwendige Voraussetzungen, um überhaupt personale Verhaltensänderungen zu ermöglichen. Es leuchtet ohne weiteres ein, daß ein hoher Grad an Selbstorganisationsfähigkeit sich kaum innerhalb rigider Organisationsstrukturen in Form von aufgeblähten Stellenbeschreibungen, starren Informations-, Entscheidungs- und Berichtssystemen und einem ausgefeilten Fremdkontrollsystem verwirklichen läßt. Geplante Wandlungs- und Veränderungsprozesse müssen immer auch die strukturale Komponente berücksichtigen.

Bereiche der formalen Organisationsstruktur

1. Aufbauorganisation
(stellt die Organisation in Bereitschaft dar), umfaßt unter anderem:

- die Zerlegung der Gesamtaufgabe in Teilaufgaben
- die Bildung von Stellen, Gruppen, Abteilungen und Bereichen
- die Übertragung von Aufgaben, Kompetenzen und Verantwortlichkeiten auf die Mitarbeiter
- die Festlegung der Informations- und Dienstwege
- die Entwicklung und Implementierung von Führungstechniken und -konzepten

2. Ablauforganisation
(stellt die Organisation in Aktion dar), regelt unter anderem:

- den funktionalen Arbeitsablauf
- den zeitlichen Arbeitsablauf
- den räumlichen Arbeitsablauf

Als organisatorische Hilfsmittel dienen unter anderem:

- Aufgabengliederungspläne
- Organigramme
- Stellenbeschreibungen
- Arbeitsablaufkarten
- Flußdiagramme
- Datenflußpläne
- Balkendiagramme
- Netzpläne
- Kommunikationsdiagramme
- Richtlinien
- Netzwerke
- Matrix
- Input-Output-Analysen
- Mindmap

Im Zeitalter der Instabilitäten und Turbulenzen gilt: so viel formale Organisation wie nötig und so wenig formale Organisation wie möglich. Die einzige Konstante im Leben von Organisationen sind der Wandel und die Veränderung. Perfektionistische Strukturen verhindern nur allzuoft flexibles Denken, selbständige und kreative Initiativen und selbstverantwortliches und mutiges Handeln und Tun. Organisationen sind offene Systeme. Sie existieren in und interagieren mit einem Umfeld von anderen Systemen. Sie beeinflussen andere Systeme und werden wiederum selbst von diesen beeinflußt.

Das Management der Zukunft ist ein Change-Management. Ein Change-Management initiiert Veränderungsprozesse, leitet Maßnahmen zur Anpassung an sich vollziehende Veränderungen ein und akzeptiert den Wandel und die Veränderung als Motor von Entwicklung. Die Veränderungsprozesse betreffen die Organisation als ganzes: die Führungskräfte, die Mitarbeiter, die Situation und die Strukturen. So beeinflußt eine Verhaltensveränderung bei Führungskräften immer auch die Mitarbeiter, die Situation und die Strukturen. Umgekehrt gilt dies natürlich genauso.

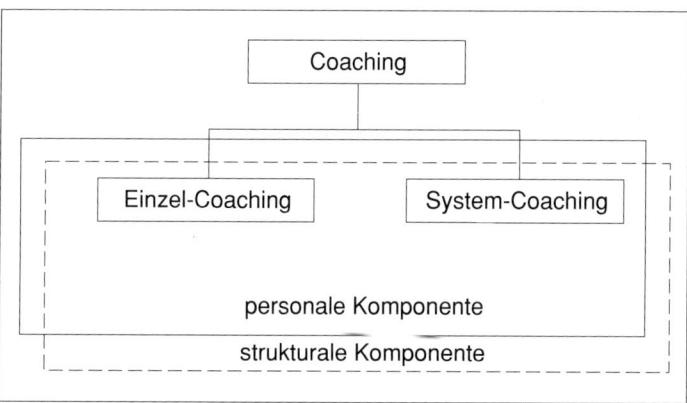

Abbildung 11: Organisation als personal-strukturale Einheiten und Coaching

Haben Coach und Klient keine Möglichkeit, Einfluß auf die Organisationsstrukturen zu nehmen, kann Coaching Strategien und Maßnahmen erarbeiten, die dem Klienten helfen, sich effizienter und angemessener innerhalb des bestehenden Strukturrahmens zu bewegen und, wo möglich und nötig, verstärkt informelle Kanäle zu nutzen.

Der Coach – Berater und Begleiter auf Zeit

Die Wirtschaft der Gegenwart – und sicherlich noch mehr die Wirtschaft der Zukunft – unterliegt permanenten Veränderungsprozessen. Dies gilt sowohl global als auch national, für Branchen wie für Organisationen beziehungsweise Unternehmen.

Die Herausforderungen werden zukünftig unübersichtlicher und komplexer, aber auch immer weniger quantifizierbar. Komplexität resultiert vor allem aus der Globalisierung und Vernetzung der Märkte und aus den unstetigen, oft verkürzten Produktlebens- und Marktlebenszyklen. In pluralistischen Gesellschaften mit einer deutlichen Verschiebung des Wertgefüges in Richtung Autonomiewerte sind die menschlichen Verhaltensweisen kaum mehr quantifizierbar und kausal interpretierbar. Die Verkaufs- und Werbepsychologen konstatieren ein Ende der Käufertypologien und sprechen nunmehr von Kaufschienen, womit sie meinen, daß sich ein Käufer je nach Kaufsegment völlig unterschiedlich verhält und innerhalb eines Kaufsegments oft sehr sprunghaft reagiert. Die moderne Chaostheorie geht davon aus, daß kleinste Ereignisse große Folgen haben und Wirkungen oft nicht kausal logisch interpretierbar sind. Die meisten menschlichen Verhaltensweisen sind nicht, entgegen dem traditionellen Modell des homo oeconomicus der Betriebswirtschafts- und Volkswirtschaftslehre, kausal analysierbar und keineswegs auf eindeutige Ursachen oder Ursachenketten zurückzuführen.

Die Fähigkeit, sich einer stetig wandelnden Umwelt anzupassen und gleichzeitig selbst geplante Wandlungsprozesse einzuleiten, werden nicht nur eine Voraussetzung für erfolgreiches Verhalten und Handeln, sondern für das Überleben schlechthin. Individuen und Organisationen können nur überleben, wenn ihre Lernkapazität und Lerngeschwindigkeit gleich oder größer ist als die Veränderungsgeschwindigkeit ihrer Umwelt.

Das Management der Zukunft ist ein „Management of Change" mit hoher Anpassungs- und Wandlungsintelligenz und dem Lernziel „Transformation als Daueraufgabe." „Management of Change" bedeutet: Abkehr von statischen Menschen- und Weltbildern, Überwindung von Starrheit und Festigkeit, Einsicht in die Unzulänglichkeit eines übertriebenen Glaubens an totale Steuerungsfähigkeit, Beherrschbarkeit und Kontrolle und Hinwendung zu einem kreativen und innovativen Gestalten einer instabilen Balance, eines dynamischen Gleichgewichts und permanenter Wandlungsprozesse auf der Basis eines hohen Grades an Selbstorganisation.

Die Führungskraft der Zukunft muß dem Rechnung tragen durch einen hohen Grad an persönlicher, fachlicher, sozialer und sittlicher Kompetenz. Nur ein breites und umfassendes Kompetenzspektrum gewährleistet optimale Handlungsentwürfe und optimale Entscheidungsqualitäten.

Der Coach löst im Coaching Prozesse aus, die der Selbstorganisation (Selbststeuerung, Selbstregulation und Selbstmotivation) und Optimierung aller vorhandenen Kräfte dienen und hat oft eine Richtungsweisungsfunktion inne. Richtung weisen kann richtigerweise aber nur, wer aus eigener Kenntnis und Erfahrung Wege zur Vervollkommnung der Persönlichkeit, zur Entfaltung von Stärken und Potentialen und zu einem hohen Grad an Selbstorganisationsfähigkeit kennt. Der Coach muß eine gereifte und authentische Persönlichkeit sein, nicht zuletzt, um überhaupt als adäquater Gesprächspartner, Berater und Begleiter von Organisationen und Führungskräften akzeptiert zu werden. Coaching ist eine Ganzheitsberatung im wahrsten Sinne des Wortes und setzt von seiten des Coach ein hohes Maß an Wissen und Erfahrung, Urteilsvermögen, Einfühlungsvermögen, Wertschätzung, Überzeugungsfähigkeit und Authentizität voraus. Hinzu muß ein gutes Verständnis für Organisationsstrukturen, für aktuelle Entwicklungen und personalpolitische Frage- und Aufgabenstellungen kommen.

Partner im Coaching-Prozeß sind Führungskräfte aus unterschiedlichen Branchen, Rechtsformen, Organisationsbereichen und Hierarchieebenen. Der Coach muß daher bereit und fähig sein, sich auf völlig unterschiedliche Führungskräfte (Vorstandsmitglieder, Geschäftsführer, Freiberufliche, Industriemeister ...) einzulassen, ihre individuellen Anliegen zu verstehen und personenzentrierte Konzepte in einem gemeinsamen Prozeß zu erarbeiten. Die Breite des Führungskräftespektrums und die Besonderheit und Einmaligkeit jeder Führungskraft verlangen vom Coach ein hohes Maß an Flexibilität und Selbsttranszendenz. Er muß von sich selbst absehen können und sich voll auf sein Gegenüber ausrichten.

Coaching ist Vertrauenssache, und Vertrauen muß erworben werden. Das kann der Coach vor allem durch Überzeugungskraft bei der Präsentation seines Leistungsspektrums, durch authentisches und glaubwürdiges Verhalten und Handeln, durch Leistung, die sich herumspricht, und durch ein einfühlsames Denken-vom-anderenher. Die Persönlichkeit des Coach muß so stark sein, auch verlockende und attraktive Aufträge abzulehnen, wenn die Aufträge Merkmale aufweisen, die seinem eigenen Wertesystem zuwiderlaufen.

Das Profil eines Coach setzt sich aus vier Kompetenzfeldern zusammen: persönliches, fachliches, soziales und sittliches. Je weitgehender der Coach diese auszufüllen in der Lage ist, um so höher ist seine Qualifikation.

Coach-Profil

1. Persönliche Kompetenz

- Physische und psychische Belastbarkeit
- Umgang mit den eigenen Persönlichkeitsteilen
- Umgang mit Blockaden und belastenden Gefällen (Dis-Streß)
- Ganzheitliche, übersituative Denkfähigkeit
- Analytische und strategische Denkfähigkeit
- Vernetzte und laterale Denkfähigkeit
- Kreativität und Sensibilität
- Selbstverantwortungsbereitschaft und -fähigkeit

2. Fachliche Kompetenz

- Führungs- und Leitungserfahrung
- Beratungs-Know-how auf der Basis (mindestens) einer Psychotherapieform
- Spezialwissen in Organisationspsychologie und Organisationsentwicklung
- Psychologisches und therapeutisches Basiswissen
- Fähigkeit zur Erstellung von Konzepten
- Betriebswirtschaftliches Basiswissen
- Kenntnisse des Arbeitsmarktes
- Kenntnisse und Erfahrungen im Personalmanagement

3. Soziale Kompetenz

- Konfliktbereitschaft und Konfliktlösungsfähigkeit
- Überzeugungsfähigkeit
- Empathie und Wertschätzung
- Authentisches Verhalten und Handeln
- Zuwendungsbereitschaft und -fähigkeit
- Denken-vom-anderen-her
- Selbstdistanzierungsfähigkeit verbunden mit Selbsttranszendenz
- Fähigkeit zum aktiven Zuhören

4. *Sittliche Kompetenz*

   • Humanistisches Menschenbild
   • Wertebezogenes Verhalten und Handeln
   • Orientierung an ethischen Maßstäben
     (Beratungsethos)
   • Unabhängigkeit und Objektivität
   • Mitverantwortungsbereitschaft und -fähigkeit
   • Wertebezogene Kommunikationskultur
   • Geduld und Glaube im Sinne von Vertrauen und Überzeugung
   • Ökologisches Denken und Handeln

Persönliche Kompetenz ist vor allem die Fähigkeit, mit sich selbst konstruktiv umzugehen und im Rahmen einer Selbstverantwortungsbereitschaft und -fähigkeit über den Tellerrand der eigenen Person hinauszusehen und sich als ein Zugehöriger zur Welt zu begreifen. Physische und psychische Belastbarkeit und Ausdauer sind eine Grundvoraussetzung, um jederzeit tätig zu werden, wenn es das Interesse des Klienten erfordert. Als starke und reife Persönlichkeit sollte der Coach in der Lage sein, seine vielfältigen Teilpersönlichkeiten zu erkennen, zu akzeptieren und bewußt zu steuern, im Sinne einer Psychosynthese hin zu einer authentischen und lebendigen Persönlichkeitskultur. Dazu gehören auch der Umgang mit inneren Blockaden, belastenden Gefühlen und Dis-Streß im Sinne von bedrohlichem Alltags-Streß und Lebens-Streß. Da Denken nichts anderes ist als vorweggenommenes Handeln und da Handeln heute komplex und mannigfaltig ist, muß die Denkfähigkeit des Coach sowohl analytisch (zerlegend), übersituativ (systemisch), vernetzt, lateral (querdenkend) und ganzheitlich (komplex) hoch entwickelt sein.

Kreatives Verständnis ist erforderlich, um als Coach verschiedene Standpunkte einnehmen zu können und um die richtigen Fragen zu stellen. Um von-den-anderen-her zu denken, muß er über einen hohen Sensitivitätsgrad verfügen. Aufrichtige Sensitivität erwächst immer nur aus einem ehrlichen Verständnis für die Bedürfnisse,

Strebungen und Sinnstrukturen anderer Personen und der eigenen Person. Eine starke Persönlichkeitskultur zeichnet sich durch eine hohe Bereitschaft und Fähigkeit zur Übernahme von Selbstverantwortung im Sinne des Vor-sich-selbst-verantwortlich-Seins aus.

Soziale Kompetenz ist vor allem die Fähigkeit, mit anderen Menschen konstruktiv, wertschätzend, einfühlsam, ehrlich und authentisch umzugehen. Voraussetzung ist eine Wertschätzung und eine Auffassung vom eigenen Wertvollsein (Selbstwertgefühl) sich selbst gegenüber. Da menschliches Miteinander unabdingbar Konflikte induziert, gehören Konfliktbereitschaft und die Fähigkeiten zur Konfliktlösung und Konfliktprophylaxe zu den Grundqualitäten eines Coach. Im zwischenmenschlichen Miteinander reagiert und agiert er überzeugend, authentisch, empathisch und wertschätzend. Er bringt dem Klienten Zuwendung entgegen im Sinne einer bewußten Beschäftigung mit der ganzen Person und fördert dadurch das Selbstwertgefühl des anderen. Der Coach ist fähig, sich in hohem Maße von sich selbst zu distanzieren, Situationen, Ereignisse, Herausforderungen und Probleme vom anderen her zu denken und seine Fähigkeiten und Fertigkeiten in den Dienst des anderen zu stellen. Er beherrscht die Kunst des „aktiven Zuhörens", die darin besteht, dem Klienten häufig und fortlaufend die Ergebnisse seiner Decodierung und seine Einschätzung zurückzumelden, um im Kommunikationsprozeß ein hohes Maß an Verständnis zu erzielen.

Fachliche Kompetenz ist die Summe der Lern- und Wissensinhalte und die praktische berufliche Erfahrung. Obwohl fachliche Kompetenz für den Coach unabdingbar ist, darf sie allerdings nicht als alleinige Grundlage seines Selbstverständnisses fungieren, sondern muß gleichwertig neben der persönlichen, sozialen und sittlichen Kompetenz stehen. Der Coach muß, um seiner Beratungs- und Betreuungsaufgabe gerecht zu werden, über ein breites psychologisches und therapeutisches Basiswissen verfügen, ein fundiertes Spezialwissen in mindestens einer Psychotherapieform, in Organisationspsychologie und in Organisationsentwicklung haben. Da Coaching immer auch strukturale Komponenten mit einbezieht, ist ein betriebswirtschaftliches Grundwissen unerläßlich. Outplacement und Newplacement setzen fundierte Kenntnisse des Arbeitsmarktes voraus. Da der Coach Führungskräfte betreut und berät, ist Führungs- und Leitungserfahrung, vor allem im Personalmanagement, unerläßlich. Coaching liefert keine Rezepte, wohl aber Konzepte, die es dem Klienten ermöglichen, seine Aufgaben, Herausforderungen, Ziele und Probleme adäquat und gewinnbringend zu lösen und seine Stärken und Potentiale voll zu entwickeln. Der Coach muß daher in hohem Maße fähig sein, auf partnerschaftlicher Basis individuelle Coaching-Konzepte zu erstellen.

Sittliche Kompetenz bedeutet die Fähigkeit, mit Werten und Normen sinnvoll und verantwortlich umgehen zu können und sich an einem individuell gesetzten oder anerkannten Orientierungsleitsystem (Wertesystem) auszurichten. Der Coach orientiert sich an einem humanistischen Menschen- und Weltbild mit den Grundpfeilern Freiheit und Verantwortlichkeit. Seine Einstellungen und Haltungen, sein Verhalten und Handeln orientieren sich an einem klaren und transparenten Wertesystem als Orientierungsleitlinie und Orientierungsstandard. Seine ethischen Maßstäbe zielen auf das Konstruktive. Das Konstruktive meint das Aufbauende, also den „richtigen" Umgang mit fremdgesetzten Werten und Normen und der gelebten Wirklichkeit. Der Coach strebt ein hohes Maß an Unabhängigkeit und Objektivität an und fühlt sich im Coaching-Prozeß mitverantwortlich, ohne allerdings den Klienten aus seiner Selbstverantwortung zu entlassen. In seiner Kommunikationskultur beweist der Coach vor allem den Grad seiner Persönlichkeitskultur. Er sollte authentisch kommunizieren und nicht durch Techniken und die kalten Mechanismen eines eingeübten Interaktionsstils den Klienten zu überzeugen versuchen. Dazu gehören Geduld und Glaube. Geduld entspringt der Einsicht, daß menschliche Wachstumsprozesse, daß die Bewältigung von Herausforderungen und die Erreichung von Zielen Zeit brauchen und sich nicht immer erzwingen lassen. Glaube meint die Überzeugung, daß der Mensch sich entfalten und entwickeln kann, und daß eine Persönlichkeit nichts Fertiges und Abgeschlossenes ist, sondern immer der im Werden begriffene Mensch. Der Coach denkt und handelt ökologisch, indem er die Beziehungen des Klienten zur Umwelt, die daraus resultierende Dynamik und die Wechselwirkungen zwischen

Systemen im Rahmen des Coaching-Prozesses und bei der gemeinsamen Erstellung eines Coaching-Konzeptes berücksichtigt.

Der Coach wird nur dann überzeugen, wenn jedes Kompetenzfeld im Beratungs- und Betreuungskonzept für den Klienten erfahrbar und erlebbar wird. Der Vertrauensgrad des Klienten korreliert mit dem Kompetenzgrad des Coach in den einzelnen Feldern.

Vom Einzel-Coaching zum System-Coaching

Coaching vollzieht sich sowohl als Einzel-Coaching (Individual-Coaching) als auch als System-Coaching (Gruppen-Coaching, Team-Coaching, Organisations-Coaching). Hinzu kommt, daß die Führungskraft immer mehr als Coach ihrer Mitarbeiter fungiert (Mitarbeiter-Coaching oder Mentoring).

Das Einzel-Coaching basiert auf einer partnerschaftlichen Beziehung, ist immer eine Begleitung und Betreuung auf Zeit und gibt Hilfestellungen zur Selbsthilfe. Ein von der Organisationsspitze „verordnetes" Coaching für eine Führungskraft ist grundsätzlich abzulehnen. Coaching muß auf einer freiwilligen, selbstmotivierten und selbstverantwortlichen Entscheidung der Führungskraft auf der einen Seite und der Bereitschaft des Coach, gemeinsam einen Coaching-Prozeß zu beschreiten, beruhen. Der Coach darf sich niemals in die Rolle eines „Sprachrohrs" der Organisation drängen lassen.

Einzel-Coaching richtet sich an Führungskrafte des oberen Managements, des mittleren Managements, an förderungswürdige Mitarbeiter der unteren und mittleren Management-Ebene, an Freiberufliche und an Söhne und Töchter von Unternehmern. Es basiert auf einem Dienstleistungsvertrag, der die formalen und organisationalen Rechte und Pflichten regelt. Die Kosten für das Einzel-Coaching werden in den meisten Fällen von der Organisation vollständig übernommen. Wenige Organisationen halten eine Selbstbeteiligung des Gecoachten für sinnvoll und angemessen.

Diverse Umfragen und unsere persönlichen Erfahrungen zeigen, daß die Inanspruchnahme von Einzel-Coaching in den nächsten Jahren drastisch ansteigen wird. Coaching wird in der Zukunft zu einem bedeutenden Management-Instrument heranwachsen.

Das System-Coaching vollzieht sich im Modus eines Gruppengesprächs. Die Gruppe können das gesamte Führungsteam, Führungskräfte eines Bereichs oder einer Abteilung oder förderungswürdige Mitarbeiter aus der Organisation sein. Während beim Einzel-Coaching die persönliche Entwicklung, Entfaltung und Problemlösung im Vordergrund steht, rücken beim System-Coaching oft organisationale Aspekte in den Blickpunkt der Aufmerksamkeit. System-Coaching ist in vielen Fällen immer auch schon ein Stück Organisationsentwicklung. Umfaßt das System-Coaching die Organisation als ganzes, ist es zweckmäßig, von Organisationsentwicklung zu sprechen.

Maßnahmen zur Organisationsentwicklung setzen oft dann ein, wenn in Organisationen eine gewisse Unzufriedenheit mit den bestehenden Verhältnissen besteht, die den Wunsch oder die Notwendigkeit nach Veränderungen und Entwicklungen weckt. Häufig wird ein OE-Berater als „Change-Agent" oder „Prozeßberater" von außen hinzugezogen. Der Organisationsentwicklungs-Prozeß erfolgt idealerweise unter der Beteiligung und Mitwirkung aller betroffenen Organisationsmitglieder. Dadurch erhoffen die Führungskräfte und der OE-Berater ein erhöhtes Engagement der Beteiligten und eine verstärkte Identifikation mit den realisierten Veränderungen. Während des OE-Prozesses werden neben Sachproblemen vor allem auch Beziehungsprobleme geklärt. Organisationsentwicklung basiert auf der zentralen Erkenntnis, daß Menschen ihre Wahrnehmungs-, Einstellungs- und Verhaltensweisen nur dann ändern, wenn sie neue Erfahrungen machen und ausprobieren können. Daher werden verschiedene Formen des erfahrungsorientierten Lernens eingesetzt (beispielsweise Projektgruppen, Qualitätszirkel und Erfahrungsaustauschgruppen).

Ein spezieller Ansatz ist die Werteorientierte Organisationsentwicklung (WOE), die in den letzten Jahren vom Institut für Werteorientierte Persönlichkeits- und Organisationsentwicklung (IWEPO) entwickelt wurde. Werteorientierte Organisationsentwicklung ist ein

intendierter, geplanter und längerfristig angelegter organisations-
umfassender Entwicklungs- und Veränderungsprozeß von Organisationen und der in ihr tätigen Menschen mit Hilfe selbstbestimmter
Orientierungsleitlinien beziehungsweise Orientierungsstandards
(Werte). Sie zielt auf die Optimierung von Produktivität und Humanität und auf die Realisierung des Primärzieles von Organisationen, der Sicherung der Überlebensfähigkeit durch Bereitstellung
eines Dienstleistungspaketes, das von allen Zielgruppen akzeptiert
wird.

Vorgehensweise der Organisationsentwicklung

1. *Die Diagnose:* Problemerhebung, Problemanalyse und Auswertung

2. *Die Planung:* Zielfestlegung, Lösungsansätze, Aktionspla-
   nung

3. *Die Aktion:* Durchführung von Maßnahmen, Überprüfung von
   Zwischenergebnissen, Implementierung

4. *Die Auswertung:* Prozeßanalyse, Ergebniskontrolle, Korrektu-
   ren

5. Kapitel

Die Führungskraft als Coach

Bisher sprachen wir darüber, was Ihnen ein professioneller Coach vermitteln kann. Sie sollten als Vorgesetzter aber auch selbst Coaching-Fähigkeiten besitzen – und zwar immer dann, wenn Sie nicht anordnen, sondern motivieren wollen, um sich selbst nachhaltig zu entlasten. Die Voraussetzung hierfür ist, daß Sie und Ihre Mitarbeiter bereit sind, voneinander zu lernen, abgesteckte Territorien zu verlassen und aufeinander zuzugehen. Lesen Sie nun, wie Sie einen solchen vertrauensvollen Führungsstil verwirklichen und Ihrer „Mannschaft" ein kompetenter Coach sein können – zu Ihrer aller Nutzen.

Die Doppelrolle der Führungskraft

Die Führungskraft als Vorgesetzter ordnet an, klärt, systematisiert, macht vor und gibt vor. Sie denkt vor allem zweckbezogen, strukturiert sachliche Abläufe, erzwingt – gegebenenfalls – die Akzeptanz der Zielsetzung des Handelns und handelt unter Kosten/ Nutzen-Bedingungen. Die Führungskraft als Vorgesetzter führt immer auch kraft Status, Weisungsbefugnis und Positionsautorität. Allzuoft denkt sie in hierarchischen Strukturen, autoritären Mustern und tayloristischen Arbeitsprinzipien.

Ganz anders dagegen reagiert und agiert die Führungskraft als Coach. Sie erklärt, informiert, begeistert, überzeugt, ermöglicht, lebt vor und begleitet. Sie denkt vor allem mitarbeiterbezogen, strukturiert soziales Handeln und fragt nach psychologisch-motivationalen Aspekten. Die Führungskraft als Coach fühlt sich den Werten Partizipation und Selbstentfaltung verpflichtet.

Die Führungskraft der Zukunft sieht sich verstärkt in der Rolle und Funktion eines Coach. Im einzelnen bedeutet das:

* *Die Führungskraft als Coach informiert und initiiert Lernprozesse*

  – Sie gibt alle notwendigen Informationen und verschafft den Zugang zu Informationen, damit Mitarbeiter sich als Partner sehen.
  – Sie schafft realitätsnahe Lernumgebungen, in denen zum Beispiel an risikoarmen Projekten Erfahrungen gesammelt werden können.
  – Sie verbringt genügend Zeit mit den Mitarbeitern und gibt ein konstruktives, glaubwürdiges und unverzügliches Feedback.
  – Sie plant sorgfältig Lernprozesse und formuliert klare – gemeinsam zu erarbeitende – Ziele.

* *Die Führungskraft als Coach fördert und unterstützt Mitarbeiter*

  – Sie hält Ausschau nach Lern- und Erfahrungsgelegenheiten für Mitarbeiter.

- Sie spricht regelmäßig mit Mitarbeitern über berufliche und private Ziele und erörtert Karrierevorstellungen und -möglichkeiten.
- Sie erzeugt ein positives und enthusiastisches Betriebsklima und behandelt Mitarbeiter als Kollegen.
- Sie fühlt sich selbst nicht bedroht durch die exzellenten Fähigkeiten und Fertigkeiten von Mitarbeitern.

- *Die Führungskraft als Coach will die Potentiale und Stärken seiner Mitarbeiter zur Entfaltung bringen*
  - Sie schafft Herausforderungen, die es den Mitarbeitern ermöglichen, ihre Wünsche, Bedürfnisse, Bestrebungen und Sinnerwartungen zu realisieren.
  - Sie kommuniziert regelmäßig mit Mitarbeitern und interessiert sich für ihre Ansichten und Belange.
  - Sie löst personale Probleme, indem sie immer auch „Von-den-anderen-her denkt."
  - Sie glaubt, daß in jedem Menschen Potentiale liegen, die nur darauf warten, zur Entfaltung gebracht zu werden.

- *Die Führungskraft als Coach trainiert Mitarbeiter*
  - Sie bereitet Mitarbeiter auf neue Aufgaben und Herausforderungen sorgfältig vor.
  - Sie läßt Mitarbeiter ihre eigenen Erfahrungen machen, steht aber jederzeit für Hilfen und ein ehrliches Feedback bereit.
  - Sie geht mit gutem Beispiel voran.
  - Sie hilft Mitarbeitern, ihre Gedanken und Argumente durchzudenken und durchzudiskutieren, bevor sie sie anderen präsentieren.

- *Die Führungskraft als Coach führt individuell und situativ*
  - Sie führt entsprechend dem Reifegrad der Mitarbeiter: je erfahrener die Mitarbeiter, desto größer die Freiräume und Entscheidungs- und Handlungskompetenzen.
  - Sie führt, indem sie die Mitarbeiter in Problemlösungsprozesse miteinbezieht.

- Sie führt, indem sie begeistert (Begeistern heißt „Geist vom eigenen Geist übertragen").
- Sie führt, indem sie Mitarbeitern hilft, konkrete Verhaltensänderungen herbeizuführen und auszuprobieren.

- *Die Führungskraft als Coach delegiert*

  - Sie entlastet sich selbst und schafft sich Zeit für wichtige Führungsaufgaben und Prioritäten.
  - Sie eröffnet Mitarbeitern Chancen, sich selbst zu entwickeln und zu entfalten.
  - Sie delegiert vor allem auch Aufgaben, die einen echten Herausforderungscharakter haben und motivierend wirken.
  - Sie fördert Selbstkontrollprozesse und vermeidet Fremdkontrollen weitestgehend.

- *Die Führungskraft als Coach fördert Gruppen- und Teamkonzepte und die Eigenverantwortlichkeit*

  - Sie fördert Gruppen- und Teamprozesse, weil Gruppen und Teams vor allem ganzheitlicher denken, Probleme oft schneller erkennen und dem einzelnen Schutz bei Mißerfolgen geben.
  - Sie legt die Verantwortung in die Hände derjenigen, die die Aufgaben und Herausforderungen zu bewältigen haben.
  - Sie präferiert das Konsensprinzip bei Entscheidungsfindungen. Der zwingende Konsens sichert eine hohe Qualität der Entscheidung und garantiert auch, daß alle davon Betroffenen ihre rasche Umsetzung und Verwirklichung mittragen.
  - Sie bevorzugt kleine Gruppen und Teams und setzt wiederum jeweils einen Mitarbeiter als Coach ein.

Die Führungskraft als Coach fühlt sich einem partizipativen Führungskonzept verpflichtet. Sie strebt ein partnerschaftliches Vertrauensverhältnis an, nimmt den Mitarbeiter als Person ernst und ist daran interessiert, dem anderen wirklich zu helfen. Sie steht in Kontakt mit den Mitarbeitern und ist in der Lage, Feedback herzustellen, also sich und den anderen auf eine gleiche Wellenlänge zu bringen. Die Führungskraft als Coach gibt selbst Feedback, ist aber auch bereit, vom anderen Feedback zu bekommen, das heißt, sie anerkennt Feedback als einen gegenseitigen Austauschprozeß.

Geben Sie das richtige Feedback

Feedback und Motivation sind darauf abgestellt, das Verhalten anderer immer auch zu verändern. Verhalten ist jedes Tun und Handeln eines Menschen und grundsätzlich beobachtbar. Wenn eine Führungskraft ständig lächelt oder während eines Gesprächs ständig auf den Boden blickt, dann ist das konkretes Verhalten. Es wäre aber eine Schlußfolgerung auf Einstellungen, Wünsche, Eigenschaften, Beweggründe etc., wenn man sagen würde: Die lächelnde Füh-

---

Regeln für konstruktives Feedback

- Feedback muß sofort nach dem beobachteten negativen beziehungsweise unangenehmen Verhalten erfolgen.
- Feedback muß konkrete Beobachtungen wiedergeben und keine Mutmaßungen und Schlußfolgerungen.
- Feedback muß in der Ich-Form erfolgen und nicht in der Wir- oder Man-Form.
- Feedback muß den anderen nach seinen Eigenbeobachtungen und seinen Beweggründen fragen.
- Feedback muß den anderen nach alternativen Verhaltensmöglichkeiten fragen und insgesamt auf eine konstruktive gemeinsame Problemlösung abzielen.
- Feedback muß einen gemeinsamen Implementierungsplan für neue beziehungsweise modifizierte Verhaltensweisen erarbeiten.
- Feedback muß sofort nach dem beobachteten positiven beziehungsweise angemessenen Verhalten erfolgen und dieses durch Lob und Zustimmung verstärken.
- Feedback muß berücksichtigen, daß die eigenen Beobachtungen falsch sein können oder sogar der Anlaß des unangemessenen Verhaltens des anderen sein können.
- Feedback ist ein gegenseitiger Austauschprozeß und sollte auf beiden Seiten eine ernsthafte Lernbereitschaft voraussetzen.

---

rungskraft vermeidet Auseinandersetzungen und Konflikte, und die
Führungskraft, die während des Gesprächs ständig auf den Boden
blickt, ist unehrlich und will etwas verbergen. Schlußfolgerungen
sind subjektiv und haben immer etwas mit den Werten, Normen und
Einstellungen desjenigen, der schlußfolgert, zu tun.

So ändern Sie Ihr Verhalten

Die Führungskraft als Coach will Verhaltensveränderungen herbei-
führen. Viele Menschen kennen nur wenige Verhaltensalternativen
und neigen dazu, immer wieder in die alten – oft erfolglosen und
disfunktionalen – Verhaltensweisen zu verfallen. Die Führungskraft
als Coach sieht ihre Aufgabe darin, das Verhaltensspektrum zu
erweitern. Je mehr verschiedene Verhaltensweisen einem Menschen
zur Verfügung stehen, desto flexibler und situationsangemessener
kann er auf Herausforderungen reagieren und agieren.

Führungskräfte werden nicht durch Anweisung oder Dekret Coach
ihrer Mitarbeiter. Auch eine hohe fachliche Kompetenz qualifiziert
nicht automatisch zur Führungskraft als Coach. Die Führungskraft
muß ganzheitlich überzeugen: durch Wissen, Können und Wollen.
Organisationen, die Coaching in ihrer Organisationskultur verankert
haben, legen viel Wert auf eine Verbesserung der fachlichen, persönlichen, sozialen und sittlichen Kompetenzen der Führungskräfte.
Hinzu muß ein umfangreiches methodisch-didaktisches Know-how
treten.

All diese exzellenten Eigenschaften und Fähigkeiten stellen sich nicht
von selbst ein, sondern müssen in großem Umfang erworben, trainiert, erprobt und praktiziert werden. Die Ausbildung und Entwicklung der Führungskraft zum Coach muß in der Organisationsphilosophie und Organisationskultur verankert sein und ihren konkreten
Ausdruck in der Personalentwicklung finden. Die Umschaltung einer
Führung im Modus des Vorgesetzten auf eine Führung im Modus des
Coach ist eine strategische Maßnahme und bedarf bis zur wir-
kungsvollen und überzeugenden Implementierung mehrere Jahre.

Verhaltensveränderungs-Techniken

1. *Visualisieren (Imagineering)*

Visualisieren ist ein ausgezeichnetes mentales Training, um Verhaltensveränderungen vorzubereiten. Die Technik hilft, sich zu programmieren und sich positiv auf zukünftige Situationen, Ereignisse und Herausforderungen einzustellen und einzustimmen.

In Experimenten mit Hochspringern hat man entdeckt, daß die Gruppe von Hochspringern, die mehrere Wochen lang die Hochsprungtechnik mental und konkret geübt hat, bessere Fortschritte gemacht hat, als die andere Gruppe von Hochspringern, die die Hochsprungtechnik nur ganz konkret geübt hat.

2. *Positive Verstärkung*

Positive Verstärkungen bringen die schnellsten Lernerfolge. Blanchard, Kenneth und Johnson schreiben in dem Buch „Der Ein-Minuten-Manager": „Erwische Deine Mitarbeiter dabei, wenn sie etwas richtig machen."

3. *Neue Situationen und Herausforderungen*

Menschen neigen dazu, über kurz oder lang einen Teil der Einstellungen und Verhaltensweisen der Menschen beziehungsweise der Gruppe zu übernehmen, mit denen oder der sie sehr viel zu tun haben. Ein Mitarbeiter, der in eine neue Arbeitsgruppe eintritt, wird in der Regel nach kurzer Zeit einen Teil der Einstellungen und Verhaltensweisen der Arbeitsgruppe übernehmen. Die Führungskraft kann Mitarbeiter bewußt in neue Situationen und Herausforderungen bringen, um Verhalten zu ändern und zu erweitern.

4. *Reframing*

Reframing zielt darauf ab, Ereignisse und Dinge in einen anderen Zusammenhang oder Rahmen zu stellen und damit die Bedeutung zu verändern. Der Mensch hat grundsätzlich die

Freiheit, Ereignisse oder Dinge „so" oder eben auch „anders" zu sehen. Er kann in einer Krise primär das Gefahrenmoment sehen; er kann aber auch primär das Chancenmoment sehen.

5. Ankündigung einer bestimmten Verhaltensweise

Die Ankündigung einer bestimmten Verhaltensweise setzt den Betreffenden unter Druck. Durch seine Ankündigungen wachsen die Erwartungen seiner Mitstreiter. Er fühlt sich nun herausgefordert, diesen Erwartungen nachzukommen. Zumeist kann er nicht mehr zurück und muß sich stellen.

6. Fester Glaube

Wenn Menschen fest daran glauben, daß etwas eintreten wird, dann steigt die Wahrscheinlichkeit, daß es auch wirklich eintritt. Der Glaube bündelt die menschlichen Energien in Richtung Zielerreichung. Wer an eine Aufgabe oder an ein Ziel glaubt, ist überzeugt von der Sinnhaftigkeit seines Tun und Handelns. Er ist intrinsisch motiviert und hat dadurch die besten Voraussetzungen, ausdauernd und effizient zu handeln.

7. Anker werfen

Der Anker ist eine Erinnerung daran, daß man etwas ganz Bestimmtes tun wollte. Wenn ein Mensch eine bestimmte Verhaltensweise erlernen und praktizieren will, dann kann ein Symbol (zum Beispiel ein Bild oder ein Spruch), das er mit dem geplanten und beabsichtigten Verhalten verbindet, sehr hilfreich sein. Das Symbol verankert die geplante Verhaltensänderung im Gehirn, erinnert an das intendierte Verhalten und hilft, es konkret zu realisieren.

6. Kapitel

Management-Coach
– Beruf der Zukunft

Coaching ist eine Wachstumsbranche, die in den nächsten Jahren gewaltig expandieren wird. Immer mehr Fachleute – und leider nicht nur die – bieten ihre Dienste als Berater von Führungskräften und Organisationen an. Bei der Auswahl des richtigen Coach ist deshalb zunehmend Vorsicht geboten, wenn Sie nicht einem Scharlatan oder einer „gescheiterten Existenz" auf den Leim gehen wollen. Der Coach muß ebenso differenzierten wie anspruchsvollen Aufgaben gerecht werden. Prüfen Sie also genau, ob ihr zukünftiger Coach auch wirklich die Qualifikationen mitbringt, die er für eine zuverlässige Hilfestellung braucht.

Mit Coaching die Zukunft meistern

Die Komplexität der Managementaufgaben und Managementherausforderungen nimmt in den kommenden Jahren und Jahrzehnten sprunghaft zu. Gewaltige technologische Entwicklungen und umwälzende Veränderungen gesellschaftlicher Systeme, eine Zunahme der weltweit vernetzten Handelsbeziehungen und ein dramatischer Wandel der Wertorientierungen, zunehmende ökologische Problem- und Fragestellungen und durchlässigere politische Dynamik sind kurze Umschreibungen, die die zunehmende Dynamik und Komplexität der nachindustriellen Gesellschaft und Wirtschaft der Gegenwart und noch mehr der Zukunft kennzeichnen.

Das Management steht vor der schwierigen Herausforderung, hochkomplexe Prozesse zu verstehen und zu steuern. Die erfolgreiche Bewältigung dieser Herausforderungen wird zunehmend problematischer, riskanter und auch belastender. Eine angemessene und effiziente Erfüllung der Managementaufgaben verlangt von den Managern vor allem die stetige Herstellung und Aufrechterhaltung ihrer Entscheidungs- und Handlungsfähigkeit im operativen Tagesgeschäft wie auch hinsichtlich der organisationspolitischen und organisationsstrategischen Fragestellungen und Zielsetzungen.

Die Herausforderungen der Gegenwart und der Zukunft müssen von den Managern durch angemessene Bewältigungsstrategien beantwortet werden. Im Bereich der mehr technisch-sachlichen Problemstellungen suchen die Manager nach wirksameren Verfahren der Personalbeschaffung, nach schnelleren und effizienteren Produktionsmethoden, nach bestandsvermindernden Lagerhaltungsverfahren, nach zielgruppengerechteren Werbe- und Verkaufsstrategien, nach einer Optimierung der Abstimmungsprozesse innerhalb der Organisation und nach genaueren Planungsmethoden. Die mehr personenbezogenen Problemstellungen verlangen vor allem neue Ansätze und Konzepte in den Führungsbeziehungen und personenzentrierte Schulungs-, Trainings- und Personalentwicklungsansätze. Eine große Anzahl und ein breites Spektrum von Beratungsunternehmen bieten den Managern ihre Dienstleistungen bei der Suche nach Bewältigungsstrategien an: entweder als rezeptartige Konfektionsware von der Stange oder als Hilfestellung und Unterstützung bei der konzeptionellen Erarbeitung von maßgeschneiderten Antworten.

Angesichts der zunehmenden Komplexität der Managementanforderungen und Managementtätigkeiten steigt bei vielen Managern der Wunsch nach einem kompetenten und vertrauensvollen Gesprächspartner, mit dem sie alle Probleme und Fragen besprechen können – auch die privaten. Allzuoft fühlen sie sich mit ihren Sorgen alleingelassen. Coaching knüpft an diesen Kommunikations- und Problemlösungsbedarf der Manager an und bietet Bewältigungsstrategien, die die Person direkt betreffen. Schon heute zeichnet sich eine Entwicklung ab, daß Coaching in den nächsten Jahren zu einem normalen Bestandteil des erweiterten Instrumentariums im „Human-Ressourcen-Management" wird. Immer mehr Manager lehnen „schnelle" Problemlösungstechniken ab und wollen dagegen Möglichkeiten erörtern und Sichtweisen abklären, damit in einem intensiven Diskurs wieder Entscheidungs- und Handlungsfähigkeit entstehen kann.

Als Reaktion auf den zunehmenden Bedarf nach personenzentrierter Beratung und vertrauensvollem Meinungsaustausch seitens der Manager entstand während der letzten zehn Jahre der Beruf des Management-Coach. Management-Coaches sind freiberuflich tätige externe Dienstleister. In den nächsten Jahren wird das Coaching gewaltig expandieren. Das Wirtschaftsmagazin *Forbes* konstatiert ein starkes Anwachsen der Coaching-Branche und klassifiziert den Beruf des Management-Coach als einen Beruf mit überdurchschnittlichen Aussichten. Manfred Martin, Geschäftsführer des Coaching-Beratungsunternehmens „Inner Management" stellt fest: „In ein paar Jahren wird Coaching ein ganz normaler Beratungsberuf sein, so wie heute der Steuerberater oder der Unternehmensberater." Dr. Andreas Pieper, Leiter der zentralen Weiterbildung bei der Schering AG in Berlin, registriert „einen zunehmenden Trend in Richtung Zweierberatung bei hochrangigen Führungskräften."

Vorsicht vor „schwarzen Schafen"

Die zunehmende Expansion der Coaching-Branche muß allerdings kritisch betrachtet werden. Viele Coaching-Anbieter benutzen diesen Begriff nur, um ihre alten Management-Konzepte oder ihre alten On-the-job-Trainings unter neuem Namen anzubieten. Thomas Sattelberger, Leiter des Zentralen Bildungswesens der Deutschen Aerospace AG (DASA) in München, bemerkt kritisch, daß „wahrscheinlich zwei Drittel der Coaches Scharlatane sind". Die Führungskräfte kommen daher nicht darum herum, die Kompetenzfrage zu stellen, bevor sie sich auf einen Coaching-Prozeß einlassen. Viele Coaching-Anbieter wittern das „große Geschäft" mit Coaching und versuchen, Ausfälle und Rückgänge im Trainings- und Seminarbereich durch Coaching zu kompensieren. Sie verfügen allerdings nicht oder nur unzureichend über die notwendigen fachlichen, persönlichen, sozialen und sittlichen Kompetenzen. Zur Abklärung der Kompetanzfrage sollten Führungskräfte daher vor Beginn eines Coaching-Prozesses folgende Fragen sorgfältig prüfen:

* Verfügt der Coach über eine fundierte wissenschaftliche Ausbildung und über praktische Führungserfahrungen?
* Ist der Coach mit den grundlegenden psychologischen und psychotherapeutischen Methoden und Verfahren vertraut?
* Macht der Coach in einem Erstkontakt seine Arbeitsweise transparent und steckt er nur den Zeit- und Kostenrahmen ab?
* Bietet der Coach einen Schutzraum, in dem eine offene, vertrauenswürdige, sanktionsfreie und authentische Kommunikation möglich ist?

Während Supervisoren und Psychotherapeuten zumeist über eine mehrjährige Fachausbildung verfügen, die den strengen Richtlinien der Fachverbände unterliegt, ist es um die Professionalisierung der Management-Coaches bisher nicht allzugut bestellt. Häufig arbeiten Unternehmensberater ohne jegliche psychologische und psychotherapeutische Fachausbildung oder Psychologen ohne Führungserfahrungen in Organisationen als Coaches. Ein Teil der Coaches rekrutiert sogar aus dem großen Reservoir arbeitsloser Akademiker aus den verhaltens- und sozialwissenschaftlichen Studiengängen.

Ihnen fehlt jede Erfahrung in psychologischer und psychotherapeutischer Beratung und in der Führung von Menschen. Da die Bezeichnung Coach nicht geschützt ist und auch keine Ausbildungsvoraussetzungen verbindlich festgelegt sind, kann sich jeder als Management-Coach in der Beratungsszene niederlassen. Potentielle Management-Coaches sollten jedoch, bevor sie sich als Coach selbständig machen, folgende Punkte berücksichtigen:

• Coaching ist eine personenzentrierte Einzel- oder Gruppenberatung von Führungskräften und setzt daher eigene Führungserfahrungen voraus. Nur wer selbst in der Alltagswirklichkeit von Organisationen mit Führungsaufgaben betraut war, kann sich in die Lage und Denkweise von Führungskräften versetzen, realistische Hilfestellungen anbieten und ein partnerschaftlicher Gesprächspartner sein.
• Coaching zielt auf das Wahrnehmungs-, Einstellungs- und Verhaltensspektrum von Führungskräften. Management-Coaches müssen daher mit den wichtigsten psychologischen und psychotherapeutischen Verfahren, Methoden und Konzepten vertraut sein und sie anwenden können. Eine Fachausbildung in einem anerkannten Psychotherapie- oder Supervisionsverfahren ist von großem Vorteil.
• Coaching spielt sich immer vor dem Hintergrund einer Organisation ab. Der Management-Coach muß daher ein Verständnis für den Aufbau der Organisation und für die Abläufe innerhalb der Organisation mitbringen. Er muß grundlegende betriebswirtschaftliche Sachverhalte und Problemstellungen verstehen und einordnen können.
• Coaching ist ein interaktives Geschehen, in dem der Coach manchmal die Richtung vorgeben muß. Richtung weisen kann aber richtigerweise nur, wer für sich selbst eine Richtung und einen Orientierungsleitpfad gefunden hat.
• Coaching ist eine Dienstleistung und verlangt ein Arbeiten im Hintergrund. Der Management-Coach steht nicht im Rampenlicht der Öffentlichkeit und kann niemals mit seinen Leistungen „protzen".

Stimmen die Voraussetzungen, ist der Beruf des Management-Coach sicherlich einer der interessantesten Berufe der Zukunft. Er bietet durch seine vielfältigen und abwechslungsreichen Herausforderungen die Chance einer interessanten und sinnerfüllten Tätigkeit. Hinzu kommt, daß der Beruf auch finanziell durchaus attraktiv ist.

Anhang

Tests, Fragebögen, Programme

Einige der Coaching-Methoden, die im Textteil besprochen wurden, können Sie mit den folgenden Tests, Fragebögen und Programmen für sich selbst ausprobieren. So erfahren Sie, wie der Coach bei der Analyse Ihres Wesens, Ihrer Arbeits- und Lebensweise vorgeht. Gleichzeitig werden Sie aufschlußreiche Aspekte Ihrer Persönlichkeit aufdecken. Legen Sie die ausgefüllten Tests doch einfach einmal Ihrem potentiellen Coach vor! So kann er schnell erkennen, wo bei Ihnen die Coaching-Ansätze zu suchen sind und wie er Sie unterstützen kann.

Fragebogen zur Wertehierarchie

● Kreativität	● Gesundheit	● Liebenswürdigkeit
● Hingabe	● Aktivität	● Entscheidungsfähigkeit
● Verantwortung	● Schönheit	● Freiheit
● Vertrauen	● Reichtum	● Perfektion
● Wissen	● Offenheit	● Gleichberechtigung
● Weisheit	● Authentizität	● Hilfsbereitschaft
● Ausgeglichenheit	● Sympathie	● Wertschätzung

Notieren Sie die zehn wichtigsten Werte und erstellen Sie eine Wertehierarchie, indem Sie die einzelnen Werte gewichten!
Die oben aufgeführten Werte sind exemplarisch und können ergänzt werden!

Meine wichtigsten Werte: | *Gewichtung:*

1. _____ | _____

2. _____ | _____

3. _____ | _____

4. _____ | _____

5. _____ | _____

6. _____ | _____

7. _____ | _____

8. _____ | _____

9. _____ | _____

10. _____ | _____

Konkretisieren Sie die einzelnen Werte in Ziele (Grobziele und Feinziele) und erstellen Sie eine Zielhierarchie, indem Sie die einzelnen Ziele gewichten!

Wert 1: _____

Grobziel 1: _____

Feinziele: – _____

– _____

– _____

Grobziel 2: _____

Feinziele: – _____

– _____

– _____

Wert 2: _____

Grobziel 1: _____

Feinziele: – _____

– _____

Formulieren sie konkrete Maßnahmen, die Sie ergreifen müssen, um Ihre Ziele zu erreichen!

Grobziel 1:

Maßnahmen: – _____

– _____

– _____

Grobziel 2:   ⋮

Maßnahmen: – _____

– _____

– _____

Überprüfen Sie die Werte und Ziele im Hinblick auf Wert-Ziel-Konflikte und Zielkonflikte!

• Bestehen Unverträglichkeiten zwischen Werten und Zielen?
  Wenn ja, zwischen welchen Werten und Zielen?

	Werte		Ziele
1.	_____	1.	_____
2.	_____	2.	_____
3.	_____	3.	_____

• Bestehen Zielkonflikte? Wenn ja, zwischen welchen Zielen?

1. _____

2. _____
   ⋮

• Welche Veränderungen sind vorzunehmen, um die bestehenden Unverträglichkeiten zwischen Werten und Zielen und zwischen Zielen abzumildern oder zu beseitigen?

1. _____

2. _____

Werteausprägungen (Ist–Soll)

Beschreiben Sie, wie sich die Werte (Orientierungsleitlinien bzw. Orientierungsstandards) zur Zeit konkret in Ihrem Verhalten, Ihren Einstellungen, Ihren Haltungen und Ihren Handlungen ausdrücken (Ist-Werteausprägungen) und welche Veränderungen Sie für die Zukunft anstreben bzw. sich wünschen (Soll-Werteausprägungen)!

Wert 1: _____

Ist-Werteausprägungen als: Soll-Werteausprägungen als:

● Verhalten: _____   ● Verhalten: _____
            _____   _____
            _____   _____
            _____   _____

● Einstellungen: _____   ● Einstellungen: _____
            _____   _____
            _____   _____
            _____   _____

● Haltungen: _____   ● Haltungen: _____
            _____   _____
            _____   _____
            _____   _____

Ist-Werteausprägungen als: Soll-Werteausprägungen als:

● Handlungen: _____   ● Handlungen: _____
            _____   _____
            _____   _____

Wert 2: _____

Ist-Werteausprägungen als: Soll-Werteausprägungen als:

⋮   ⋮

Sensitivitätstest für Führungskräfte

Immer   Oft   Selten   Nie

1. Befassen Sie sich lieber mit
   einzelnen kurzfristigen Bedürfnissen Ihrer Mitarbeiter als mit
   deren langfristigen Wünschen,
   Bedürfnissen und Sinnverwirk-
   lichungsbestrebungen?   1   2   3   4

2. Versuchen Sie oft, die negativen
   Seiten von menschlichen
   Beziehungen zu ignorieren und
   zu verleugnen?   1   2   3   4

3. Sind Sie auf sich selbst fixiert,
   wenn Sie mit Mitarbeitern
   sprechen? Versuchen Sie, in
   Gesprächen eher herauszufinden, was für Sie selbst
   wichtig ist?   1   2   3   4

4. Vermeiden Sie es, vertrauensvolle persönliche Beziehungen
   mit Ihren Mitarbeitern und
   Kollegen aufzubauen und
   zu unterhalten?   1   2   3   4

5. Glauben Sie, daß Mitarbeiter
   die Wünsche, Bedürfnisse und
   Sinnerwartungen der Führungskraft und der Gesamtorganisation eher erfüllen sollen als
   umgekehrt?   1   2   3   4

	Immer	*Oft*	*Selten*	*Nie*

6. Glauben Sie, daß Sie die Wünsche,
    Bedürfnisse und Sinnerwartungen
    Ihrer Mitarbeiter kennen, ohne
    mit jedem Mitarbeiter konkret
    darüber gesprochen zu haben?   1   2   3   4

7. Behandeln Sie alle Mitarbeiter
    auf die gleiche Weise, ohne auf
    individuelle Unterschiede zu
    achten?   1   2   3   4

8. Sehen Sie in Ihren Mitarbeitern
    Produktionsfaktoren oder
    Werkzeuge zur Erreichung
    organisationaler Ziele?   1   2   3   4

9. Beurteilen Sie Ihre Mitarbeiter
    aufgrund von Vergangenheits-
    erfahrungen, ohne Verände-
    rungen, Entwicklungen und
    Fortschritte zu beachten?   1   2   3   4

10. Erwarten Sie von Ihren
    Mitarbeitern in einer
    bestimmten Situation
    ähnliche Verhaltensweisen
    wie die Ihrigen?   1   2   3   4

Kreuzen Sie jeweils die Antworten an, die Sie am besten charakte-
risieren. Jede „immer"- oder „oft"-Antwort deutet auf ein Sensiti-
vitätsproblem hin. Ein Ergebnis unter 30 Punkten deutet auf Sensi-
tivitätsprobleme insgesamt hin und verlangt ernsthafte Beachtung!

Anti-Streß-Training für Manager

Vgl.: Eberspächer, H.: Streß ist die Würze des Lebens, in: *Industriemagazin* 1987

Laufprogramm A	*Psychologisches Programm*	*Laufprogramm B*
20 Minuten ohne Unterbrechung laufen können; Verbesserung der mangelhaften körperlichen Fitneß.	Verbesserung der Entspannungs-, Konzentrationsfähigkeit und der Selbstgesprächsregulation, Optimierung der Selbsteinschätzung.	Steigerung der guten körperlichen Fitneß.
Dreimal ca. 20 Minuten Training: Beginnen Sie am 1. Trainingstag mit dem Ein-Minuten-Rhythmus: eine Minute gehen, eine Minute laufen, abwechselnd. Verlängern Sie an den folgenden Trainingtagen die Laufphasen nach ihrem Gefühl. Halten Sie in den ersten fünf Minuten zum Aufwärmen immer den Ein-Minuten-Rhythmus ein.	Trainieren Sie nach jedem Lauftraining ihre Entspannungsfähigkeit wie im Programm „Entspannungstraining" beschrieben.	Dreimal mindestens 30 Minuten Training: Laufen Sie die ersten fünf bis sieben Minuten betont langsam, legen Sie Gehpausen ein, um sich zu lockern. Steigern Sie danach die Laufgeschwindigkeit auf das Ihnen angenehme Maß nach dem Prinzip: „Wohlfühlen". Gehpausen nach Bedarf.
Dreimal 20 Minuten Training: Beginnen Sie mit einer fünf- bis siebenminütigen Aufwärmphase im Ein-Minuten-Rhythmus. Laufen Sie nur so lange Sie sich wohl fühlen ohne Gehpause.	Entspannungstraining: Versuchen Sie nun auch beim Laufen Arme, Schultern und Gesicht bewußt zu entspannen. Erfühlen Sie den Wechsel von An- und Entspannung in der Beinmuskulatur. Selbstgesprächstraining: Trainieren Sie nach dem Programm „Selbstgesprächstraining". Versuchen Sie über das Selbstgespräch, Ihr Wohlbefinden beim Laufen zu beeinflussen.	Dreimal mindestens 30 Minuten Training: Führen Sie Ihr Lauftraining wie gewohnt durch. Prinzip: „Wohlfühlen".

Laufprogramm A	Psychologisches Programm	Laufprogramm B
Dreimal ca. 30 Minuten Training: laufen und gehen im Wechsel wie gewohnt.	Entspannung und Selbstgesprächstraining wie gewohnt.	Drei- bis viermal mindestens 35 Minuten Training: Lauftraining wie gewohnt, Prinzip: „Wohlfühlen".
Drei- bis viermal ca. 30 bis 35 Minuten Training: laufen und gehen im Wechsel wie gewohnt, Prinzip: „Wohlfühlen".	Entspannungstraining und Selbstgesprächstraining wie gewohnt.	Drei- bis viermal mindestens 35 Minuten Training: Lauftraining wie gewohnt. Prinzip: „Wohlfühlen". Aber: „Sich ab und zu fordern".
Dreimal ca. 30 bis 35 Minuten Training: laufen und gehen im Wechsel wie gewohnt. Prinzip: „Wohlfühlen".	Entspannungstraining und Selbstgesprächstraining wie gewohnt. Konzentrationstraining: Trainieren Sie Ihre Konzentrationsfähigkeit nach dem Programm „Konzentrationstraining".	Drei- bis viermal mindestens 35 Minuten Training: Lauftraining wie gewohnt. Prinzip: „Wohlfühlen".
Drei- bis viermal 30 bis 35 Minuten Training: Lauftraining wie gewohnt. Prinzip: „Wohlfühlen".	Entspannungstraining, Selbstgesprächstraining und Konzentrationstraining wie gewohnt. – Trainieren Sie Selbstgespräch und Konzentration im Wechsel. Beachten Sie Regel 4.	Drei- bis viermal mindestens 40 Minuten Training: Lauftraining wie gewohnt. Prinzip: „Wohlfühlen". Prinzip: „Sich ab und zu fordern".
Wenn es Ihnen nach der 6. Woche gelingt, 20 Minuten ohne Gehpausen zu laufen, so steigen Sie in das Programm B, 4 Woche ein. Trainieren Sie wie gewohnt weiter, wenn Sie dieses Ziel noch nicht erreicht haben.	Trainieren Sie die Fähigkeiten, die Ihnen am meisten nützen.	Trainieren Sie wie gewohnt weiter

Existenzanalytische Fragen zur Entfaltung von Potentialen in allen Lebensbereichen

A. *Wer bin ich? Wo stehe ich? Wie erlebe ich mich?*

1. *Zugehörigkeit und Geborgenheit*
   - Wo habe ich Geborgenheit erfahren? Bei wem? Wann? Wann zuletzt?
   - Wo bin ich „zu Hause"? Wem oder was fühle ich mich zugehörig?
   - Wann fühle ich mich glücklich und zufrieden?

2. *Herausforderung und Leistung*
   - Welche Herausforderungen habe ich bewältigt und bestanden? An welchen bin ich gescheitert?
   - Welchen Herausforderungen stehe ich zur Zeit gegenüber?
   - Wann fühle ich mich herausgefordert?
   - Was empfinde ich als Leistung? Stehe ich eher im Wettbewerb mit mir selbst oder schiele ich mehr auf Erfolg in der Außenwelt?

3. *Entfaltung und Sinnfelder*
   - Wann (bei welcher Tätigkeit) fühle ich mich in meinem Element?
   - Bei welchen Aufgaben, Arbeiten und Erledigungen kann ich mich entfalten?
   - Was fühle ich, wenn ich mich in meinem Element weiß?
   - Welche Aufgaben, Ziele und Personen sind mir bedeutsam? Was ist für mich sinnhaft?
   - Worin sehe ich den Sinn im Leben? Worin den Sinn des Lebens?

4. *Spektrum meiner Persönlichkeit*
   - Welche Teilpersönlichkeiten habe ich? Welche Teilpersönlichkeiten sind dominant?

- Gibt es Konflikte zwischen Teilpersönlichkeiten? Welche? Wann? Wann zuletzt? Wie oft?
- Empfinde ich mich als Persönlichkeit?

5. Prägungen und Muster

- Was hat mich geprägt? Meine Eltern? Wichtige Bezugspersonen, Ereignisse, Situationen, Herausforderungen?
- Wann spüre ich meine Prägungen? Empfinde ich sie als angenehm oder störend?
- Welche Muster bestimmen meine Person?

6. Vermeidungstendenzen und Abwehrmechanismen

- Was vermeide ich? Wann? Wo? Wozu?
- Welche Gefühle, Emotionen und Gedanken unterdrücke ich?
- Wie reagiere ich unter Dis-Streß? Welche Abwehrhaltungen nehme ich ein? Was unterdrücke ich?

7. Selbstbild und Fremdbild

- Wie denke ich über mich selbst? Welche Stärken habe ich? Welche Schwächen habe ich? Womit bin ich unzufrieden?
- Wie denkt mein bester Freund/meine beste Freundin über mich? Wie denkt mein Nachbar über mich?

8. Beziehungen und Kontakte

- In welchen Beziehungen stehe ich? Was bedeuten mir die Beziehungen?
- Welche Beziehungen sind mir wichtig? Wozu? Welche Beziehungen sind mir weniger wichtig? Habe ich genügend zufriedenstellende Kontakte?
- Welche Teilpersönlichkeiten spiegeln mir meine Beziehungen und Kontakte wider?

B. Wer möchte ich sein? Wer soll ich sein? Welche Stärken und Potentiale habe ich?

1. Ansprechendes und Anziehendes

- Von was fühle ich mich angezogen? Wo fühle ich mich angesprochen?
- Spüre ich einen Auftrag in meinem Beruf? In der Freizeit?
- Was verlangt das Leben von mir? Was verlangen Situationen von mir?

2. Bedürfnisse und Wünsche

- Welche Bedürfnisse habe ich? Welche sind unerfüllt und unbefriedigt?
- Welche Wünsche habe ich? Beruflich? Privat?
- Was hindert mich, meine Bedürfnisse und Wünsche zu befriedigen?

3. Visionen und Ziele

- Welche Visionen habe ich? Hindert mich etwas, sie zu realisieren? Was hindert mich?
- Welche Ziele strebe ich an? Welche Ziele möchte ich in einem Jahr, in fünf Jahren oder in zehn Jahren verwirklicht haben?
- Lebe ich eher in der Vergangenheit oder in der Zukunft? Was bedeutet das für die Gegenwart?

4. Herausforderungen und Fragen

- Kenne ich die Fragen, die das Leben an mich stellt? (Nach Viktor E. Frankl, dem Begründer der Logotherapie, ist der Mensch der vom Leben her Befragte, der sich dem Leben zu verantworten hat!) Sehe ich, wo es etwas zu verbessern gibt? Sehe ich, wo etwas zu schaffen ist?
- Was empfinde ich als Herausforderung?
- Sehe ich die Vielfalt der Möglichkeiten und Herausforderungen um mich herum?

- Sehe ich, daß jede Möglichkeit und Herausforderung immer eine Frage an mich enthält? Eine Frage, die eine Entscheidung und Antwort verlangt?

5. *Stärken und Potentiale*

- Erkenne ich meine Stärken und Potentiale? Welche Stärken habe ich? Welche Potentiale liegen brach und warten auf ihre Entfaltung?
- Will ich derjenige sein, der ich werden kann? Kenne ich alle meine Möglichkeiten?
- Wie kann ich überhaupt wissen, wer ich sein will? Wer sagt es mir?

6. *Selbstdistanzierung und Selbsttranszendenz*

- Wer will ich sein? Wer soll ich sein?
- Ist es das, was das Leben, die Situation von mir verlangen, wofür ich jetzt da bin?
- Spüre ich Herausforderungen in meinem Beruf? Vielleicht sogar einen Auftrag? Welche Ziele habe ich in meinem Leben?
- Kreise ich mit meinen Gedanken häufig um mich selbst? Um meine Vergangenheit? Um ein zentrales Ereignis?
- Warum richte ich mich nicht auf ein Gegenüber aus, sei es eine Aufgabe oder Person?
- Will ich diese Stunde für immer so gelebt haben?

7. *Vertrauen und Zuversicht*

- Habe ich Vertrauen in das Leben? Wenn nicht, was will mir meine Mißtrauenshaltung sagen?
- Blicke ich zuversichtlich in die Zukunft – trotz aller Unwägbarkeiten und Instabilitäten?
- Erkenne ich die Begrenztheit meines Lebens?
- Fühle ich mich geborgen in etwas „Transzendentem"?
- Wie gehe ich mit der Polarität von Leben und Tod um? Ist der Tod für mich ein Schrecken oder Heimkehr zum „Urgrund"?

C. Welchen Weg schlage ich ein? Welche Realisierungsschritte unternehme ich? Welche Welt schaffe ich mir?

1. *Entscheidung und Handlung*

   • Welche Entscheidungen treffe ich angesichts der vielfältigen Möglichkeiten? Oder zögere ich? Warum?
   • Habe ich Mut zur Tat und zum Handeln? Oder verbleibe ich in Absichten, Befürchtungen und Ängsten?
   • Welche Antworten gebe ich dem Leben? Heute? Morgen? In der Zukunft?
   • Welche Realisierungsschritte unternehme ich? Sofort? Morgen? In der Zukunft?

2. *Verantwortlichkeit und Freiheit*

   • Erkenne ich meine Verantwortlichkeit? Mir selbst gegenüber? Anderen gegenüber? Handele ich meiner Erkenntnis gemäß?
   • Erkenne ich das Wozu meiner Freiheit? Erkenne ich daß Freiheit ohne Verantwortlichkeit in Egoismus mündet?
   • Fühle ich mich als Monade oder allem Leben zugehörig?
   • Kann ich mit Schuld umgehen? Bin ich bereit zur Wiedergutmachung? Bin ich bereit zu Einstellungsänderungen?
   • Erkenne ich, daß Verantwortlichkeit immer Selbstverantwortlichkeit und Fremdverantwortlichkeit umschließt?

Existenzanalytische Fragen zur Entfaltung von Potentialen in der Berufs- und Arbeitswelt

A. Wer bin ich? Wo stehe ich? Wie erlebe ich mich?

1. Berufs- und Lebenswelt

- Empfinde ich meine berufliche Tätigkeit als sinnvoll? Welche Sinnfelder eröffnet mir der Beruf beziehungsweise die Arbeit?
- Ist mein Beruf beziehungsweise meine Arbeit in meine Lebenswelt integriert? Wenn nein, welche Diskrepanzen gibt es?
- Bei welchen Aufgaben, Arbeiten und Erledigungen kann ich mich voll entfalten?
- Welche Tätigkeiten versuche ich zu vermeiden? Warum?

2. Bewältigte und unbewältigte Herausforderungen

- Was ist mir in meinem bisherigen beruflichen Leben gelungen? Was nicht?
- Wie gehe ich mit Schwierigkeiten und Problemen um? Sehe ich ihren Herausforderungscharakter?
- Projiziere ich, wenn etwas nicht klappt, die Schuld auf andere? Oder sehe ich meinen eigenen Anteil?
- Spornen mich Herausforderungen an? Oder ängstigen sie mich?

3. Persönliche Kompetenz

- Wie ist meine physische und psychische Belastbarkeit? Wann empfinde ich Dis-Streß? Wann Eu-Streß?
- Wie gehe ich mit meinen Persönlichkeitsteilen um? Welche Persönlichkeitsteile bekämpfen sich? Welche harmonieren?
- Wie gehe ich mit Blockaden, belastenden Gefühlen und negativen Selbstgesprächen um?
- Wie denke ich? Eng? Verzerrt? Vernetzt? Lateral? Analytisch? Strategisch? Ganzheitlich?

- Wann bin ich kreativ? Habe ich genügend Kreativitäts-spielräume?
- Erkenne ich meine Bedürfnisse? Was ist für mich sinn-voll?
- Bin ich bereit, Selbst-Verantwortung zu übernehmen?

4. *Fachliche Kompetenz*

- Reicht meine fachliche Kompetenz aus, um den fachlichen Herausforderungen adäquat zu begegnen? Wenn nein, wo habe ich Lücken?
- Auf welchen Gebieten habe ich Grundwissen? Auf welchen Gebieten Spezialwissen?

5. *Soziale Kompetenz*

- Erkenne ich Konflikte? Wie gehe ich mit Konflikten um? Unterdrücke ich sie? Verdränge ich sie? Oder löse ich sie, ohne Verlierersituationen zu schaffen?
- Wirke ich überzeugend? Authentisch?
- Begegne ich anderen mit Sympathie und Wertschätzung?
- Ist mein Verhalten kongruent?
- Zeige ich Mitgefühl, Zuwendung und Hingabe?
- Kann ich mich von äußeren Umständen und psychophysi-schen Befindlichkeiten distanzieren?
- Denke ich vom-anderen-her? Oder kreise ich nur um meine eigene Achse?
- Bin ich eher sachorientiert oder menschenorientiert? Wie ist mein Menschenbild?
- Kann ich aktiv zuhören?

6. *Sittliche Kompetenz*

- Orientiere ich mich an selbst gesetzten Werten? Was sind meine Werte? Was ist mein Zentralwert?
- Inwieweit beeinflussen meine Werte mein ethisches Han-deln?
- Handle ich mehr eigengesteuert oder fremdgesteuert?

- Handle ich verantwortlich? Selbstverantwortlich? Fremdverantwortlich?
- Wie ist meine Kommunikationskultur? Orientiert sie sich
  an ethischen Prinzipien? Wenn ja, an welchen?

B. *Wer möchte ich sein? Wer soll ich sein?*
   Welche Stärken und Potentiale habe ich?

   1. *Ansprechendes und Anziehendes*
      - Was zieht mich besonders an? Welche Situationen und
        Ereignisse sprechen mich an?
      - Empfinde ich meine Arbeit beziehungsweise meinen Beruf
        als sinnvoll? Wenn nein, welche neuen Sinnfelder lassen
        sich erschließen?
      - Welche Werte kann ich realisieren? Kreative und produk-
        tive Werte? Erlebniswerte? Einstellungswerte?

   2. *Visionen und Ziele*
      - Welche Visionen habe ich beruflich? Hindert mich etwas,
        sie zu realisieren? Wenn ja, was hindert mich?
      - Welche Ziele strebe ich an? Welche Ziele möchte ich in
        einem Jahr, in fünf Jahren oder in zehn Jahren verwirklicht
        haben?
      - Kann ich meine Visionen oder Ziele im ausgeübten Beruf
        oder am jetzigen Arbeitsplatz verwirklichen? Wenn nein,
        was muß geschehen, damit ich es kann?
      - Welche neuen Herausforderungen reizen mich?
      - Welche Wünsche, Sehnsüchte und Bedürfnisse wollen be-
        ruflich noch befriedigt werden?
      - Wer möchte ich beruflich sein?

   3. *Stärken und Potentiale*
      - Erkenne ich meine beruflichen Stärken und Potentiale?
      - Wo liegen meine Stärken? Welche Potentiale liegen brach
        und warten auf Entfaltung?
      - Wie gehe ich mit meinen Schwächen um?

- Was tue ich, um meine persönliche Kompetenz, fachliche Kompetenz, soziale Kompetenz und sittliche Kompetenz zu steigern? Was möchte ich tun? Was sollte ich tun?
- Welche Soll-Persönlichkeitskultur strebe ich an?

C. *Welchen Weg schlage ich ein? Welche Realisierungsschritte unternehme ich? Welche Welt schaffe ich mir?*

1. *Entscheidung und Handlung*

   - Welche Entscheidungen treffe ich angesichts der vielfältigen Möglichkeiten? Oder zögere ich? Warum? Habe ich Mut zur Tat und zum Handeln? Oder verbleibe ich in Absichten, Befürchtungen und Ängsten?
   - Welche Antworten gebe ich auf die beruflichen Herausforderungen? Heute? Morgen? In der Zukunft?
   - Welche Realisierungsschritte unternehme ich? Sofort? Morgen? In der Zukunft? Inwieweit bin ich auf andere angewiesen?

2. *Verantwortlichkeit und Freiheit*

   - Erkenne ich meine Verantwortlichkeit? Mir selbst gegenüber? Mitarbeitern gegenüber? Wettbewerbern gegenüber? Der Gesellschaft gegenüber? Der Natur gegenüber?
   - Erkenne ich das Wozu meiner Freiheit?
   - Welche Voraussetzungen muß ich für eine ethisch orientierte Führungskultur schaffen? Bei mir selbst? In der Organisation?
   - Welche Werte dienen mir als Orientierungsleitfaden?

Biographischer Fragebogen zur allgemeinen Persönlichkeitsentwicklung

A. Vergangenheit
(Verwirklichter Bereich, Reich des Wirklichen)

1. Meine Eltern und primären Bezugspersonen
   - Wer waren meine Eltern, meine primären Bezugspersonen?
   - Was fühle ich dazu? Welche Gefühlszustände verbinde ich damit?
   - Was denke ich darüber? Welche Einstellung habe ich dazu?
   - Wie setze ich mich damit auseinander?

2. Meine Vorschulzeit?
   - Wie war meine Vorschulzeit?
   - Was fühle ich dazu? Welche Gefühlszustände verbinde ich damit?
   - Was denke ich darüber? Welche Einstellung habe ich dazu?
   - Wie setze ich mich damit auseinander?

3. Meine Schulzeit
   - Wie war meine Schulzeit?

4. Meine Erwachsenenzeit bis heute
   - Wie war meine Erwachsenenzeit bis heute?

B. Gegenwart
(Meine gegenwärtige Situation)

1. Meine körperliche Verfassung
   - Was fühle ich dazu? Welche Gefühlszustände verbinde ich damit?

- Was denke ich darüber? Welche Einstellung habe ich dazu?
- Wie setze ich mich damit auseinander?

2. Mein Seelenzustand beziehungsweise meine Gefühlslage

- Was fühle ich dazu? ...

3. Meine Familie ...
4. Meine berufliche Tätigkeit ...
5. Meine wirtschaftlichen Verhältnisse ...
6. Meine Wohnverhältnisse ...
7. Meine Freizeitgestaltung ...
8. Meine Reisepläne ...
9. Meine Freunde und Bekannten ...
10. Meine Weiterbildung ...
11. Meine kulturellen Bedürfnisse ...
12. Meine Religiosität ...
13. Meine Bruchstellen und Wendepunkte ...
14. Meine Lebensmuster beziehungsweise mein Lebensmuster ...
15. ...

C. Zukunft
(Potentieller Bereich, Reich der Möglichkeiten)

1. Meine nähere Zukunft

- Wie könnte meine nähere Zukunft aussehen? Wie sollte sie aussehen?
- Was fühle ich dazu? Welche Gefühlszustände verbinde ich damit?
- Was denke ich darüber? Welche Einstellung habe ich dazu?
- Wie setze ich mich damit auseinander? Welche aktiven Schritte zur Realisierung unternehme ich?

2. Meine fernere Zukunft

- Wie könnte meine fernere Zukunft aussehen? ...

3. Meine Vergänglichkeit, mein Sterben

- Was fühle ich dazu? ...

Biographischer Fragebogen zur Persönlichkeitsentwicklung von Führungskräften

A. Vergangenheit

1. Meine Schulzeit

- Wie war meine Schulzeit? Wo lagen meine Interessen, Stärken und Schwächen?
- Welche Spannungen und Konflikte gab es? Gibt es Bruchstellen, Wendepunkte? Wenn ja, wozu fordern sie mich heraus?
- Wie kam ich mit Mitschülern und Lehrern zurecht? Welcher „Typ" von Lehrer bereitete mir Schwierigkeiten?
- Welche berufliche Perspektive entwickelte ich?
- Wie begleiteten meine Eltern beziehungsweise wichtige Personen meine Schulzeit?
- Was fühle ich dazu? Welche Gefühlszustände verbinde ich damit?
- Was denke ich darüber? Welche Einstellung habe ich dazu?
- Wie setze ich mich damit auseinander?

2. Meine Berufsausbildung und Studienzeit

- Wie verlief meine Berufsausbildung und Studienzeit? Wo lagen meine Schwerpunkte? Wo lagen meine Interessen, Stärken und Schwächen?

- Welche Spannungen und Konflikte gab es? Wo waren Bruchstellen, Wendepunkte? Wozu forderten sie mich heraus?
- Was erschien mir besonders bedeutsam? Worin erblickte ich eine besondere Herausforderung?
- Wann entwickelte ich meine erste langfristige berufliche Perspektive? Hat sie noch heute Gültigkeit? Wenn nein, was hat sich verändert?
- Welche wichtigen Bezugspersonen begleiteten meine Berufsausbildung und Studienzeit? Worin lag ihre Bedeutung?
- Was fühle ich dazu? Welche Gefühlszustände verbinde ich damit?
- Was denke ich darüber? Welche Einstellung habe ich dazu?
- Wie setze ich mich damit auseinander?

3. Mein Eintritt in das Berufsleben

- Wie verlief mein Eintritt in das Berufsleben?
- Welche Erfahrungen wurden gemacht?
- Welche Erwartungen und Hoffnungen wurden erfüllt? Welche nicht? Warum nicht?
- Wurde ich unterstützt? Wenn ja, wie und durch wen?
- Welche Initiationsriten mußte ich durchlaufen?
- Welche Spannungen und Konflikte gab es? Wie wurden sie gelöst? Worin bestand ihr Herausforderungscharakter?
- Wie war mein privates Beziehungsgefüge?
- Was fühle ich dazu? Welche Gefühlszustände verbinde ich damit?
- Was denke ich darüber? Welche Einstellung habe ich dazu?
- Wie setze ich mich damit auseinander?

4. Meine berufliche Sozialisation

- Wie verlief die Anpassung meines beruflichen Erwartungshorizontes an das Möglichkeitsspektrum der beruflichen Betätigungsfelder?

- Wurden meine Fähigkeiten und Fertigkeiten angemessen anerkannt?
- Welche beruflichen Erfahrungen habe ich gemacht? Positive? Angenehme? Negative? Erschreckende?
- Verlief mein berufliches Engagement geradlinig oder zyklisch bzw. phasenhaft?
- Welche Spannungen, Probleme und Konflikte traten auf? Wie wurden sie gelöst?
- Worin bestand meine größte Herausforderung? Wie habe ich sie bewältigt?
- Wann entwickelte ich meine erste langfristige berufliche Perspektive? Hat sie noch heute Gültigkeit? Wenn nein, was hat sich verändert?
- Wie war meine Familiensituation? Mein sonstiges Umfeld?
- Was fühle ich dazu? Welche Gefühlszustände verbinde ich damit?
- Was denke ich darüber? Welche Einstellung habe ich dazu?
- Wie setze ich mich damit auseinander?

5. Mein Eintritt in die Organisation

- Wie war mein Eintritt in die Organisation?
- Welche Erwartungen und Hoffnungen wurden erfüllt? Welche nicht? Warum nicht?
- Wurde ich in der Einführungsphase unterstützt? Wenn ja, wie und durch wen?
- Welche Initiationsriten mußte ich durchlaufen?
- Kannte ich die Anforderungen und Erwartungen der Organisation an mich? Welche wurden gestellt?
- Welche Spannungen und Konflikte gab es? Wie wurden sie gelöst?
- Wie war meine Familiensituation? Mein sonstiges Umfeld?
- Was fühle ich dazu? Welche Gefühlszustände verbinde ich damit?

- Was denke ich darüber? Welche Einstellung habe ich dazu?
- Wie setze ich mich damit auseinander? Welche aktiven Schritte zur Realisierung unternehme ich?

6. Meine organisationale Sozialisation

- Wie verlief die Anpassung meines beruflichen Erwartungshorizontes an das Möglichkeitenspektrum der Organisation?
- Wurden meine Fähigkeiten und Fertigkeiten angemessen anerkannt?
- Welche Diskrepanzen und welche Übereinstimmungen gab es zwischen dem Wertesystem der Organisation und meinem eigenen Wertesystem?
- Welche Spannungen, Probleme, Konflikte und Herausforderungen traten auf? Wie wurden sie gelöst? Gab es Bruchstellen und Wendepunkte?
- Förderte die Organisation meine Stärken und Potentiale? Wenn ja, wie?
- Wie war ich in die informale Organisation eingebunden? Hatte ich Freunde in der Organisation? Feinde?
- Was fühle ich dazu? Welche Gefühlszustände verbinde ich damit?
- Was denke ich darüber? Welche Einstellung habe ich dazu?
- Wie setze ich mich damit auseinander?

7. Meine beruflichen Bruchstellen, Wendepunkte und Krisen

- Verlief mein berufliches Engagement geradlinig oder zyklisch beziehungsweise phasenhaft?
- Welche Bruchstellen gab es? Welche Wendepunkte? Welche Krisen?
- Wie ging ich damit um? Worin bestand der Herausforderungscharakter der jeweiligen Situation? Kann ich eine Bedeutung in den Bruchstellen, Wendepunkten und Krisen für mein weiteres Leben sehen? Wenn ja, welche?

- Gab es persönliche Konflikte, die sich erheblich im Arbeitsalltag auswirkten? Wenn ja, welche?
- Was fühle ich dazu? Welche Gefühlszustände verbinde ich damit?
- Was denke ich darüber? Welche Einstellung habe ich dazu?
- Wie setze ich mich damit auseinander?

B. *Meine gegenwärtige berufliche Sozialisation*

1. Meine berufliche Stellung und Position

- Worin bestehen die Hauptaufgaben meiner Stelle?
- Wo ist meine Stelle innerhalb der Hierarchie angesiedelt? Gibt es Diskrepanzen zwischen der formalen und informalen hierarchischen Stelleneinordnung?
- Welches Ansehen genießt meine Stellung bei den Mitarbeitern? Welches Ansehen genieße ich als Mensch?
- Resultiert aus meiner beruflichen Stellung so etwas wie „Positionsautorität"? Wenn ja, überwiegt sie gegenüber meiner „Fachautorität"?
- Was bedeutet mir meine gegenwärtige berufliche Stellung und Position? Was bedeutet sie meiner Familie? Meinen engsten Freunden?
- Was fühle ich dazu? Welche Gefühlszustände verbinde ich damit?
- Was denke ich darüber? Welche Einstellung habe ich dazu?
- Wie setze ich mich damit auseinander?

2. Meine beruflichen Herausforderungen

- Worin bestehen meine gegenwärtigen beruflichen Herausforderungen? Haben sie einen echten Herausforderungscharakter für mich?
- Was bedeuten Herausforderungen für mich? Ansporn? Entfaltung? Dis-Streß?
- Welche Herausforderungen gibt es im privaten Bereich?

- Was fühle ich dazu? Welche Gefühlszustände verbinde ich damit?
- Was denke ich darüber? Welche Einstellung habe ich dazu?
- Wie setze ich mich damit auseinander?

3. Meine berufliche Sinnerfüllung

- Empfinde ich meine berufliche Tätigkeit als sinnvoll, als bedeutungsvoll? Worin sehe ich den Sinn meiner Tätigkeit?
- Welche kreativen und produktiven Werte kann ich durch meine berufliche Tätigkeit verwirklichen? Welche sozialen Erlebniswerte? Welche Einstellungswerte?
- Empfinde ich mein Leben insgesamt als sinnvoll? Welche wichtigen Sinnverwirklichungsfelder habe ich?
- Kann ich auch in Krisen, Problemen und belastenden Herausforderungen einen Sinn sehen? Wozu fordern sie mich heraus?
- Was fühle ich dazu? Welche Gefühlszustände verbinde ich damit?
- Was denke ich darüber? Welche Einstellung habe ich dazu?
- Wie setze ich mich damit auseinander?

4. Meine beruflichen Probleme und Sorgen

- Welche Probleme und Sorgen belasten mich?
- Wer leidet mit mir unter den Problemen und Sorgen?
- Welche Wege gibt es zur Lösung der Probleme und Sorgen? Worin liegt ihr Herausforderungscharakter?
- Wie gehe ich mit meinen beruflichen Problemen und Sorgen um? Werden sie durch Probleme und Sorgen im privaten Bereich verstärkt?
- Was fühle ich dazu? Welche Gefühlszustände verbinde ich damit?
- Was denke ich darüber? Welche Einstellung habe ich dazu?
- Wie setze ich mich damit auseinander?

C. Zukunft

1. Meine nähere berufliche Zukunft

- Welche Visionen habe ich von meiner näheren beruflichen Zukunft? Welche Ziele? Welche Pläne?
- Lassen sich meine Visionen in meinem jetzigen Tätigkeitsfeld verwirklichen? In der jetzigen Organisation? Wenn nicht, wie und wo?
- Was fühle ich dazu? Welche Gefühlszustände verbinde ich damit?
- Was denke ich darüber? Welche Einstellung habe ich dazu?
- Wie setze ich mich damit auseinander? Welche aktiven Gestaltungsschritte unternehme ich? Wie gehe ich mit Hindernissen um?

2. Meine langfristige berufliche Zukunft

- Welche Visionen habe ich von meiner langfristigen beruflichen Zukunft? Wo möchte ich in zehn oder fünfzehn Jahren beruflich stehen?
- Wie lassen sich meine Visionen in Ziele und Pläne konkretisieren? Wie lassen sie sich verwirklichen?
- Welche Schritte und Maßnahmen werde ich einleiten? Wann?
- Lassen sich meine Visionen in meinem jetzigen Tätigkeitsfeld verwirklichen? Zieht die Verwirklichung Veränderungen im privaten Umfeld nach sich? Wenn ja, welche?
- Welche Schwierigkeiten könnten sich ergeben? Wie würde ich damit umgehen?
- Was fühle ich dazu? Welche Gefühlszustände verbinde ich damit?
- Was denke ich darüber? Welche Einstellung habe ich dazu?
- Was denkt meine Familie darüber? Meine engsten Freunde?
- Wie setze ich mich damit auseinander? Aktiv oder eher reaktiv?

Tests zur Ermittlung des eigenen dominanten Persönlichkeitstypus

Test 1: Der Perfektionsorientierte

4 = trifft voll zu   2 = trifft selten zu
3 = trifft oft zu   1 = trifft nie zu

1. Ich habe ziemlich klare Maßstäbe von Korrektheit und bemühe mich, das zu tun, was korrekt erscheint.   4 3 2 1

2. Ich bemühe mich, immer das Richtige zu tun.   4 3 2 1

3. Ich zögere Entscheidungen oft hinaus, weil ich Angst habe, Fehler zu machen.   4 3 2 1

4. Ich habe wenig Zugang zu Bedürfnissen, die den Maßstäben von Korrektheit nicht entsprechen.   4 3 2 1

5. Meine Aufmerksamkeit ist sehr stark auf die Verbesserung von Fehlern ausgerichtet.   4 3 2 1

6. Ich suche im Leben nach Vollkommenheit oder etwas Vollkommenem.   4 3 2 1

7. Ich habe große Schwierigkeiten, meinen Ärger und meine Wut direkt zu zeigen.   4 3 2 1

8. Ich empfinde es als schmerzlich, von anderen kritisiert zu werden.   4 3 2 1

9. Ich bemühe mich, für jede Situation die richtige Lösung zu finden, und bin innerlich davon überzeugt, daß es sie auch gibt.   4 3 2 1

10. Ich bevorzuge klare Regelungen und habe eine große Abneigung dagegen, daß feststehende Regeln willkürlich geändert werden.   4 3 2 1

11. Ich vergleiche sehr oft und messe Gedanken und Taten an einem idealen Maßstab der potentiellen Vollkommenheit einer Situation.   4   3   2   1

12. Ich vermeide Tätigkeiten, die ein hohes Risiko des Irrtums bei der Entscheidungsfindung oder ein hohes Maß an persönlicher Verantwortung bei strittigen Entscheidungen verlangen.   4   3   2   1

Ein Ergebnis über 40 Punkte zeigt Tendenzen, daß Sie über typische Charakteristika des Persönlichkeitstypus 1 verfügen. Ein Ergebnis unter 30 Punkten schließt eine enge Verbindung oder gar Zugehörigkeit nahezu aus.

Test 2: Der Anerkennungsorientierte

4 = trifft voll zu   2 = trifft selten zu
3 = trifft oft zu   1 = trifft nie zu

1. Ich suche nach Anerkennung und vermeide Ablehnung.   4   3   2   1

2. Ich bin stolz auf meine eigene Bedeutung in Beziehungen und glaube, daß ohne mich viele Mitarbeiter nicht oder nicht so gut zurechtkommen würden.   4   3   2   1

3. Ich bin stolz darauf, von anderen gebraucht zu werden und ihren Bedürfnissen und Wünschen weitestgehend gerecht zu werden.   4   3   2   1

4. Ich habe oft Schwierigkeiten, meine eigenen Bedürfnisse und Wünsche zu erkennen.   4   3   2   1

5. Ich interessiere mich brennend für die Probleme und Anliegen anderer und erwarte ein hohes Maß an Offenheit.   4   3   2   1

6. Mein eigenes Wohlbefinden hängt sehr stark davon ab, wie meine Umwelt auf mich reagiert.   4 3 2 1

7. Ich glaube, daß ich eher für die Bedürfnisse und Wünsche anderer da bin als für meine eigenen wirklichen Bedürfnisse und Wünsche.   4 3 2 1

8. Ich habe Schwierigkeiten, nein zu sagen, und verspreche manchmal mehr, als ich zu halten vermag.   4 3 2 1

9. Meine Aufmerksamkeit ist oft darauf ausgerichtet, mich zu ändern, um den Bedürfnissen und Wünschen anderer zu entsprechen.   4 3 2 1

10. Ich verfüge über ein Repertoire unterschiedlicher Verhaltensweisen, von denen jede für sich genommen sehr echt und wahr erscheint.   4 3 2 1

11. Ich habe Angst, wenn ich meine Aufmerksamkeit von außen nach innen verlagere.   4 3 2 1

12. Ich habe Schwierigkeiten, feindselige Gefühle zuzulassen und verberge Aggressionen nicht nur vor anderen, sondern auch vor mir selbst.   4 3 2 1

Ein Ergebnis über 40 Punkte zeigt klare Tendenzen, daß Sie über typische Charakteristika des Persönlichkeitstypus 2 verfügen. Ein Ergebnis unter 30 Punkten schließt eine enge Verbindung oder gar Zugehörigkeit nahezu aus.

Test 3: Der Erfolgsorientierte

4 = trifft voll zu   2 = trifft selten zu
3 = trifft oft zu   1 = trifft nie zu

1. Ich identifiziere mich voll mit meinen Errungenschaften und Erfolgen.   4 3 2 1

2. Ich liebe Konkurrenz und Wettbewerb und fühle mich dadurch herausgefordert.   4 3 2 1

3. Ich unternehme alle Anstrengungen, um Mißerfolge zu vermeiden.   4 3 2 1

4. Ich bin der Überzeugung, daß ich eher geliebt werde, weil ich etwas produziere, und nicht, weil ich als ganzer Mensch gemocht werde.   4 3 2 1

5. Ich richte meine ganze Aufmerksamkeit selektiv auf Positives und blende Negatives fast vollständig aus.   4 3 2 1

6. Ich habe wenig Zugang zu meinen Gefühlen und Emotionen.   4 3 2 1

7. Ich stelle meine Emotionen zumeist völlig ab, weil sie bei der Arbeitserledigung oft störend und hinderlich sind.   4 3 2 1

8. Ich bin außenorientiert und sehr auf Image und Prestige bedacht.   4 3 2 1

9. Mein Aufmerksamkeitsstil ist sehr stark zielorientiert.   4 3 2 1

10. Ich passe mich den Anforderungen und Erwartungen meiner Umwelt sehr gut an.   4 3 2 1

11. Ich habe keine Schwierigkeiten, die Rollenerwartungen meiner Umwelt zu erfüllen.   4 3 2 1

12. Ich tue mich sehr schwer, Schwächen und
Versagen zu akzeptieren – bei mir und bei
anderen.   4 3 2 1

Ein Ergebnis über 40 Punkte zeigt klare Tendenzen, daß Sie über
typische Charakteristika des Persönlichkeitstyps 3 verfügen. Ein
Ergebnis unter 30 Punkten schließt eine enge Verbindung oder gar
Zugehörigkeit nahezu aus.

Test 4: Der Gefühlsorientierte

4 = trifft voll zu   2 = trifft selten zu
3 = trifft oft zu   1 = trifft nie zu

1. Ich liebe es, Aufgaben und Herausforderungen auf besondere Art zu tun und zu bewältigen.   4 3 2 1

2. Ich fühle mich durch außergewöhnliche
Aufgaben, Situationen und Ereignisse herausgefordert.   4 3 2 1

3. Ich lege sehr viel wert auf intakte Beziehungen und auf ein mitmenschliches und offenes
Kommunikationsklima.   4 3 2 1

4. Ich möchte authentisch sein und mich auch
am Arbeitsplatz beziehungsweise im Beruf als
„ganzer" Mensch einlassen.   4 3 2 1

5. Meine Aufmerksamkeit ist sehr stark auf
Vergangenes und Zukünftiges ausgerichtet
und oft zu wenig auf die gegenwärtigen, aktuellen Herausforderungen, Aufgaben und
Ereignisse.   4 3 2 1

6. Ich bin sehr sensibel für die Gefühle, Wünsche, Bestrebungen und Sinnerwartungen
anderer Menschen   4 3 2 1

7. Ich vermeide Gewöhnlichkeit und finde „handelsübliche Dinge" zumeist nicht akzeptabel.   4   3   2   1

8. Ich kann sehr leicht die emotionale Atmosphäre in einer Gruppe wahrnehmen.   4   3   2   1

9. Ich lebe sehr oft in einer reichen – aber widersprüchlichen – Gefühls- und Emotionalwelt und drohe, mich zeitweise in ihr zu verlieren.   4   3   2   1

10. Ich wirke oft reserviert und zurückhaltend, obwohl ich mich bemühe, zwanglos und natürlich zu erscheinen.   4   3   2   1

11. Ich denke oft zu pessimistisch und sehe eher das „halb leere Glas" als das „halb volle Glas."   4   3   2   1

12. Ich sehne mich nach dem Außergewöhnlichen und Herausragenden und habe Schwierigkeiten, auch Normales und Mittelmäßiges zu akzeptieren.   4   3   2   1

Ein Ergebnis über 40 Punkte zeigt klare Tendenzen, daß Sie über typische Charakteristika des Persönlichkeitstypus 4 verfügen. Ein Ergebnis unter 30 Punkten schließt eine enge Verbindung oder gar Zugehörigkeit nahezu aus.

Test 5: Der Wissensorientierte

4 = trifft voll zu	2 = trifft selten zu
3 = trifft oft zu	1 = trifft nie zu

1. Ich behalte meine Gefühle, Emotionen und inneren Anliegen eher für mich, als sie anderen mitzuteilen.   4 3 2 1

2. Es fällt mir sehr schwer, belanglose Unterhaltungen zu führen.   4 3 2 1

3. Ich liebe es, verschiedene Ideen und Gedanken zu einem komplexen Gedankengebäude zu vernetzen.   4 3 2 1

4. Ich brauche viel Freiraum und Zeit für mich und ziehe mich öfter von der Außenwelt für kurze und längere Zeiträume zurück.   4 3 2 1

5. Ich scheue risikoreiche Unternehmungen und überlasse lieber anderen die Initiative.   4 3 2 1

6. Ich versuche, Probleme und Konflikte vor allem durch Denken zu lösen, erst danach diskutiere ich mit anderen.   4 3 2 1

7. Ich gehe mit meiner Zeit, meinem Geld und mir selbst eher knauserig um. Für mein Geld möchte ich einen angemessenen Gegenwert bekommen.   4 3 2 1

8. Ich bin fasziniert von Wissen. Wissen ist für mich oft wichtiger als Menschen, Dinge und Ereignisse.   4 3 2 1

9. Ich mag es nicht, beurteilt zu werden. Erwartungen von anderen setzen mich unter Druck.   4 3 2 1

10. Ich möchte wissen, was in der Zukunft passiert, und lege Wert auf Kalkulierbarkeit.   4 3 2 1

11. Ich neige dazu, mich von meinen eigenen
Gefühlen und Emotionen abzuschotten und
gleichsam „im Kopf" beziehungsweise „im
Denken" zu leben.   4 3 2 1

12. Es fällt mir relativ leicht, einen Standpunkt
einzunehmen, der frei ist von emotionalen
Vorurteilen.   4 3 2 1

Ein Ergebnis über 40 Punkte zeigt klare Tendenzen, daß Sie über
typische Charakteristika des Persönlichkeitstypus 5 verfügen. Ein
Ergebnis unter 30 Punkten schließt eine enge Verbindung oder gar
Zugehörigkeit nahezu aus.

Test 6: Der Sicherheitsorientierte

4 = trifft voll zu   2 = trifft selten zu
3 = trifft oft zu   1 = trifft nie zu

1. Ich tue mich schwer, Projekte und Aufgaben
zu beenden.   4 3 2 1

2. Ich ziehe es vor, meine Zeit genau einzuteilen
und nicht alles einfach auf mich zukommen
zu lassen.   4 3 2 1

3. Ich fasse Entschlüsse nur, wenn ich sicher bin.
Oft zögere ich und hole mir zusätzliche Informationen ein.   4 3 2 1

4. Ich werde häufig von Zweifeln geplagt,
manchmal so stark, daß ich ein Projekt kurz
vor der Zielerreichung abbreche.   4 3 2 1

5. Ich bin pflicht- und verantwortungsbewußt
und brauche klare Grenzen, innerhalb derer
ich entscheiden und handeln kann.   4 3 2 1

6. Ich taste oft die Umgebung nach Hinweisen auf Bedrohung oder Gefahren ab. Ich scheine Gefahren und Bedrohungen eher zu spüren als andere Menschen.   4 3 2 1

7. Ich identifiziere mich gerne mit den Anliegen von sozial Schwächeren – den sogenannten Underdogs.   4 3 2 1

8. Ich zweifle oft an meinen eigenen Fähigkeiten und flüchte dann in eine Gedankenwelt.   4 3 2 1

9. Ich habe die Tendenz, mich einer Autorität entweder zu unterwerfen oder gegen sie zu rebellieren.   4 3 2 1

10. Ich kann mich sehr loyal, engagiert und pflichtbewußt gegenüber einer Sache, Herausforderung oder gegenüber einem Vorgesetzten verhalten.   4 3 2 1

11. Ich habe oft den Eindruck, daß ich fortwährend gegen meine Ängste angehe und sie unterdrücke. Vorsicht und Sicherheit sind zentrale Werte für mich.   4 3 2 1

12. Ich habe Schwierigkeiten, vom Denken zum Tun und Handeln überzugehen. Oft hindert mich mein zweifelnder Verstand daran, wirklich aktiv zu werden.   4 3 2 1

Ein Ergebnis über 40 Punkte zeigt klare Tendenzen, daß Sie über typische Charakteristika des Persönlichkeitstyps 6 verfügen. Ein Ergebnis unter 30 Punkten schließt eine enge Verbindung oder gar Zugehörigkeit nahezu aus.

Test 7: Der Aktivitätsorientierte

4 = trifft voll zu	2 = trifft selten zu
3 = trifft oft zu	1 = trifft nie zu

1. Ich habe ein Bedürfnis nach ständiger Aufregung und Aktivität und möchte gefühlsmäßig in Hochstimmung bleiben. 4 3 2 1

2. Ich mag Menschen und begegne ihnen grundsätzlich offen und positiv. 4 3 2 1

3. Ich denke grundsätzlich positiv und optimistisch und beschäftige mich wenig mit den Schattenseiten des Lebens. 4 3 2 1

4. Ich kann das Leben in vollen Zügen genießen und gebe mir Mühe, es so schön, abwechslungsreich und angenehm wie möglich zu gestalten. 4 3 2 1

5. Ich habe ständig Pläne und denke mit Begeisterung an die Zukunft. 4 3 2 1

6. Ich interessiere mich für sehr viele Dinge und habe Schwierigkeiten, meine Aufmerksamkeit auf eine Sache zu konzentrieren. 4 3 2 1

7. Ich bin zumeist ein froher und relativ unbeschwerter Mensch. 4 3 2 1

8. Ich unterhalte mich gerne und fühle mich in Gruppen und unter Freunden sehr wohl. 4 3 2 1

9. Ich möchte nicht sehr lange traurig sein und unternehme alles, um möglichst schnell wieder gute Gefühle zu haben. 4 3 2 1

10. Ich liebe ein Leben in Überfluß und Fülle. 4 3 2 1

11. Ich finde, daß Zeit zum Vergnügen da ist. Ich wünsche mir oft, andere Menschen würden das Leben nicht so schwer nehmen. 4 3 2 1

12. Ich habe Schwierigkeiten, Konflikte und Probleme offen anzugehen. Detailfragen mag ich nicht.

    4   3   2   1

Ein Ergebnis über 40 Punkte zeigt klare Tendenzen, daß Sie über typische Charakteristika des Persönlichkeitstyps 7 verfügen. Ein Ergebnis unter 30 Punkten schließt eine enge Verbindung oder gar Zugehörigkeit nahezu aus

Test 8: Der Machtorientierte

4 = trifft voll zu   2 = trifft selten zu
3 = trifft oft zu   1 = trifft nie zu

1. Ich kämpfe für meine Überzeugungen, Anliegen und Wünsche und scheue auch heftige Auseinandersetzungen nicht.   4   3   2   1

2. Ich kann sehr kämpferisch und aggressiv reagieren und lasse meine Wut und meinen Zorn offen heraus.   4   3   2   1

3. Ich kann es sehr schlecht ertragen, wenn Ereignisse und Dinge unkontrolliert ihren Lauf nehmen.   4   3   2   1

4. Ich halte mich für einen Nonkonformisten und passe mich keineswegs jeder Situation an.   4   3   2   1

5. Ich stehe grundsätzlich auf dem Standpunkt, daß sich die meisten Probleme und Schwierigkeiten mit Willenskraft und Ausdauer lösen lassen.   4   3   2   1

6. Ich neige dazu, die Dinge extrem und polar zu sehen. Andere Menschen empfinde ich entweder als stark oder als schwach, Situationen als gut oder als schlecht.   4   3   2   1

7. Ich reagiere manchmal sehr heftig und laut auf kleine Versehen, Mißgeschicke oder falsch gehandhabte Details. 4 3 2 1

8. Ich scheue mich nicht davor, die Dinge „beim Namen" zu nennen, auch wenn meine Wortwahl ziemlich kräftig bis vulgär werden kann. 4 3 2 1

9. Ich halte viele Menschen für schwächlich, einfältig und zaghaft und spüre oft den Drang, sie zurechtzuweisen – was ich auch oft tue. 4 3 2 1

10. Ich bin nicht gern in einer untergeordneten Position und schon gar nicht gern auf der Verliererstraße. 4 3 2 1

11. Ich genieße es, stark und einflußreich zu sein. 4 3 2 1

12. Ich habe Schwierigkeiten, mir meine Schwächen und Unzulänglichkeiten einzugestehen. Es fällt mir auch schwer, meine zarten und sanften Seiten zuzulassen. 4 3 2 1

Ein Ergebnis über 40 Punkte zeigt klare Tendenzen, daß Sie über typische Charakteristika des Persönlichkeitstyps 8 verfügen. Ein Ergebnis unter 30 Punkten schließt eine enge Verbindung oder gar Zugehörigkeit nahezu aus.

Test 9: Der Übereinstimmungsorientierte

4 = trifft voll zu   2 = trifft selten zu
3 = trifft oft zu   1 = trifft nic zu

1. Ich neige dazu, wichtige Dinge und Aufgaben bis zum Ende des Tages liegenzulassen oder immer wieder aufzuschieben. 4 3 2 1

2. Ich brauche Anregungen, Impulse und Anstöße von außen, um mich voll und ganz engagieren zu können.   4   3   2   1

3. Ich habe Probleme mit Entscheidungen, besonders wenn sie riskant sind.   4   3   2   1

4. Ich neige dazu, Dinge herunterzuspielen, um andere nicht zu beunruhigen.   4   3   2   1

5. Ich lasse mich nur ungern aus der Fassung bringen und mag keine übertriebene Unruhe und Aufregung.   4   3   2   1

6. Ich neige dazu, mich den Plänen anderer anzupassen oder andere rundweg auszublenden, um nicht beeinflußt und aus den gewohnten Lebensbahnen gebracht zu werden.   4   3   2   1

7. Ich habe große Schwierigkeiten, nein zu sagen und eine eigene Position zu beziehen.   4   3   2   1

8. Ich lebe sehr stark in der Vergangenheit und halte oft Erinnerungen mit starker Zähigkeit fest.   4   3   2   1

9. Ich vermeide offene Konfrontationen, halte meinen Zorn und meine Wut zurück.   4   3   2   1

10. Ich vermeide es, meine Person in den Vordergrund zu stellen.   4   3   2   1

11. Ich neige dazu, die Identität einer Gruppe, meiner Umgebung oder bedeutender Autoritäten, mit denen ich zu tun habe, aufzunehmen.   4   3   2   1

12. Ich habe oft ein nur geringes Aktivitätsniveau und bin manchmal regelrecht träge und stur.   4   3   2   1

Ein Ergebnis über 40 Punkte zeigt klare Tendenzen, daß Sie über typische Charakteristika des Persönlichkeitstyps 9 verfügen. Ein Ergebnis unter 30 Punkten schließt eine enge Verbindung oder gar Zugehörigkeit nahezu aus.

Literaturverzeichnis

Adl-Amini, B.: Nachstunden des Lebens. Krisen verstehen – Krisen bestehen. Herder, 1992

Ammelburg, G.: Die Unternehmenszukunft. Strukturen und Führungsstil im Wandel zum 3. Jahrtausend. Haufe, 1985

Assagioli, R.: Die Schulung des Willens. Jungfermann, 1991

Assagioli, R.: Psychosynthese. rororo, Reinbeck 1993

Bachinger, R. (Hrsg.): Unternehmenskultur. Ein Weg zum Markterfolg. Blick durch die Wirtschaft, 1990

Becker, H. und Langosch, I.: Produktivität und Menschlichkeit. Organisationsentwicklung und ihre Anwendung in der Praxis. Enke, 1984

Bennis, W.: The Temporary Society. New York: Harper & Row, Inc., 1968

Besser-Siegmund, C. und Siegmund, H.: Coach Yourself. Persönlichkeitskultur für Führungskräfte. Econ, 1991

Birkenbihl, V.: Train the Trainer. Kleines Arbeitshandbuch für Ausbilder und Dozenten. Moderne Industrie, 1977

Birkenbihl, V.: Kommunikationstraining. Zwischenmenschliche Beziehungen erfolgreich gestalten. Goldmann, 1978

Blanchard, K. und Johnson, S.: Der Minuten-Manager. Rowohlt, 1984

Böckmann, W.: Vom Sinn zum Gewinn. Eine Denkschule für Manager. Gabler, 1990

Böckmann, W.: Sinnorientierte Führung als Kunst der Motivation. Moderne Industrie, 1987

Böckmann, W.: Wer Leistung fordert, muß Sinn bieten. Moderne Menschenführung in Wirtschaft und Gesellschaft. Econ, 1990

Bösenberg, D. und Metzen, H.: Lean Management. Vorsprung durch schlanke Konzepte. Moderne Industrie, 1992

Capra, F.: Wendezeit. Bausteine für ein neues Weltbild. Scherz, 1987

Capra, F.: Das Neue Denken. Scherz, 1987

Csikszentmihalyi, M.: Flow. Das Geheimnis des Glücks. Klett-Cotta, 1992

Czichos, R.: Change Management, Ernst Reinhardt, 1993

Deutsch, M.: Konfliktregelung. Konstruktive und destruktive Prozesse. Ernst Reinhardt, 1976

Drucker, P.: Neue Realitäten. Wertewandel in Politik, Wirtschaft und Gesellschaft. Econ, 1989

Eberspächer, H.: Sportpsychologie. rororo Sport, Reinbeck 1987

Eberspächer, H.: Streß ist die Würze des Lebens. In: Industriemagazin, Februar 1987

Ferrucci, P.: Werde was du bist. Selbstverwirklichung durch Psychosynthese. Rowohlt, 1986

Frankl, V.: Der Mensch vor der Frage nach dem Sinn. Serie Piper, 1989

Gerken, G.: Management by love. Econ, 1990

Gerken, G. und Luedecke, G.: Die unsichtbare Kraft des Managers. Die Bedeutung des Inner-Management für den äußeren Erfolg. Econ, 1988

Glasl, F.: Konfliktmanagement. Diagnose und Behandlung von Konflikten in Organisationen. Haupt, 1980

GOE e.V.: Leitbild und Grundsätze der Gesellschaft für Organisationsentwicklung. Langenfeld, 1980

Gordon, Th.: Manager-Konferenz. Effektives Führungstraining. Rowohlt, 1987

Herzberg, F.: Work and the Nature of Man. Cleveland, Ohio 1966

Hickmann, C/Silva, G.: Der Weg zu Spitzenleistungen, Goldmann Verlag, 1. Aufl., 1986

Hillmann, K.-H.: Wertewandel. Zur Frage soziokultureller Voraussetzungen alternativer Lebensformen. Wissenschaftliche Buchgesellschaft, 1989

Hofstetter, H.: Die Leiden der Leitenden. Datakontext, 1988

Inglehard, R.: Wertwandel in den westlichen Gesellschaften: Politische Konsequenzen von materialistischen und postmaterialistischen Prioritäten, in: Klages, H. und Kmieciak, P. (Hrsg.): Wertewandel und gesellschaftlicher Wandel, Frankfurt a.M./New York 1979

Jackson, K.F.: Die Kunst der Problemlösung. Moderne Industrie, 1980

Jacobson, E.: Progressive Relaxation. Univ. of Chicago Press, Chicago 1938

Kets de Vries: Organizational paradoxes. Clinical Approaches to Management. Tavistock, London/New York 1980

Kirchner, B.: Dialektik und Ethik. Besser führen mit Fairneß und Vertrauen. Gabler, 1991

Kritz, J.: Grundkonzepte der Psychotherapie. Psychologie Verlags Union, 1991

Lenz, G. (Hrsg.): Die Seele im Unternehmen. Springer, 1991

Mackenzie, R. A.: Die Zeitfalle. Sinnvolle Zeiteinteilung und Zeitnutzung, Sauer-Verlag, Heidelberg 1985

Mann, R.: Das ganzheitliche Unternehmen. Die Umsetzung des Neuen Denkens in der Praxis zur Sicherung von Gewinn und Leistungsfähigkeit. Scherz, 1988

Maslow, A. H.: Motivation and Personality. New York 1954

Maturana, H. und Varela, F.: Der Baum der Erkenntnis. Die biologischen Wurzeln des menschlichen Erkennens. Scherz, 1987

Naisbitt, J. und Aburdene, P.: Megatrends des Arbeitsplatzes. Von Infrastrukturen zur Lebensqualität. Hestia, 1986

Neubeiser, M.-L.: Management-Coaching. Der neue Weg zum Manager von morgen. Orell Füssli, 1990

Oldham, J. M. und Moris, L. B.: Ihr Persönlichkeitsprofil. Kabel-Verlag, 1992

Riemann, F.: Grundformen der Angst. Eine tiefenpsychologische Studie. Ernst Reinhardt, 1990

Rifkin, J.: Netzwerk Universum. Die Zeit als Grundkonflikt des Menschen. Kindler, 1988

Roger, C.: Therapeut und Klient. Grundlagen der Gesprächspsychotherapie. Fischer, 1988

Rosenfeld, A. und Stark, E.: Die Krisen und Phasen des Erwachsenen, in: Psychologie heute, Oktober 1987

Rosenstiel, L. von: Grundlagen der Organisationspsychologie. Poeschel, 1987

Rückle, H.: Coaching. Econ, 1992

Schulz, D. u.a.: Outplacement. Personalfreisetzung und Karrierestrategie. Gabler, 1989

Schulz von Thun, F.: Miteinander reden 2. Stile, Werte und Persönlichkeitsentwicklung. Rowohlt, 1992

Schwäbisch, L. und Siems, M.: Anleitung zum sozialen Lernen für Paare, Gruppen und Erzieher. Kommunikations- und Verhaltenstraining. Rowohlt, 1986

Simons, G.: Silicon Shock: The Menace of the Computer. Oxford. Basil Blackwell, 1985

Tausch, R.: Lebensschritte. Umgang mit belastenden Gefühlen. Rowohlt, 1989

Uris, A.: 101 praktische Management-Tips. Orell Füssli, 1988

Vester, F.: Neuland des Denkens. Vom technokratischen zum kybernetischen Zeitalter. Deutsche Verlagsanstalt, 1980

Vester, F.: Phänomen Streß. Wo liegt sein Ursprung, warum ist er lebenswichtig, wodurch ist er entartet? Deutsche Verlagsanstalt, 1976

Verzeichnis der Abbildungen und Tabellen

Abbildungen

Tabellen

Weitere Titel der F.A.Z./Gabler-Edition

Mark H. McCormack
110 Prozent
Spitzenleistungen aus eigener Kraft
1992, 299 Seiten, Geb., ISBN 3-409-19175-5

McCormack weiß als Agent namhafter Spitzensportler und Künstler, wie man es schafft, seine Leistung zu steigern und besser zu sein als die anderen. Lesen Sie, was Sie als Manager tun können, um „Formtiefs" zu vermeiden und Ihre Leistungskurve auf 110 Prozent zu steigern.

Michael Liebig
Entscheiden
Die kreativen Werkzeuge der Chancendenker
1993, 409 Seiten, Geb., ISBN 3-409-19178-X

Wie unprofessionell in vielen Unternehmen Entscheidungen getroffen werden, ist fast schon unglaublich. Am „Mut zur Entscheidung" fehlt es – aber vor allem auch am Know-how der Entscheidungsfindung. Lernen Sie deshalb mit Michael Liebig, Entscheidungen sicher und effizient zu treffen.

Willem Mastenbroek
Verhandeln
Strategie · Taktik · Technik
1992, 263 Seiten, Geb., ISBN 3-409-19153-4

Verhandeln ist mehr als nur eine Technik, die Sie bei Bedarf abrufen können. Willem Mastenbroek zeigt Ihnen mit diesem Buch, wie Sie Ihre eigenen Interessen bei Verhandlungen am effektivsten vertreten können, ohne als „Starrkopf" oder „Weichling" zu gelten.